Saúde Mental e Relações Raciais

SAÚDE MENTAL E RELAÇÕES RACIAIS

Desnorteamento, Aquilombação e Antimanicolonialidade

EMILIANO DE CAMARGO DAVID

PERSPECTIVA

PALAVRAS NEGRAS

AMMA PSIQUE E NEGRITUDE
Cleber Santos Vieira
Clélia Prestes
Deivison Faustino (Nkosi)
Dennis de Oliveira
Fabiana Villas Boas

Coordenação de texto Luiz Henrique Soares e Elen Durando
Edição de texto Simone Zac
Revisão Fernanda Silva e Sousa
Projeto gráfico e capa Sergio Kon
Produção Ricardo W. Neves e Sergio Kon

CIP-Brasil. Catalogação na Publicação
Sindicato Nacional dos Editores de Livros, RJ

D272s
    David, Emiliano de Camargo
    Saúde mental e relações raciais : desnorteamento, aquilombação
e antimanicolonialidade / Emiliano de Camargo David ; [apresentação
Maria Cristina G. Vincentin, Lia Vainer Schucman ; prefácio Sonia
Barros, Rachel Gouveia ; posfácio Suely Rolnik.] - 1. ed. - São Paulo :
Perspectiva, 2024.
    280 p. ; 19 cm. (Palavras Negras ; 11)

    Inclui bibliografia
    ISBN 978-65-5505-195-7

    1. Saúde mental. 2. Psicanálise e racismo. 3. Relações raciais. I. Vincentin,
Maria Cristina G. II. Schucman, Lia Vainer. III. Barros, Sonia. IV. Passos,
Rachel Gouveia. V. Rolnik, Suely. VI. Título.

24-92483	CDD: 150.195	
	CDU: 159.964.2:316.347	

Gabriela Faray Ferreira Lopes - Bibliotecária - CRB-7/6643
24/06/2024   26/06/2024

1ª edição
Direitos reservados à

EDITORA PERSPECTIVA LTDA.

Al. Santos, 1909, CJ. 22
01419-100 São Paulo SP Brasil
Tel.: (+55 11) 3885-8388
www.editoraperspectiva.com.br

2024

Negro é a raiz da liberdade.

JORGE PORTELA, ADILSON DE BARBADO
E JAIR DE CARVALHO.
*Trecho da música "Sorriso Negro",
eternizada na voz de dona Ivone Lara, 1981.*

Dedico a meu pai, Evaldo Luiz David, *in
memoriam*, que me ensinou a persistir.

A Maria Cristina Gonçalves Vicentin, que
me acolheu como pesquisador.

E a Célia, Evaldo, Rosana, Fernanda, Igor,
Luisa e Pedro: minha família.

Sumário

Apresentação
[*Maria Cristina G. Vincentin e Lia Vainer Schucman*]
13

Prefácio: Desnorteando a Reforma Psiquiátrica e
Aquilombando a Luta Antimanicomial
[*Rachel Gouveia e Sônia Barros*]
19

Introdução
27

1   **DESNORTEAMENTO**
43

O Desnorteamento do Saber e do Poder: Algumas Provocações
Descoloniais [44]; Os Aportes de Frantz Fanon e Achille
Mbembe Para uma Ideia-Força Desnorteada [49]; "Medicina e
Colonialismo" de Fanon; "Afropolitanismo" de Mbembe, Pistas
Para uma Saúde Mental Desnorteada [54]; (Des)orientação
Atlântica: A Desrazão Diaspórica Negra [70]

2   **AQUILOMBAÇÃO**
83

Quilombismo, Quilombagem, Kilombo e Devir Quilomba:
Proposições Desnorteadas Para uma Ética da Liberdade [84];
O Quilombismo de Abdias Nascimento [85]; A Quilombagem de
Clóvis Moura [88]; Quilombos (ou Kilombo, do Quimbundo) de
Beatriz Nascimento [92]; Devir Quilomba de Mariléa de Almeida
[97]

3   **ANTIMANICOLONIALIDADE**
101

Itinerários da Saúde Mental da População Negra: Em Busca de
uma Reforma Psiquiátrica Antimanicolonial [102]; O Histórico

Percurso de Luta Pelo Direito à Saúde da População Negra [103];
A Radicalidade da Reforma Psiquiátrica Exige a "Aquilombação" da
Luta Antimanicomial [146]

4. **A Aquilombação da Rede de Atenção Psicossocial:
Três Experiências Desnorteadas e Antimanicoloniais**
153

Kilombrasa: Experiência de Aquilombação [161]; Aquilombamento
das Margens: Experiência Desnorteada [179]; Café Preto:
Experiência Antimanicolonial [194]; Desnorteados Registros das
Experiências de Aquilombação na Luta Antimanicolonial [206];

Para Terminar
213

Posfácio: Um Presente Para Inconscientes Insurrectos
[*Suely Rolnik*]
219

Notas
235

Referências
253

Anexo
273

Agradecimentos
277

Abreviaturas e Siglas

ABPN	Associação Brasileira de Pesquisadores/as Negros/as
Abrasco	Associação Brasileira de Saúde Coletiva
Abrasme	Associação Brasileira de Saúde Mental
AMNB	Articulação de Organizações das Mulheres Negras Brasileiras
ANPSINEP	Articulação Nacional de Psicólogas(os) Negras(os) e Pesquisadoras(es) das Relações Raciais e Subjetividades
CAPS AD	Centro de Atenção Psicossocial Álcool e Drogas
CAPSij	Centro de Atenção Psicossocial Infantojuvenil
Cecco	Centro de Convivências e Cooperativa
Ceert	Centro de Estudos das Relações de Trabalho e Desigualdades
Cefor	Centro Formador de Pessoal para a Saúde
CER	Centro Especializado em Reabilitação
CFP	Conselho Federal de Psicologia
CGMAD	Coordenação-Geral de Saúde Mental, Álcool e Outras Drogas
CNS	Conselho Nacional de Saúde
CREAS	Centro de Referência Especializado de Assistência Social
CRM	Casa de Referência da Mulher
CRP	Conselho Regional de Psicologia
CTSPN	Comitê Técnico de Saúde da População Negra
Dagep	Departamento de Gestão Estratégica e Participativa
DFID	Department for International Development
DSS	Determinante Social de Saúde
GTAE	Grupo Técnico de Ações Estratégicas
GM	Gabinete do Ministro
GTI	Grupo de Trabalho Interministerial Para a Valorização da População Negra
GTRSM	Grupo de Trabalho Racismo e Saúde Mental
LGBTQIA+	Lésbicas, *Gays*, Bissexuais, Transexuais/Transgêneros, *Queers*, Intersexos, Assexuais
MNLA	Movimento Nacional de Luta Antimanicomial
MSE	Serviço de Medida Socioeducativa em Meio Aberto
NASF	Núcleo de Apoio à Saúde da Família
NPJ	Núcleo de Proteção Jurídico-Social e Apoio Psicológico
NUPLIC	Núcleo de Pesquisa em Lógicas Institucionais e Coletivas
NUPRA-UFSC	Núcleo de Pesquisa em Práticas Sociais, Estética e Política
OPAS	Organização Pan-Americana da Saúde
OS	Organização Social
PAISM	Política Nacional de Atenção Integral à Saúde da Mulher
PET-Saúde	Programa de Educação pelo Trabalho em Saúde

PCRI	Programa de Combate ao Racismo Institucional
PNSIPN	Política Nacional de Saúde Integral da População Negra
PNUD	Programa das Nações Unidas para o Desenvolvimento
Psopol-Ipusp	Laboratório Psicanálise, Sociedade e Política do Instituto de Psicologia da Universidade de São Paulo
PTS	Projeto Terapêutico Singular
PUC-SP	Pontifícia Universidade Católica de São Paulo
Raps	Rede de Atenção Psicossocial
Renila	Rede Nacional Internúcleos da Luta Antimanicomial
SAPS	Secretaria de Atenção Primária em Saúde
Seppir	Secretaria de Políticas de Promoção da Igualdade Racial
SGEP	Secretaria de Gestão Estratégica e Participativa
SIAT	Serviço Integrado de Acolhida Terapêutica
SMS	Secretaria Municipal da Saúde
SRT	Serviço Residencial Terapêutico
SUS	Sistema Único de Saúde
SUAS	Sistema Único de Assistência Social
UBS	Unidade Básica de Saúde
USP	Universidade de São Paulo

ABREVIATURAS E SIGLAS

Apresentação

Maria Cristina G. Vincentin
Professora do Departamento de Psicologia Social
e do Trabalho da Universidade de São Paulo.

Lia Vainer Schucman
Professora do Departamento de Psicologia
da Universidade Federal de Santa Catarina.

É impossível apresentar o livro de Emiliano de Camargo David em sua densa, precisa e instigante arquitetura conceitual para uma radicalização da luta antimanicomial – que se faz então *antimanicolonial* –, sem antes testemunhar a força sensível e ético-política de sua trajetória.

Para nós, sempre foi nítida a inquietação genuína que Emiliano encontrava em seu trabalho no Centro de Atenção Psicossocial Infantil, a saber: que estratégias de saúde podem trazer acolhida e potência vital para aquelas crianças, em sua maioria negras, interditadas pelo racismo sistemático, de viverem plenamente suas identidades e uma experiência de pertencimento? Acompanhamos, desde então – e mais especificamente como interlocutoras compromissadas com a construção da equidade racial no trabalho da universidade –, a busca teórica e metodológica do autor para encontrar e propor dispositivos nos quais as singularidades e as diferenças se tornem saúde e potência de vida ao invés de sofrimento e apartação. Essa preocupação sincera com as vidas de pessoas que experienciam em seus corpos a opressão de não poder ser quem se é em sua plenitude fez com que Emiliano chegasse até aqui, neste livro, em que ele interroga – novamente, mas em outra perspectiva – a intersecção colonial entre o racismo e o manicomial que estrutura nossa sociedade e sugere caminhos para a utopia ativa de uma radical perspectiva antimanicolonial como produção do *comum na diferença*. E não sem exercitar, também, em sua pesquisa o movimento diaspórico de diálogo com muitas vozes (as do Sul e aquelas do Norte que não temem desnortear-se). Assim, tal construção é também um modo de ser do autor em seu dia a dia, em sua permanente aposta em alianças que não invisibilizem ou apaguem as assimetrias e tão pouco as injustiças, mas que as integrem nas relações para que possam ser efetivamente interpeladas e transformadas em ações antirracistas, ações aquilombadas.

A ideia de aquilombamento da saúde mental, forjada no fazer-saber coletivo de muitos profissionais e intelectuais negros, encontrou no Emiliano de Camargo David um de seus principais formuladores, como podemos acompanhar no livro *Aquilombamento da Saúde Mental: Cuidado Antirracista na Atenção Psicossocial Infantojuvenil* (Hucitec, 2023), fruto do seu mestrado (2018).

Esse campo fértil na saúde coletiva de afirmação de um agir libertário, abolicionista e antirracista, como nos ensina Emiliano, se caracteriza por experimentações no campo técnico assistencial que afirmam as dimensões territoriais e culturais da população negra; pelo resgate dos saberes tradicionais, das teorias e ensinamentos africanos e diaspóricos da América Latina e do Caribe; pela descolonização das práticas terapêuticas e a sua (res)significação de modo racializado; pela aproximação dos serviços de saúde com os movimentos e coletivos que lutam para a construção da equidade racial e a análise crítica das perspectivas teórico-metodológicas (neo)colonialistas utilizadas na atenção à população negra.

A proposta de aquilombamento se desenhou a partir de algumas indagações muito precisas e estratégicas, dirigida ao Centro de Atenção Psicossocial então pesquisado: "O quesito raça/cor/etnia é levado em consideração na construção dos Projetos Terapêuticos Singulares (PTS)? Os territórios existenciais, nos quais os usuários circulam, são percebidos pelos profissionais enquanto territórios em que se presentifica o determinante "raça"? Quais intervenções psicossociais têm sido implementadas junto a usuários e territórios para dar visibilidade às relações étnico-raciais e enfrentar os efeitos do racismo?" Inspirado principalmente no quilombismo de Abdias Nascimento, a ideia-força do aquilombamento foi formulada pelo autor em seu mestrado como uma direção ético-política antirracista que exige um "alargamento de todas as bases vigentes na reforma psiquiátrica e um agir em saúde comprometido com a desinstitucionalização do racismo", o que o levou a novas indagações: "A reforma psiquiátrica brasileira está disposta a perguntar, qual é (ou tem sido) a sua raça/cor? Qual a singularidade dos sofrimentos psíquicos identificados na população negra? Como reconhecer e transformar as heranças coloniais nas práticas de cuidado e nos 'saberes' em saúde mental contemporâneos?"

O doutorado o levou a interrogar mais radicalmente o aquilombamento da reforma em saúde mental, na esteira do diálogo com a experiência radical da desinstitucionalização (que nunca se confundiu com a desospitalização, sustentando a desconstrução do manicômio em suas diferentes formas) para afirmar o aquilombamento *da* saúde mental e não *na* saúde mental (entendida como o contexto da rede de atenção psicossocial), de forma a evitar os riscos de uma guetificação da experiência.

Daí, também, o autor acompanhar as pistas de Achille Mbembe e de Édouard Glissant quanto ao primado do "comum" e da "relação", quando o projeto do comum não é oposto ao desejo de diferença e quando a alteridade não aparece como uma ameaça de aniquilação de si (como a lógica da branquitude, onde há um só mundo), mas como uma experiência de construção de mundos onde cabem muitos mundos.

Desse modo, seu trabalho propõe um giro radical para a reforma em saúde mental: não apenas sua direção antimanicomial mas sua direção antimanicolonial; não apenas sua direção desinstitucionalizante, mas sua direção "desnorteada". Sua pesquisa desenha então um salto conceitual denso e original no sentido de buscar na literatura decolonial os elementos capazes de promover a necessária virada dos diagnósticos feitos por Frantz Fanon e Mbembe: o da vinculação do significante "negro" à loucura, na forma da periculosidade e inferioridade raciais. Racismo que se dirá *manicolonial* no trabalho de Emiliano uma vez que, novamente em diálogo com Fanon e Mbembe, o funcionamento colonial hierarquiza os saberes e as culturas, fixando negros e loucos à desrazão e aos espaços de exclusão. Para os negros (e a África) restaria a fixação na sujeição de sua humanidade e a condenação – na forma da clandestinidade e/ou proscrição – de sua cultura; em contrapartida, aos brancos (e à Europa), a fixação na condição de humano-genérico-universal, senhor da razão colonial.

Tal salto antimanicolonial se organiza na forma de três ideias--força que se distinguem, mas não se separam:

- o aquilombar, como práxis libertária que tem em sua gênese os quilombos como produção de uma política de comunidade forjada na assunção de sua própria história pelo povo afro-brasileiro, para o "aquilombar" como metáfora viva da radicalização das relações nas diferenças. Essa ideia-força é trabalhada na aliança com o quilombismo de Abdias Nascimento, com a quilombagem de Clóvis Moura, o (k)quilombo de Beatriz Nascimento e o devir quilomba de Mariléa de Almeida;

- o desnortear, que se dá pelo exercício livre e contracultural de imaginar diásporas como ferramenta política, cultural e social de transformação, libertação e de ressignificação da negritude e da desrazão, pela produção de experiências estéticas de afetação descoloniais e de visibilidade, reconhecimento e trocas de saberes. Essa ideia-força é trabalhada em relação com as proposições de Édouard Glissant, Paul Gilroy e Lélia Gonzalez quanto a uma (des)orientação atlântica na qual elementos da diáspora negra e da América Latina modificam contraculturalmente a geopolítica e a geocultura mundial, em um processo de criação permanente.

O autor sugere, finalmente que aquilombar e desnortear encarnam uma direção antimanicolonial: a abertura ao movimento atlântico e à relação na diferença são ferramentas interventivas para escapar à clausura da modernidade, a da imobilidade manicomial colonializante.

Tal diálogo com a literatura decolonial que resulta nessa construção potente de três ideias-força não se faz na forma ensaística, mas profundamente imersa e ancorada em experiências de coletivos antirracistas que fazem suas práticas no Sistema Único de Saúde ou nas suas fronteiras. De fato, como elege o autor, as ações de cuidado em saúde mental, por se produzirem em ato, a partir de relações e afecções nos encontros entre os profissionais e os territórios, usuários, familiares, movimentos sociais, são lócus privilegiado para o acompanhamento da dimensão micropolítica do racismo: o plano molecular em que se efetuam os processos de subjetivação a partir das relações de poder-saber. Podemos dizer que a formulação das três ideias-força se faz em conexão com o campo implicacional destas experiências. Isto é, com o campo em que acessamos os efeitos de produção do que é mais coletivo, porque mais impessoal; e do que é mais comum, porque mais singular.

A publicação na forma livro nos permite ainda desfrutar da riqueza do *trabalho vivo em ato* (como nos ensina Emerson Merhy) no cotidiano de três experiências aquilombadas, cartografadas pelo autor num mergulho denso, dos coletivos antirracistas Kilombrasa, Café Preto e Aquilombamento das Margens, que desenvolvem suas ações junto à Rede de Atenção Psicossocial do Município de São Paulo e Grande São Paulo.

Este livro nos permite acompanhar por inteiro, em seu mútuo movimento de pensar-agir, as invenções em curso que têm contribuído para um letramento racial com a radicalidade que as experiências indicam: a de uma sociedade que se torna antirracista.

Prefácio:
Desnorteando a Reforma Psiquiátrica e Aquilombando a Luta Antimanicomial

Rachel Gouveia
Departamento de Saúde Mental, Álcool e Outras
Drogas do Ministério da Saúde e professora
da Escola de Serviço Social da UFRJ.

Sônia Barros
Departamento de Saúde Mental, Álcool e Outras
Drogas do Ministério da Saúde e professora sênior
do Instituto de Estudos Avançados da USP.

No dia 16 de março de 2014, Cláudia Silva Ferreira foi baleada e morta durante uma operação policial ocorrida no Morro da Congonha, na zona norte do Rio de Janeiro. Seu corpo foi colocado em uma viatura da polícia militar e arrastado por 350 metros. Dez anos após o homicídio, os agentes acusados do crime foram absolvidos pela justiça. Segundo a reportagem do portal G1, "na decisão, o juiz afirma que os policiais atiraram em traficantes e incorreram em 'erro de execução'"[1].

Segundo o relatório *Pelo Alvo: A Bala Não Erra o Negro*, publicado pelo Centro de Estudos de Segurança e Cidadania e pela Rede de Observatórios da Segurança, a população negra é a que mais sofre com a letalidade policial. "Quando olhamos para a proporção da população negra em comparação com a proporção de mortes de pessoas negras decorrentes da intervenção do Estado, nos deparamos com um fenômeno brutal incrustado na sociedade: negros são mais vitimados."[2]

Afinal, qual a relação desses fatos com a reforma psiquiátrica brasileira? Como a morte da população negra pode estar ligada ao campo da saúde mental e atenção psicossocial? Quais as implicações disso nos serviços de saúde mental? Experiências com um saber-fazer antirracista seriam possíveis? Tais questões permeiam o cotidiano dos equipamentos de saúde mental e convocam diferentes atores para essa tarefa.

Incentivado pelas inquietações que atravessam seu fazer clínico-político, que não é desconectado do lugar de homem negro, Emiliano de Camargo David aciona saberes decoloniais e afrodiaspóricos para produzir provocações que proporcionem a quebra das pactuações da branquitude em relação ao silêncio sobre o racismo na reforma psiquiátrica brasileira. Para o autor, em diferentes momentos históricos ocorreram atualizações dos mecanismos calcados na colonialidade manicomial do racismo.

O pouco debate sobre raça e manicomialização no Brasil produziu dificuldades para que pudéssemos perceber coletivamente o seu funcionamento na organização colonial dos processos de manicomialização. Podemos retomar aqui o livro de Daniela Arbex, *Holocausto Brasileiro*[3], como um ótimo lembrete de como os mecanismos de perpetuação da violência colonial se expressam na punição permanente da população negra brasileira. Contudo, não é por acaso que a maior experiência brasileira de "fazer morrer" no manicômio é comparada ao Holocausto nazista, deixando bem escondida e intocada a herança escravocrata e toda sua violência.

Cabe sinalizar que a manicomialização pode estar expressa tanto nas internações involuntárias ou compulsórias, justificadas na suposta anormalidade do racismo, quanto pela promoção da violência armada como parte da engrenagem de manutenção do privilégio branco. A convivência cotidiana com a violência armada, que é uma estratégia de eliminação e atualiza o punhal colonial, produz intenso sofrimento na população negra, o que exige atenção da reforma psiquiátrica e da luta antimanicomial. Se, por um lado, a racialização impõe aos corpos e subjetividades negras o lugar fetichizado do "crioulo doido" e da "negra maluca", por outro há uma banalização dos homicídios, em especial da juventude negra, como um problema para o campo da saúde mental.

Emiliano de Camargo David sabe muito bem que luta antimanicomial e reforma psiquiátrica não são sinônimos, demonstrando que é preciso compreender as diferentes concepções teóricas, científicas e políticas que modulam um campo em disputa. Só não podemos esquecer da importância da luta antimanicomial e de seu lema, "Por uma sociedade sem manicômios", para a consolidação da reforma psiquiátrica e a mudança no modelo assistencial e jurídico. É por esse caminho que se constituiu a Rede de Atenção Psicossocial (RAPS), calcada nos princípios da liberdade, da desinstitucionalização e dos direitos humanos, levando em consideração a singularidade do usuário e sua relação com a comunidade.

Guiado pela flecha de Oxóssi, orixá ligado ao conhecimento e à natureza, nosso autor propõe desnortear a reforma psiquiátrica brasileira acionando o ancestral Frantz Fanon e dialogando com o mais velho, Achille Mbembe. Desnortear, para David, é descolonizar o conhecimento e destruir a fixação da condição humano-genérico-universal estabelecida e imposta pelo branco. Nosso autor não assumiu qualquer tarefa e não veio desacompanhado, pois convoca saberes e práticas que são insubordinados ao pensamento eurocêntrico.

É nos escritos de Fanon e Mbembe, referências que tratam da libertação subjetiva e objetiva das populações e territórios colonizados, que o pesquisador busca direcionar a flecha do conhecimento e construir a noção de ideia-força do desnortear como afirmação da loucura e da negritude, sem cair na armadilha da essencialização. É preciso reconhecer que os profissionais da Rede de Atenção Psicossocial reproduzem o poder e a violência em seus atendimentos, tanto como técnicos – que possuem um saber, poder e postura de dominação – quanto na desconsideração de elementos de cuidado em saúde/saúde mental oriundos dos saberes e práticas tradicionais e inventados na diáspora.

Reinventar uma descolonização na saúde mental é recriar a reparação de laços que foram rompidos e que também exigem novas ressignificações para os vínculos originários. Para isso, é preciso que negros e brancos se coloquem disponíveis e em movimento, rompendo a condenação e os privilégios estabelecidos pela racialização da existência. Tarefa nada fácil, pois as reparações não são meramente legislativas e econômicas; elas precisam ser transformações éticas, políticas e culturais.

Nesse caminho, Emiliano de Camargo David propõe a antimanicolonialização, que nada mais é do que desnortear o imaginário realizando um exercício livre e contracultural de recriar a diáspora transatlântica. Ao acionar essa pista diaspórica com a noção de desrazão, o autor traz para a centralidade do debate as críticas dos movimentos de reformas psiquiátricas da razão ocidental, propondo a desinstitucionalização e o direito à existência-sofrimento. Portanto, a diáspora transatlântica cumpre a função antimanicolonial de colocar um pensamento em circulação e romper com uma lógica da fixação, própria da colonialidade.

Dessa maneira, é pela experiência da Améfrica Ladina e do Brasil que precisamos identificar os diversos movimentos e experiências de deslocamento subjetivo e objetivo criados como resistência ao colonialismo/colonialidade. David ressalta que um saber-fazer antimanicolonial não é um retorno para a África e, sim, um mergulho no Atlântico negro para sair da fixação colonial e descolonizar a razão. Podemos dizer que é por esse movimento de desnortear que se faz uma constante entrada e saída na raça e na loucura, permitindo não ser louco e negro permanentemente, sem deixar de sê-lo.

É nesse movimento de descolonização, guiado pela flecha transcendental de Oxóssi, que Emiliano de Camargo David conduz o seu leitor para o dispositivo de aquilombação. Ao mergulhar em um resgate ancestral de saberes e práticas produzidos na diáspora, ocorre o resgate da ética e da práxis da liberdade protagonizadas por negras e indígenas em terras afropindorâmicas. E para isso é preciso abrir o diálogo com os pretos velhos e as bases teóricas e conceituais já existentes na literatura descolonial. São eles:

o "quilombismo", de Abdias Nascimento; a "quilombagem", de Clóvis Moura; os "quilombos", de Beatriz Nascimento; e o "devir quilomba", de Mariléa de Almeida.

Acionar a rebeldia que transformou o território brasileiro e impulsionou uma ética da liberdade, transmitida pelas tradições afro-brasileiras, aponta um outro caminho para a Rede de Atenção Psicossocial. A práxis da coletividade negra precisa ser princípio desnorteador e pautada na ética aquilombada, reconhecendo no quilombo a possibilidade de um cuidado antimanicolonial. David sinaliza que é preciso aprofundarmos os diálogos com autores negros e negras no campo da saúde mental para construirmos mudanças clínico-políticas nos diferentes dispositivos. Para isso, é necessário trazer à memória a contribuição daquelas que vieram antes no campo da saúde mental, como Ivone Lara, Neusa Santos Souza, Virgínia Bicudo, dentre outras.

Em sua pesquisa, Emiliano de Camargo David buscou experiências que recuperassem os quilombos como metáforas vivas e convocassem a uma radicalização da luta antimanicomial, levando a uma aquilombação cotidiana da Rede de Atenção Psicossocial. Esse saber-fazer não pode estar distante dos movimentos sociais protagonizados por negros e negras; pelo contrário, ocorre cotidianamente nos territórios e comunidades.

Ao identificar práticas e saberes que caminham para a descolonização, torna-se urgente a visibilidade e o incentivo para que sejam multiplicadas. Cada território e comunidade protagonizam de maneira particular sua aquilombação. E é nessa multiplicidade da existência que a ética da liberdade se faz presente, permitindo que a diversidade possa ocorrer em respeito à vida. Como a flecha de Oxóssi, nosso autor é certeiro ao resgatar a aquilombação, trazendo para a memória coletiva um saber-fazer revolucionário afrodiaspórico.

Emiliano de Camargo David, autor desnorteado, propõe-se a romper com as amarras coloniais tanto na clínica e na política quanto nos afetos. Seus escritos transcendem o tempo presente e tornam-se um guia para os passos futuros que são inspirados no passado. Um livro que revira o leitor do avesso merece fazer parte das referências obrigatórias da formação de todos os profissionais da saúde/saúde mental.

Desejamos uma ótima leitura!

Introdução

Estudos recentes apontam que as relações raciais são pouco debatidas pela reforma psiquiátrica brasileira[1] e, quando abordadas, não necessariamente são pensadas/sustentadas na perspectiva interseccional[2]. Assim, por vezes, a discussão étnico-racial no âmbito da saúde mental acontece desarticulada de classe e gênero.

O apoucado debate sobre raça e manicomialização, no Brasil, é um contrassenso que só pode ser explicado pelo próprio racismo, aquilo que dificulta ou impede de percebermos o sentido da raça[3] (e seu funcionamento) na organização colonial dos/nos processos de manicomialização em nosso país. É sabido e visível que as instituições brasileiras asilares utilizaram (e utilizam) uma série de mecanismos violentos que existiram nas invasões coloniais escravagistas chamadas de "descobrimento", assim como nas formações sociais e políticas da Europa Ocidental.

Desdobraremos esses mecanismos mais adiante, porém, vale lembrar aquilo que o compositor Marcelo Yuka afirmou: "Todo camburão tem um pouco de navio negreiro." Na mesma direção, a intelectual Rachel Gouveia Passos perguntou se todo manicômio brasileiro não teria em sua gênese a herança racista e colonial dos navios negreiros[4].

Quem ajuda a responder a essas questões são o pesquisador Marco José de Oliveira Duarte[5] e a pesquisadora Fátima Lima[6].

O primeiro traz a dimensão estrutural da herança escravocrata na saúde/saúde mental e considera que a economia política da saúde exige a compreensão de que a escravidão faz exercício, mesmo após o seu término, como regime econômico e político, e deixa, assim, marcas materiais e subjetivas na sociedade brasileira, mantendo-se devido à ausência de medidas de reparação social e equidade racial. Fátima Lima[7], por sua vez, demonstra que raça, racismo e gênero compõem os processos de subjetivação em diálogo com os traumas coloniais, que são, para a autora, uma espécie de arquitetura das instituições e das relações sociais, o que exige a "descolonização do eu e dos mundos".

Essa lógica não se reduz às instituições asilares; alarga-se para as relações entre sujeitos e também para os territórios. Conforme apontou Mbembe, raça, e os próprios grupos raciais, são fruto das relações desiguais e hierárquicas próprias da colonização na modernidade, e as relações de manicomialização não escaparam do "fardo da raça"[8].

Notemos que, desde a concepção da ideia de raça, a desumanização é mola propulsora[9]; o racismo, por sua vez, é o exercício de terror dessa irracionalidade da razão ocidental, criadora do pensamento racial[10]. Por isso, neste livro, aproximamos manicomialização e racismo, pois ambos visam à desumanização e se ancoraram no estatuto da razão para o seu exercício.

Ainda em diálogo com Gilroy, compreendemos que um dos modos de se desassociar da manicomialização da raça está sob a chave da diáspora, que nos convida a processos de subjetivação nas relações geopolíticas e geoculturais de vida e produz distintos modos de existir, comunicar e interagir, transformando, transcendendo e modificando o ser.

Para o filósofo Mbembe[11], a anormalidade psíquica do racismo visa produzir nos violentados um estado de morbidez por meio da separação de sua essência. Mbembe estabelece um diálogo com o psiquiatra martinicano Fanon para discorrer sobre a morbidez psíquica, pois este aponta que o racismo provoca no negro uma espécie de auto-ódio, causador de uma tentativa de separação daquilo que o próprio racismo não permite que ele se separe: a raça. Habitar na sua própria pele aquilo que é motivo de desumanização por meio do racismo seria se auto-odiar na tentativa de buscar ser o que afirmam que você não é: humano.

Essa anormalidade psíquica do racismo é manicomial, pois a institucionalização da loucura também precisou criar uma ideia de afecção – suposta anormalidade psíquica – para justificar suas condutas manicomiais: a concepção de alterações patológicas estaria tanto para a(o) negra(o) quanto para a(o) louca(o). Por conseguinte, a proposta manicomial e racista do mundo da modernidade ultrapassa as dimensões morais e ideológicas, produzindo relações manicoloniais[12] tanto macro quanto micropoliticamente.

Essas relações manicoloniais são produtoras de lógicas de separação, exclusão e morte orientadas em pseudociências, na raça e na psicopatologização. Assim foram propostos o darwinismo social, a eugenia, a política de branqueamento, as teorias médico-legais sobre hereditariedade, o proibicionismo e a criminalização das drogas, o encarceramento em massa, dentre outras ações. Sendo assim, notamos que em diferentes tempos históricos esses mecanismos sempre estão calcados na colonialidade manicomial do racismo. Essa relação histórica tem exigido da reforma psiquiátrica brasileira a radicalização das indissociáveis lutas antimanicomial e antirracista.

Sabemos que o movimento de luta antimanicomial tem a missão de questionar as diversas formas de exclusão, psicopatologização e normatização da vida cotidiana a fim de defender o respeito às diferenças. Esse movimento de luta produz mudanças no laço social, visando "[a]o fim das opressões/explorações de gênero, raça e classe e também da propriedade privada"[13].

Nessa esteira, este livro reafirma a incontornável relevância do movimento de luta antimanicomial para a reforma psiquiátrica brasileira na contemporaneidade com o intuito de não apenas de ampliar o debate sobre relações étnico-raciais no campo da saúde mental, mas sobretudo de compreendê-lo de modo basilar para o avanço de uma sociedade que ainda vislumbra constituir-se *sem manicômios*[14].

Sabemos que luta antimanicomial e reforma psiquiátrica não são sinônimos, embora muitas vezes sejam tratadas como tal. A reforma psiquiátrica é uma proposição para/no sistema de saúde público e privado, que traz um ideário libertário, agenciando interferências nos âmbitos governamental, jurídico, social, profissional e da pesquisa. Segundo Bezerra Junior[15], no Brasil a reforma psiquiátrica[16] "deixou definitivamente a posição de 'proposta alternativa' e se consolidou como o marco fundamental da política de assistência à saúde mental oficial".

A luta antimanicomial, como nos lembra Passos e Pereira[17], é acima de tudo um movimento social e coletivo que se dedica, com inúmeras bandeiras, à desconstrução do manicômio em suas diferentes formas (subjetiva, física, prática e de saber/poder) e combate a perniciosa associação entre loucura, sofrimento psíquico e uso de drogas com periculosidade e doença, lógica lesiva aos direitos humanos que promove manicomialização, medicalização e encarceramento em massa. As mesmas autoras asseveram que a luta antimanicomial tem se ampliado: nasceu contestando o manicômio e partiu para diversas outras questões que compõem e ultrapassam os muros manicomiais, extrapolando o que se costumou chamar de "saúde mental" e chegando às discussões interseccionais de raça, classe e gênero, aspectos intrínsecos das/nas manicomializações sociais e subjetivas.

É inegável que desde o início do movimento de luta antimanicomial (1987)[18] ocorreram importantes avanços em saúde mental, especialmente nas últimas décadas (de 1990 até 2015). Destacamos que desde a realização da Conferência de Caracas, em 1990, o modelo de saúde mental que se desenvolveu no Brasil visou à transformação e à reestruturação da atenção em saúde mental em uma perspectiva democrática e libertária, direção ético-política que pautou a II (1992), III (2001) e IV (2022) Conferência Nacional de Saúde Mental, assim como as portarias, leis e políticas criadas nesse bojo, as quais deram condições, na esfera institucional e jurídica, para o campo assistencial dirigir-se rumo à reforma psiquiátrica.

Segundo Passos e Pereira, o processo (em curso) de desinstitucionalização, que abrangeu o fechamento de mais de 60 mil leitos de instituições psiquiátricas no território nacional, substituídos por diversos serviços (intersetoriais) da Rede de Atenção Psicossocial (Raps), deu-se, inclusive, pela promulgação de leis como a n. 10.216[19], em 2001, e portarias como a n. 336, em 2002, que possibilitaram uma nova lógica de serviços e equipamentos, substitutivos de hospitais psiquiátricos, para a assistência à saúde mental no país.

A partir da segunda década dos anos 2000, alguns retrocessos invadem o campo da reforma psiquiátrica brasileira, como a inclusão das comunidades terapêuticas na Rede de Atenção Psicossocial, por meio da Portaria n. 3.088, de 2011, ou mesmo a privatização do Sistema Único de Saúde (SUS; cedendo uma gama de serviços e equipes de saúde mental para a iniciativa privada), na promoção da lógica neoliberal produtivista na saúde/saúde mental.

Desde o golpe parlamentar de 2016 e da ascensão da extrema-direita ao poder, a manicomialização se faz cultura e exercício não apenas devido ao perfil caquistocrático dos governantes, mas acima de tudo a um plano ético-político manicomial e genocida. A manicomialização retorna com força. Como exemplo, destacamos a revogação (por meio da Portaria n. 596, de 22 de março de 2022) do Programa de Desinstitucionalização para reinserção social de pessoas com problemas de saúde mental e usuárias de álcool e outras drogas, que estão (ou estiveram) internadas em hospitais psiquiátricos há mais de um ano, além dos diversos incentivos financeiros e políticos aos grupos donos de hospitais psiquiátricos/manicômios[20].

Nessa esteira, Bezerra Junior[21] considerou que a reforma psiquiátrica brasileira se encontra em uma encruzilhada[22]: "ou aprofunda seu movimento – deixando claro seu horizonte ético e seu projeto de transformação social e subjetiva –, ou corre o risco de deixar-se atrair pela força quase irresistível da burocracia e da institucionalização conservadora". Acreditamos que a reforma psiquiátrica, ao se afastar dos movimentos de luta antimanicomial, acaba tomando a direção da arriscada segunda opção: burocratizar-se e se institucionalizar conservadoramente, direção essa que vitima principalmente as populações negras, pobres, mulheres e lésbicas, gays, bissexuais, transexuais/transgêneros, *queers*, intersexos, assexuais (LGBTQIA+).

Sabemos que o próprio movimento de luta antimanicomial, embora mais próximo, necessita ampliar e aprofundar o debate racial interseccionado à classe e ao gênero, questões primordiais para dar continuidade ao projeto de transformação social e subjetiva presumido pela reforma psiquiátrica, o que só se dará na "inseparável construção com outros movimentos sociais"[23].

Então, perguntamos: como a reforma psiquiátrica brasileira poderá fazer esse mergulho nas relações raciais e resgatar a radicalidade do seu projeto de transformação libertária nas subjetividades e na sociedade? Entendemos que esse processo passa pela radicalização de suas dimensões centrais.

De acordo com Amarante[24] e Yasui[25], existem quatro dimensões centrais da reforma psiquiátrica. Apresentando os dois autores, Nicacio[26] aponta que a primeira dessas dimensões é a jurídico-política, cuja finalidade é "enfatizar o quanto a transformação do lugar social do louco [...] é fruto de tensões e conflitos que envolvem diversos atores na relação entre Estado e sociedade"; a segunda, epistemológica, "ressalta que a reforma psiquiátrica implica uma ruptura com o olhar psiquiátrico no contexto mais amplo de uma crise do paradigma da racionalidade científica"[27]; a terceira dimensão é a técnico-assistencial, "na qual se propõe uma nova práxis, uma nova organização dos serviços"[28]; por fim, a sociocultural é a última dimensão, "que concerne à percepção social do louco, às representações construídas socialmente em torno da loucura. A transformação do imaginário social ligado à loucura"[29].

Neste estudo, compreendemos que a contemporânea reforma psiquiátrica brasileira carece da transversalização de raça/classe/gênero/idade pelas quatro dimensões supracitadas.

Vejamos.

Embora a dimensão sociocultural abarque os aspectos sociais em torno da loucura, entendemos que essas representações precisam ser nomeadas nas suas diferenças sem perder sua interseccionalidade, afinal, no Brasil a intersecção de classe, gênero e raça foi (e é) pilar das manicomializações. "O 'louco', porém, figura singularizada e, por vezes, sem rosto, sem cor/raça, sem nome, acabou por invisibilizar e deixar de fora diversas relações sociais que dão o tom no e do manicômio em seus múltiplos formatos e braços."[30]

Se já temos hoje, no campo das políticas de saúde, outras condições de possibilidade, especialmente nos dispositivos jurídico-políticos, para não "ignorar as relações raciais e o gravíssimo problema de saúde mental da maioria da população brasileira, que é o preconceito racial"[31], as ações de cuidado ainda carecem de estudos que abordem o preconceito racial e seu impacto na saúde mental da população brasileira[32].

Nessa esteira, lembramos que a dimensão epistemológica da reforma psiquiátrica também precisa ser debatida. Estudo recente aponta que as bases epistemológicas nas quais a reforma psiquiátrica brasileira se apoia, assim como a que ela produz, "negligenciam totalmente a questão racial"[33].

Visando ao combate desse epistemicídio[34], a Política Nacional de Saúde Integral da População Negra (PNSIPN) tem como diretriz o "incentivo à produção do conhecimento científico e tecnológico em saúde da população negra"[35]. Todavia, questionamos se essa produção de conhecimento científico produz abertura aos efeitos do outro em nossos corpos para que daí surja a criação de outras cartografias[36], para que, nessa transfiguração da realidade, transfigurem-se todos os elementos que compunham a cartografia anterior, assim como o diagrama das relações entre eles, especialmente os estudos na esfera da saúde mental e das subjetividades.

Santos afirma que o Estado não determina apenas quem deve morrer e quem deve viver, mas também "os que devem ter saúde mental, e os que podem viver atormentados em seu sofrimento produzido pelas condições sociais", acrescentando que "é o Estado racista também que determina sob quais condições tratamos da saúde mental da população brasileira, que tipo de investimento, *com quais psicologias e quais abordagens*"[37]. Alinhamo-nos, assim, à pergunta: "o sofrimento mental da população negra não se deve às condições sociais [sociopolíticas e subjetivas] que a diáspora nos coloca?"[38]

Nessa direção, a dimensão *técnico-assistencial* tem realce, uma vez que o diálogo entre os/as profissionais e a produção de consensos provisórios em torno de certas condutas de cuidado em saúde mental se dão com base no que deve ser criado a partir das relações e afecções[39] que circulam e são produzidas nesses encontros, entre os profissionais e os territórios, usuários, familiares, membros de outras equipes, os movimentos sociais, entre outros – a *dimensão micropolítica*.

Como aponta Feuerwerker[40], a micropolítica, "entendida como o plano molecular em que se efetuam os processos de subjetivação a partir das relações de poder", é uma dimensão central de análise do cotidiano da produção do mundo, especialmente no campo da saúde, por ser este um processo que se produz em ato.

Além disso, sabemos que as quatro dimensões têm impacto na produção de subjetividade, quando as modulações micropolíticas[41] prevalecem na gestão dos regimes de inconsciente dominante, gestando e operando essa fábrica de produções e reproduções de mundos colonializantes[42].

Desse modo, propor a dimensão racial (interseccionada à classe e ao gênero) para a reforma psiquiátrica exige saberes e saber-fazer no/o cuidado que não pactue com os desígnios da colonialidade[43].

Praxedes[44] afirma que "vivemos em uma sociedade multicultural, onde convivem inúmeras etnias e já não é mais aceito que só os conhecimentos proporcionados pela visão de mundo eurocêntrica, branca, católica e masculina estejam representados". Nesse aspecto, cabe apontar que "não se trata de discutirmos a qualidade e a relevância dos saberes de origem europeia, mas simplesmente a pretensão de que estes sejam sempre universais e superiores em relação aos saberes criados pelos outros grupos humanos espalhados pelo planeta"[45].

Em um diálogo com o autor Walter Praxedes, assinalamos que essa visão que se compreende hegemônica não perderá tal lugar apenas com a representação de outras culturas, povos, grupos. O fato de se colocarem como universal e superior vai muito além de requerer uma igualdade de valor. As supostas universalidade e superioridade são peças de uma das principais engrenagens da máquina de produção de mundo sob o regime de inconsciente colonial-racializante-capitalístico[46]. Nesse sentido, elas têm que ser consideradas no âmbito de uma complexa montagem em que se encontram implicadas, sendo o racismo um elemento essencial dessa montagem.

Também não estamos afirmando que haja uma produção de saber no campo da saúde mental própria para a população negra, até porque as relações raciais, quando mediadas pelo racismo, geram distintos efeitos psíquicos para os diversos grupos étnico-raciais envolvidos. "A psicologia social fez uma virada metodológica fundamental, tendo como marco as pesquisas coordenadas por Iraí Carone[47] [e Maria Aparecida Silva Bento], salientando que só é possível pensar a negritude se considerarmos a branquitude[48] a ela articulada."[49]

Atentar-se a essas dimensões utilizadas pela reforma psiquiátrica brasileira ao longo dos anos de luta antimanicomial é olhar para o que subsidia e autoriza o saber/fazer das equipes de saúde mental, em especial na esfera da saúde pública[50]. *Desnortear* essas dimensões pode promover a sensibilidade para compreender e manejar as relações raciais na saúde/saúde mental e fortalecer práticas de saúde, como a sugerida pela campanha "O sus Está de Braços Abertos Para a Saúde da População Negra", que objetiva a "inclusão de práticas culturais afro-brasileiras, [...] entre outras manifestações ancestrais e contemporâneas de artes negras, nos programas de promoção da saúde"[51].

Assim, consideramos importante atender às diretrizes do sus em consonância com a PNSIPN na esfera da saúde mental. Para isso, é necessário revisitar a reforma psiquiátrica brasileira, abrindo espaço para outros modos de saber, pensar e cuidar, respeitando a singularidade de cada usuário/sujeito atendido em seus distintos territórios, respeitando os direitos humanos, atendendo ao princípio de equidade racial e, acima de tudo, levando em conta o papel do racismo tanto na história do país como no atual momento político-social, dando, assim, visibilidade à saúde mental da população negra.

Os aspectos elencados anteriormente, quando compreendidos (em seus processos) como práticas de aquilombação, promovem políticas de subjetivação que intervêm nos possíveis efeitos psicossociais do racismo. Aquilombar-se (prática de aquilombação), "enquanto princípio ético, é resistir em busca libertária, abolicionista[52] e antirracista, valorizando os aspectos territoriais e culturais da população que predominantemente tem sido vitimada à lógica manicomial: a população negra"[53].

Perante o exposto, perguntamos: essa não seria uma das tarefas ético-políticas da reforma psiquiátrica, dentro e fora da Rede de Atenção Psicossocial? Afinal, uma das ideias iniciais da aquilombação seria compreender que as lutas, os movimentos, gestos e as escritas afrodiaspóricas antirracistas fazem frente de combate ao conservadorismo manicomial, que segrega, exclui, proíbe e encarcera a liberdade de existir (e encontrar) na diferença; sendo assim, não há por que não os incorporar na luta antimanicomial, na reforma psiquiátrica brasileira.

Tendo em vista a possibilidade de transformação antirracista das práticas de cuidado na reforma psiquiátrica nacional, a tese que defendemos é a de que a equidade racial só será efetivada quando a Rede de Atenção Psicossocial e, sobretudo, os territórios se compreenderem (de modo encarnado) ético-politicamente antirracistas, o que exige ampla relação com outros movimentos de liberdade[54], promovendo o alargamento das dimensões que dão base para a vigente reforma psiquiátrica, permitindo *viver* as relações raciais e suas interseccionalidades e seus processos de subjetivação, produzindo, assim, a ampliação de práticas de *aquilombação*, especialmente quanto às relações entre saúde mental, racismo e colonialidade.

A experiência como psicólogo (negro) dedicado à saúde pública durante anos, inclusive em um dos territórios aqui escolhidos como campo de estudo, somada ao período em que estive como preceptor do Pet-Saúde[55] Mental, permitiu aferir as iniquidades que abrangem a população negra e o desconhecimento de referenciais teórico-clínicos não europeus. Essa carência enfraquece a discussão da questão étnico-racial e afasta as(os) trabalhadoras(es) das especificidades raciais das(os) usuárias(os) e dos territórios.

Além disso, o mestrado desenvolvido, no ano de 2018, junto a um Centro de Atenção Psicossocial Infantojuvenil (CAPSij) da cidade de São Paulo, possibilitou estudar as relações entre atenção psicossocial e racismo na perspectiva das(os) profissionais da unidade estudada. Pudemos extrair duas conclusões que permitiram construir o estudo que deu origem a este livro: a importância decisiva da presença de profissionais negras(os) nas equipes como atrizes(atores) sensíveis cultural, política e subjetivamente à questão do racismo (e que muitas vezes vivem/viveram efeitos semelhantes aos que identificaram nas(os) usuárias(os) e em suas famílias); e a necessidade de tomada dos possíveis efeitos do racismo como uma questão antimanicomial, o que pode levar à ampliação da potência de um agir em saúde que contribua para a promoção da equidade racial e para a desinstitucionalização do racismo, o que chamamos de aquilombação dos CAPSij.

Propõe-se aqui uma leitura não tanto das relações entre saúde mental e racismo pelos efeitos na produção do sofrimento, mas com foco nos saberes-fazeres críticos que podem ser ferramentas dessa reversão. Nesse sentido, busca-se responder às seguintes questões: que lugar teve historicamente o tema da raça na construção de um saber em saúde mental que alimenta o racismo institucional? Quais elementos conceituais podem aportar uma leitura desnorteada e antirracista no campo das ações em saúde mental? Quais saberes e fazeres no campo da saúde mental introduzem conhecimentos e práticas desnorteadas e antirracistas? Quais modos de operar macro e micropoliticamente podemos identificar nessas práticas?

Pretende-se, neste livro, cartografar saberes e fazeres antirracistas em saúde mental que contribuam para novas compreensões psicossociais e para um agir em saúde mental compromissado com a análise crítica das relações raciais na produção da saúde.

Também propõe-se aqui apresentar e discutir saberes que coloquem em análise as relações racismo/sofrimento psíquico e contribuam para novas compreensões psicossociais; identificar e analisar, desde as trajetórias de formação e nas experiências de profissionais de saúde mental, dimensões conceitual-metodológicas para o agir em saúde nas relações racismo/sofrimento mental; identificar e analisar práticas antirracistas em/de saúde mental (implementadas – ou não – na Rede de Atenção Psicossocial).

Para isso, procedemos ao estudo dos trabalhos que investigam e problematizam as teorias e os ensinamentos afrodiaspóricos, contribuindo para novas compreensões psicossociais em uma reforma psiquiátrica "desnorteada". As(os) principais autoras(es) utilizadas(os) são Abdias Nascimento, Clóvis Moura, Beatriz Nascimento, Mariléa de Almeida, Lélia Gonzalez, Paul Gilroy, Frantz Fanon, Achille Mbembe, Édouard Glissant, entre outras(os).

Apresentamos na sequência uma discussão sobre saúde mental da população negra. A partir de entrevistas[56] com ativistas, pesquisadoras(es), trabalhadoras(es) do campo da saúde pública, saúde da população negra e da saúde mental, cartografamos e traçamos uma espécie de linha do tempo, que percorre quando e como a saúde mental foi abordada no âmbito da saúde da população negra. Por fim, desenvolvemos a cartografia de práticas/experiências em saúde que propõem um agir antirracista no Município de São Paulo e Grande São Paulo: Café Preto (Rede de Atenção Psicossocial [RAPS] Penha e Vila Matilde); Kilombrasa (CAPSij Brasilândia) e Aquilombamento das Margens (encontros formativos e rodas de conversa oferecidos pelo coletivo Margens Clínicas); acompanhamento alinhavado à literatura brasileira sobre racismo e saúde mental. As principais autoras utilizadas são Neusa Santos Souza, Maria Aparecida Silva Bento, Isildinha Baptista Nogueira, Maria Lúcia da Silva, Lia Vainer Schucman, Clélia Prestes, Mônica Mendes Gonçalves, Suely Rolnik, juntamente com outras(os) autoras(es) da psicologia e relações raciais.

O ponto de partida se dá com a pergunta: como mapear tais saberes e fazeres sem estabelecer com eles um tipo de relação também *desnorteada*?

A escolha pela cartografia se dá, então, na compreensão de que esse "método de investigação não busca desvelar o que já estaria dado como natureza ou realidade preexistente. Partimos do pressuposto de que o ato de conhecer é criador da realidade"[57].

Compreendemos que o estudo cartográfico partilha da ética do desnortear, pois se propõe a fazer "aparecer o coletivo, que remete ao plano ontológico, como experiência do comum e, dessa maneira, ela sempre será uma pesquisa-intervenção com direção participativa e inclusiva, pois potencializa saberes até então excluídos"[58].

Ao potencializar saberes excluídos, a cartografia permite deixar-se afetar por eles para que outros mundos possam ser criados nesse encontro[59]. Afinal, não seria isso a construção do "em comum"?

Não à toa, esse percurso tem sido escolhido e utilizado por pesquisadoras(es) quilombolas e em estudos realizados em comunidades/territórios quilombolas[60]:

A cartografia proposta é relevante para entendermos [...] [e] refletirmos sobre a importância dos saberes e fazeres construídos pelos sujeitos que compõem o Território Kilombola que garantem uma pedagogia para transmissão de seus conhecimentos e seu modo de gerar sustentabilidade. Isso é necessário para a salvaguarda da memória do jeito de ser e de viver [...], inspirado no Bem Viver, o Buen Vivir que por sua vez é inspirado no Sumak Kawsay, de origem kíchwa e que dialoga com o teko porã dos guaranis e na ética da filosofia africana do ubuntu "eu sou porque nós somos" [...]. *Ao propormos cartografar e analisar as narrativas produzidas em território kilombola, organizando-as em categorias que possam dialogar com outros saberes e fazeres, buscamos ampliar a espacialidade do aprendizado*, porque entendemos que esse território possui uma identidade – com sua história, valores e simbologias – que permite que os sujeitos que ali vivem desenvolvam estratégias relevantes do ponto de vista cognitivo para superar suas dificuldades e garantir sua sustentabilidade, a partir de experiências e tecnologias sociais locais e enraizadas, conectadas em redes de relações. As teorias sobre transformação social atualmente disponíveis não dão conta adequadamente desta novidade.[61]

Com base nesses pressupostos, esta obra estrutura-se da seguinte forma:

No Capítulo 1, acompanhamos os aportes teóricos de Achille Mbembe e Frantz Fanon, em críticas à colonialidade, atributo central da manicomialização nas relações raciais. Apontamos como a colonialidade tece essa dinâmica de supressão/exclusão, agenciando a determinados saberes e fazeres uma chave de exclusão e não afetação, e também aponta caminhos, como o deslocar-se, a circulação de mundos[62] ou a luta revolucionária[63] como uma saída da descolonização e da manicomialização.

Após a breve explanação conceitual, apresentaremos três ideias/conceitos para o campo da saúde mental: desnortear, aquilombação e antimanicolonial. A primeira delas – desnortear – apoia-se na perspectiva atlântica de Paul Gilroy e Beatriz Nascimento, assim como no conceito de *amefricanidade* de Lélia Gonzalez; a segunda – aquilombação – é trabalhada no segundo capítulo, o qual leva o mesmo nome do conceito e se aporta nos pressupostos teóricos produzidos pelas(os) autoras(es) Abdias Nascimento, Clóvis Moura, Beatriz do Nascimento e Mariléa de Almeida; a terceira ideia/conceito – antimanicolonial – também foi apresentada em capítulo intitulado pelo próprio conceito, em que propomos o resgate da radicalidade da reforma psiquiátrica, na perspectiva que Bárbara dos Santos Gomes[64] apresentou, e que os movimentos negros têm proposto: uma luta antimani*colonial* na saúde mental, o que exige modelos intersetoriais, comunitários e participativos de compreender/fazer saúde mental. Para isso, cartografamos o percurso da saúde mental na PNSIPN, nos âmbitos federais e no estado e município de São Paulo.

Por fim, no Capítulo 4, que acompanha práticas antirracistas no âmbito da saúde mental, cartografamos três experiências na RAPS. São elas: Kilombrasa, Café Preto e Aquilombamento das Margens. Nelas, procuramos demonstrar possíveis dispositivos para a saúde mental que trazem em si as ideias-força da antimanicolonialidade.

Essas práticas antimanicoloniais – de liberdade – ocorrem na experiência atlântica do vaivém diaspórico, na produção de subjetividades fora de um tempo e espaço ficcional, nas experiências de afetação descoloniais partilhadas em um projeto comum: às vezes imaginadas pela raça, pela política ou pela estética, em que sujeitos negras(os) se (re)humanizam inventando possibilidades de existência em meio à colonialidade manicomial do racismo brasileiro.

Esses processos de subjetivação ocorrem pois "o coração que é soberano e que é senhor. Não cabe na escravidão, não cabe no seu não. Não cabe em si de tanto sim [...] Foi o negro que viu a crueldade bem de frente. E ainda produziu milagres de fé no extremo ocidente"[65].

1 DESNORTEAMENTO

O Desnorteamento do Saber e do Poder: Algumas Provocações Descoloniais

Durante os onze anos de atuação no campo da saúde mental pública, escutamos dos usuários, por diversas vezes, frases que traziam a palavra *desnorteada(o)* como sinônimo de loucura. Por exemplo, *vim para cá porque estou desnorteada(o)*. Tal sentido sugere a relação de subordinação da loucura à norma "como norte" e se aproxima da crítica à relação de subordinação epistemológica do sul ao norte na forma de um eurocentrismo. Então, os dois sentidos de desnortear-se, dar lugar aos saberes da loucura e trabalhar com outras geopolíticas epistemológicas – pós-colonial/decolonial –, serão acolhidos nesta obra. Contudo, compreendemos que tal subordinação não é apenas epistemológica e que seu combate implica a política de produção de subjetividade que dá a essas geopolíticas sua consistência existencial.

Segundo Farias, "para uma psicologia antirracista e preocupada com a emancipação dos povos explorados e oprimidos é preciso sair desse lugar messiânico, pseudocrítico, importador mecânico de pensamento alheio ao que acontece do lado sul do hemisfério"[1]. Nessa direção, voltamo-nos à reforma psiquiátrica brasileira, que tem como modelo inspirador a desinstitucionalização italiana. Desde já, observamos que não há problema algum em nos inspirarmos nos triestinos, afinal, são inegáveis os frutos e as colheitas antimanicomiais na cidade de Trieste. Porém, Lancetti[2] nos alerta quanto ao risco do deslumbramento colonial: "as cópias, quando são feitas sem a fascinação característica do que é importado da Europa ou dos Estados Unidos, são produtivas e não paralisam o pensamento".

Para Lancetti, essa paralisia do pensamento, característica da produção de fascínio colonial, promove a repetição de modelos e técnicas, afastando-nos da criação do próprio método: "se repetimos os modelos conhecidos, é para esgotá-los até produzir o próprio método"[3]. A reforma psiquiátrica brasileira estaria nessa direção, em busca do próprio método, considerando as especificidades do seu território nacional, dos seus modos de vida, ou estaria em um arremedo imitado das reformas psiquiátricas da Europa? Haveria ascendências afrodiaspóricas e afro-indígenas para compor esse campo?

Contudo, "não devemos, evidentemente, substituir a visão de mundo e as modalidades de conhecimento europeias pelas africanas, pois isto seria trocar eurocentrismo por afrocentrismo"[4] ou mesmo por indigenocentrismo e outros centrismos, quando o que importa é deslocar-se dos centrismos, indissociáveis da noção de raça aplicada aos humanos a partir do século XVI, e da fatídica hierarquia de povos, produtora de manicomializações. Nesse sentido, "na experiência em que nos baseamos para enunciar nessas proposições, aprendemos que, para produzir saúde mental, é preciso romper os sentidos de mundo que a época nos impõe"[5].

Historicamente, a manicomialização se pautou na falaciosa ideia de inferioridade e periculosidade de negras(os) e, ancorada no racismo, buscou trancafiar esses sujeitos nessa ideia manicomial: de inferiores[6]. Maria Clementina Pereira Cunha[7], ao analisar os prontuários das(os) internas(os) do Hospital Psiquiátrico do Juquery, nos primeiros anos do século XX, demonstrou como a psiquiatria da época estigmatizava e psicopatologizava as(os) negras(os), associando-as(os) à idiotia e à imbecilidade. Seus estudos também observaram a predominância de negras(os) manicomializadas(os), quando comparadas(os) a outros grupos étnico-raciais. O psiquiatra Jurandir Freire Costa, em seu livro *História da Psiquiatria no Brasil*, dedica um capítulo ao racismo. Nele, aponta que a psiquiatrização e manicomialização da(o) negra(o) é matéria que caminha do século XIX aos dias de hoje e analisa a partir de conceitos da psicanálise (como o estranho familiar) a dificuldade da sociedade brasileira de integrar a população negra como sujeito de direitos: "pode-se afirmar que o racismo decorre de uma função psíquica primitiva: o medo diante do estranho, do não familiar"[8]. Esse mecanismo psicológico não apenas impede a relação com o dito diferente, mas promove o aprisionamento, o cerceamento, o assassinato ou a manicomialização por um país racista.

Essa visão de mundo mudou? Sabemos que negras(os) ainda são os grupos mais impactados pela manicomialização e, sendo assim, retornamos ao princípio do debate: a ideia da inferioridade negra está superada no Brasil?

Pesquisadoras(es) como Munanga[9], Gomes[10] e Silva[11] têm apontado o efeito danoso do racismo sobre as produções de saber, acadêmicas ou não, quando originadas por negras(os). Costumeiramente, essas produções são classificadas como inferiores, o que colabora para o apagamento dos conhecimentos afrodiaspóricos nos diversos campos da saúde, da educação, da assistência e outros.

Em contrapartida, os estudos sobre *branquitude* em diálogo crítico com a colonialidade do saber[12] demonstram como os privilégios da branquitude colaboram para a manutenção da hierarquização do conhecimento, gerando benefícios (de difícil renúncia) para autores e pesquisadores brancos. "O medo de perder os privilégios que permeia a branquitude ainda faz-se produzir o apagamento de muitos, dos outros, que também fizeram história."[13] Desse modo, podemos afirmar que os pactos narcísicos[14] característicos da branquitude[15] estão ativos dentro dos campos de saber/poder.

Nessa esteira, abordamos "estudos e pesquisas sobre temas relacionados à negritude e à contestação dos privilégios que a branquitude preserva, [...] para pensarmos outras formas de conhecimentos para um mundo que ainda valoriza e hierarquiza as raças"[16]. Aqui talvez estejamos sustentando uma contradição, pois aparentemente essa afirmação reitera a noção de raça que, *a priori*, deve ser desconstruída se quisermos desnortear o regime de inconsciente dominante[17]. Embora saibamos que não se trata apenas de desconstruir a tal hierarquia racial – e, para que isso de fato ocorra, é preciso desconstruir a própria ideia de raça –, estamos sustentando que esse processo exige racializar para desracializar[18]; sendo assim, o devir e o porvir negro, neste tempo histórico, exigem afirmar a raça ou mesmo a identidade, para, em meio a essa ressignificação, restituir a história dos povos a partir dos afetos gerados nesse processo[19].

Esse processo passa por considerar "[o] incentivo aos debates e a busca por pesquisas que demonstrem a diversidade cultural e social que permeia a vida humana, [que] podem promover o início de uma desalienação [...] produzindo formas de (re)afirmação e (re)conhecimento das identidades dos povos"[20]. Contudo, conforme dito anteriormente, esse movimento, embora importante, não é panaceia, Sendo assim, voltamos a observar, não basta apenas incentivar e aplicar tais teorias, saberes, conhecimentos racializados, meios para uma experiência afetiva que a colonização visou (e visa) fazer ignota. Essa experiência de diversidade cultural e social (que nomeia brancos e negros), quando vivida de modo encarnado, promove a desalienação colonial. Paradoxalmente, neste tempo histórico, racializar (em especial os brancos) é uma estratégia antirracista que permite demover o debate da raça da esfera biológica e transportá-lo para o campo das ações, dos modos de viver e existir[21].

Aqui, identidade racial está sendo levada em conta como produto perene das dimensões sociais, escapando da cilada da identidade, produtora de uma *fábrica de identidades*[22], que desvincula a identidade das dimensões sociais. Para não cairmos nessa armadilha, em que a identidade se inicia e termina em si mesma, resgatamos o pressuposto de Souza, Damico e David, que apontam que as identidades serão discutidas enquanto as desigualdades sociais estiverem estritamente relacionadas a algumas identidades[23]. Portanto, ratificando a aposta dos autores, racializa-se para desracializar e, neste trabalho, para desmanicomializar, assim como fez Frantz Fanon ao assumir o posto de *chef de service* em Blida, onde ele evidenciou a raça na organização do manicômio, denunciando a divisão racial das alas psiquiátricas; e, para que pudesse implementar uma reforma revolucionária (para a época), separando os internos pelo grau de sofrimento psíquico, teve que apontar a raça/etnia de cada um, de modo a propor um caldeamento dos diferentes povos, raças e etnias, em que o atributo étnico-racial não fosse mais o diapasão da separação, mas sim o sofrimento psíquico[24].

Demanda semelhante tem acontecido no Brasil nos campos da saúde mental e da subjetividade. A pauta antirracista nesses campos tem permitido não apenas ecoar o que os movimentos e as comunidades negras sempre apontaram – que as estratégias diversas de asilamento, encarceramento, controle, morte e proibicionismo visam aos corpos e às subjetividades negras(os) –, mas, acima de tudo, por meio da afirmação (momentânea) da raça, resgatar personalidades negras(os) desses campos[25] e seus ensinamentos e modos de fazer/saber antimanicomiais antirracistas.

> A primeira reforma psiquiátrica no Brasil foi feita por um médico negro que, crítico às teorias da degenerescência racial, implementou uma nova percepção sobre a alienação que, mesmo imbuída do sanitarismo da época, reconhecia a humanidade dos ditos doentes mentais e se empenhava na possibilidade de cura deles. [...] O lugar excepcional de Juliano Moreira na história brasileira, a sua subjetividade como um médico negro em um país sabida e abertamente racista, foi fundamental para a elaboração de uma reforma psiquiátrica que tentava apartar o racismo da manifestação das doenças mentais.[26]

Nessa direção, Frantz Fanon e Achille Mbembe têm importantes contribuições (embora com propostas distintas) para a construção de referenciais teórico-clínicos que visem à liberdade psíquica e material-concreta das populações e dos territórios colonizados. Nos próximos dois subcapítulos, dialogaremos com esses autores em busca do desnorteamento que introduz este estudo.

Os Aportes de Frantz Fanon e Achille Mbembe Para uma Ideia-Força Desnorteada[27]

Tanto Fanon quanto Mbembe destacam que o funcionamento colonial visa hierarquizar os saberes e as culturas.

Em 1961, ano de lançamento do livro *Os Condenados da Terra*, Fanon apontava: "o colonialismo compreendeu aonde o levaria sua tática de reformas sociais, nós vimos recobrar seus velhos reflexos, reforçar os efetivos policiais, despachar tropas e instalar um regime de terror mais adaptado aos seus interesses e a sua psicologia"[28]. Aqui, o psiquiatra afirma que a fixidez do colonialismo não opera apenas nos instrumentos bélicos, marciais e militares, mas também no psiquismo, nos modos de pensar e agir, visando a uma espécie de cristalização do pensamento, interferindo nos modos de investimento libidinal, nas formas de gozo. Nas palavras de Fanon, é o terror adaptado à sua psicologia.

Alguns anos antes, em 1952, quando da publicação de seu livro/ tese *Pele Negra, Máscaras Brancas*, Fanon já tinha postulado que "qualquer ontologia torna-se irrealizável em uma sociedade colonizada e civilizada. Parece que este fato não reteve suficientemente a atenção daqueles que escreveram sobre a questão colonial"[29]. Em diálogo, o sociólogo Anthony Giddens considera que a segurança ontológica ocorre quando há construção narrativa de si próprio, articulada aos tempos passado/presente/futuro; porém, essa narrativa do *eu* a colonização visa atalhar, promovendo insegurança ontológica[30].

Em perspectiva fanoniana, colonizados e colonizadores são impactados subjetivamente. Para os negros (e a África) restaria a fixação na sujeição de sua humanidade; em contrapartida, aos brancos (e à Europa), a fixação da razão colonial dar-se-ia na falsária condição de humano-genérico-universal. Nessa direção, Fanon afirma que "a cultura nacional é, sob o domínio colonial, uma cultura contestada, cuja destruição é empreendida de maneira sistêmica, e muito rapidamente uma cultura condenada à clandestinidade"[31].

Assim, cabe a crítica ao identitário pensamento colonial-capitalista, que fixa imaginariamente a Europa no centro do mundo; porém, esse centro está relacionado ao poder colonial-capitalista, que visa a uma lógica do idêntico a si mesmo, em que nem Europa nem África são centrais. Nessa chave, nossa tarefa seria descentrar tanto Europa quanto África, como propõe Gilroy com a metáfora "Atlântico negro"[32].

Segundo Mbembe, "afirmar que o mundo não se reduz à Europa contribui para reabilitar a singularidade e a diferença"[33]. Para ele, "não existe 'um' pensamento europeu. Ao contrário, existem relações de força no seio de uma tradição que, aliás, não para de se transformar"[34]. Conforme dito, Paul Gilroy também destaca a permanente transformação negra em diáspora, que modifica contraculturalmente a geopolítica e geocultura mundiais, em um processo de criação permanente[35].

Embora Fanon, Gilroy e Mbembe sejam críticos da identidade, em especial quando ela é pensada de forma fixa e essencial, como identidade majoritária, hegemônica e nacional, esses autores não negam as tradições e lutas negras. Contudo, localizam-nas na encruzilhada[36], reconhecendo-as como identidades minoritárias (não fixas), o que não significa que as tradições e lutas negras estariam de sobreaviso de qualquer crítica ou questionamento "ou que, sobretudo, um branco não poderia ser protagonista desta crítica"[37].

A partir dos aportes desses autores, podemos discutir aquilo que Kabengele Munanga e outras(os) pesquisadoras(es) e ativistas negras(os) têm exigido: "uma educação para conscientizar as pessoas e mostrar que a diversidade é uma riqueza da humanidade. Somos o que somos porque somos diferentes", de modo que "não podemos ficar simplesmente numa relação sectária. Numa sociedade como a nossa, precisamos negociar com quem está no poder"[38]. Mbembe propõe que "o caminho passa pela produção, a partir da crítica do passado, de um futuro indissociável de uma certa ideia de justiça, da dignidade e do *em comum*"[39].

Todavia, a direção ético-política do comum não abandona as diferenças: "o que teremos que imaginar será uma política do ser humano que seja fundamentalmente uma política do semelhante, mas num contexto onde, é verdade, o que partilhamos em conjunto sejam as diferenças"[40]. Desse modo, o projeto do *comum* não é oposto ao desejo de diferença[41]. Para Rolnik, não se trata apenas do "comum e da diferença"[42], mas também da produção de diferenças a partir da interação entre as forças específicas que compõem o comum (o ecossistema ambiental, social e mental composto de forças, corpos vivos em interação, quando os efeitos em cada um desses corpos levam a uma reciclagem constante da cartografia em curso).

Segundo Mbembe, "a reconstituição do comum começa pela troca de palavras e com a ruptura do silêncio"[43]. Todavia, em perspectiva fanoniana, essa reconstituição é revolucionária, sendo assim, não se trata de "uma simples virada linguística, ao contrário, ela se efetivaria, se fosse violenta o suficiente para 'sacudir as raízes do edifício' colonial-capitalista"[44].

Ambos os intelectuais visam à transformação das relações – material e simbolicamente –, por isso, a pergunta ao longo de suas obras costuma ser: *que mundo eu quero?*, diferentemente da pergunta orientada pela lógica colonial-capitalista: *quem sou eu?*

Faustino nos lembra que o convite de Fanon é "descermos aos nossos verdadeiros infernos"[45], tarefa que, embora fundamental para o rompimento com a lógica colonial, obviamente não é confortável, pelo contrário. No entanto, Fanon assevera que os sintomas psicoafetivos na manutenção da colonialidade são agudos e perversos: "essa arrancada difícil e dolorosa é, porém, necessária. Quando ela não se realiza, assiste-se a mutilações psicoafetivas extremamente graves. Indivíduos sem fronteira, sem limites, sem cor, apátridas, desenraizados, anjos"[46].

Para essa reconstituição do comum, ambos os autores apontam a intersecção de raça e classe[47]. Segundo Fanon, "a análise que empreendemos é psicológica. No entanto, permanece evidente que a verdadeira desalienação do negro implica uma súbita tomada de consciência das realidades econômicas e sociais"[48]. Ele conclui que "só há complexo de inferioridade após um duplo processo: inicialmente econômico; em seguida pela interiorização, ou melhor, pela epidermização dessa inferioridade"[49]. Para Mbembe, raça e classe são produzidas conjuntamente no Ocidente, destacando o racismo como instrumento fundamental: "a raça foi sempre uma sombra presente na prática e no pensamento político ocidental, especialmente quando tentou imaginar a desumanidade ou a subjugação dos povos estrangeiros"[50].

A inferioridade ancorada na raça, que manicomializa as subjetividades e os corpos negros, exige a luta antimanicolonial. Para isso, é necessário reconhecer que a *raça* é um "significante flutuante"[51], uma categoria discursiva que não se fundamenta no conceito de ciência genética ou biológica, mas sobretudo nas ciências sócio-históricas e da cultura; logo, a raça é sempre ressignificada trans-historicamente. E a própria formação dos grupos raciais acontece dentro desse discurso, não *a priori*. Nessa direção, a luta antimanicolonial é ferramenta libertária de desvinculação do significante *negro(a)* da loucura, periculosidade, animosidade, inferioridade, linguagem de saber-poder ancorada na colonialidade.

Mbembe reconhece que "Michel Foucault e Frantz Fanon, ambos tão sensíveis ao psiquismo, às questões de dominação vinculadas às questões de autointeresse, [abriram] campos que somente a razão 'pura' não seria capaz de abarcar"[52]. É nessa toada que visamos discutir e compreender a dimensão étnico-racial[53] nos campos de saber que subsidiam a reforma psiquiátrica, levando em consideração os poderes disciplinares da "bionecropolítica"[54]; afinal, o manicômio é uma ferramenta de realização das fantasias de separação e extermínio.

Se historicamente o campo antimanicomial debruçou-se sobre os conceitos de biopoder e biopolítica, considerando centrais para a produção da manicomialização, atualmente o conceito de necropolítica e necropoder, não diferente, tem sido abrangido como mecanismo de poder característico nas políticas brasileiras. Tanto o direito de controlar os corpos, por meio da sujeição e majoração, quanto o direito de matar, ambas táticas da ordem de poder, precisam ser compreendidas (em especial no Brasil) a partir de contextos coloniais e neocoloniais[55].

> Pensar hoje no genocídio da população negra bem como todas as questões e vicissitudes transversalizadas pela raça, enquanto ficção materializada em corpos-subjetividades, convoca a noção de bionecropolítica como analisador, principalmente no que se refere às formas de pensar o que vem a ser a democracia e a construção de uma vida em comum em contextos brasileiros onde uma gramática sociorracial se sustentou durante muito tempo no mito da democracia racial e na cordialidade como traço distintivo fazendo do racismo à brasileira um crime perfeito.[56]

A compreensão do professor Kabengele Munanga de que o racismo à brasileira é um crime perfeito, "pois além de matar fisicamente, ele alija, pelo silêncio, a consciência tanto das vítimas quanto da sociedade como um todo, brancos e negros"[57], vale, em nosso entendimento, para a manicomialização, pois ambas as lógicas (racismo e manicomialização) culpabilizam a vítima e silenciam perante o horror, além de visarem à separação, a impedimentos e à morte.

Essas noções que visam atar a liberdade são encontradas no racismo e na manicomialização. Elas podem ser compreendidas como ferramentas de poder, operando o controle dos corpos e da vida por meio da morte – *bionecropolítica*. Porém, tanto Mbembe quanto Foucault apresentam possibilidades inventivas de construção de vida, as quais possibilitam a leitura e a transformação das ferramentas de poder bionecropolíticas.

Entendemos que os pensamentos de Mbembe e Fanon são essenciais para a análise e compreensão dos dramas étnico-raciais brasileiros na contemporaneidade, como o genocídio da juventude negra, o controle de territórios, a segregação de povos na intersecção raça – classe – gênero, a criminalização, a manicomialização e o encarceramento em massa.

Acima de tudo, as obras desses intelectuais permitem adicionar pistas para um cuidado em saúde/saúde mental libertário e descolonial. E, como lembra Renato Noguera[58], Mbembe é herdeiro de Fanon.

"Medicina e Colonialismo" de Fanon; "Afropolitanismo" de Mbembe, Pistas Para uma Saúde Mental Desnorteada

Frantz Fanon, em seu texto *Medicina e Colonialismo*, apresenta uma rigorosa análise de como a ciência médica ocidental adentrou o contexto argelino, trazendo em seu bojo opressivo o racismo e a humilhação social, característicos do colonialismo.

Nessa chave, Fanon analisou aspectos diversos das práticas médicas e de saúde, como a consulta, a relação entre médico (colonizador) e paciente (autóctone) e vice-versa, a relação do médico com a luta de libertação e, por fim, a relação do povo argelino em meio à guerra de libertação e à tecnologia médica.

Neste subcapítulo, iremos recorrer a esse texto de Fanon para distinguirmos quando a saúde está a serviço da colonização ou, pelo contrário, quando é ferramenta libertária. Ao final, recorremos ao conceito de *afropolitanismo* de Achille Mbembe, que proporciona a análise de "uma nova era de dispersão e circulação"[59] na África, produtora de sensibilidades na história e na cultura, o que, em nosso entendimento, é basal para a proposta de *desnorteamento* da saúde/saúde mental.

Entretanto, voltamos a Fanon, com sua crítica à medicina colonial do contexto argelino (1954-1962)[60]. Logo de cara, o intelectual/médico/revolucionário alerta que, para considerar a relação médico (europeu) e paciente (autóctone), "[é] preciso, com paciência e lucidez, analisar cada uma das reações do colonizado, e toda vez que não entendemos um fato devemos repetir que estamos diante de um drama mais profundo, o do encontro impossível na situação colonial"[61].

Essa posição ético-político-clínica de Fanon, segundo François Tosquelles[62], fazia do médico martinicano mais do que um contestador da psiquiatria clássica (da época): "Não era sequer uma oposição reativa; ou uma reação oposta aos hospitais psiquiátricos de grande confinamento." Sim, um crítico da lógica psiquiátrica que produzia psicopatologias a partir das diferenças, buscando tratá-las manicomialmente, ao invés de promover terapêuticas/cuidados em saúde mental nas diferenças, apostando no dinamismo da diferença, "era, mais exatamente, uma coisa a fazer no andamento, no dinamismo que desenhava as diferenças". Produzindo outros modos de compreensão, saindo do vazio teórico dos iguais, que busca similaridade, normatividade, "foi assim que apareceram as diferenças na teoria e na prática do esvaziamento terapêutico". Para Tosquelles, Fanon é um crítico da lógica característica da colonialidade manicomial, que busca impedir a criação e a implementação das terapêuticas de liberdade nas diferenças.

Lembramos que o hospital psiquiátrico foi e ainda é um dos modelos de maior impedimento dos exercícios de liberdade, de encontro dos diferentes. Sendo assim, uma das reações mais conhecidas (até os dias de hoje, mesmo quando fora dos contextos de guerra) é o medo das internações hospitalares, inclusive as psiquiátricas. Segundo Fanon, "[o] colonizado que desconfia da internação não parte de valores homogêneos como medo da cidade, medo da distância, medo de se sentirem desamparados quando separados da casa da família, medo de serem enviados para morrer no hospital"[63], e assevera que o medo tem relação com a instituição hospitalar colonial, daquela que hoje chamamos de branquitude, que não considera outros grupos étnico-raciais humanos/sujeitos; "o colonizado não se recusa a enviar os doentes para o hospital, mas para o hospital dos brancos, dos estrangeiros, do conquistador"[64].

Percebemos a faceta manicomial da branquitude como lógica instrumental de manutenção de poder, que promove relações de domínio da experiência subjetiva e visa impedir outras articulações de inteligibilidade e percepção de mundo. Ao se enclausurar manicomialmente na brancura, busca enclausurar o negro nos supostos signos da inferioridade e periculosidade, propicia um gradil para a incômoda intimidade com o diferente, segue o cálculo manicomial do não ao risco, opta pela tentativa da administração e do aprisionamento das disposições de afetação e se distancia dos modos descolonizados, não domesticados.

Assim, os ditos colonizadores também agem em recusa. Nesse caso, recusam-se a considerar (ou compor) os elementos de cuidado/de saúde tradicionais da população nativa/local; "esta é uma realidade psicológica ainda muito visível há alguns anos, não só entre as massas populares dos países geralmente avançados, mas também entre os próprios médicos"[65].

No Brasil, embora tenhamos experiências importantes, como nas políticas de saúde e na resposta à epidemia de Aids entre o poder público e as religiões afro-brasileiras[66], elas são consideradas pontuais e não refletem a realidade das implementações de políticas e modos de cuidado em saúde no amplo SUS. Para Gomberg, a não composição com elementos de cuidado/saúde dos povos tradicionais é vigente na maioria das políticas de saúde brasileira[67].

No campo da saúde mental psicossocial, a contradição é ainda maior, pois a interação com as artes e os ofícios de cuidado afro-diaspóricos ocorre dia a dia, mas raramente é nomeada, percebida, compreendida como tal. Assim, atividades psicossociais de cuidado, como danças de roda, oficinas de grafite, grupos de percussão, entre outras, são desassociadas da cultura afrodiaspórica[68].

Em retorno ao mencionado texto, os aspectos analisados por Fanon nas consultas são preciosos. Nesse ambiente há um clima de batalha (em especial para o paciente), que tem na figura do médico um duplo lugar: de um técnico, mas também de um colonizador. Como efeito, promovem-se expressões corpóreas e verbais rígidas: "ele [paciente] responde com monossílabos, é moderado nas explica-ções e logo provoca a impaciência do médico"[69]. O técnico, por sua vez, se desinveste rapidamente do diálogo, limitando-se aos exames clínicos, "entretanto, o corpo do colonizado é igualmente rígido"[70].

Esse cenário apresentado por Fanon é extremamente comum nos atendimentos na Rede de Atenção Psicossocial brasileira, que muitas vezes repete essa dinâmica colonial perante técnicos, com seus instrumentos do pequeno poder: jaleco, carimbo, prontuário, brancura (muitas vezes) etc.; ante usuárias(os) (pacientes) perifé-ricas(os), pobres, muitas(os) negras(os), na sua maioria mulheres e crianças. Aí, então, a conduta se repete: falas abreviadas e corpo rígido por parte das(os) usuárias(os); exames rápidos e clínicos por parte dos técnicos, seguidos de diagnósticos que psicopatologizam a parte mais frágil desse encontro. Na saúde mental, os diagnósti-cos que reduzem a potência dinâmica desse encontro costumam ser *deficiência intelectual, histeria, transtorno de déficit de atenção, autismo, poli queixosa, não aderente ao tratamento*, dentre outros.

Para Fanon, há distintas rigidezes operando nos dois entes. Conforme dito, o médico atua em leituras e condutas duras; em contrapartida, a inflexibilidade do paciente revela-se no corpo.

É nessa chave que Isildinha Baptista Nogueira demonstra que as *significações do corpo negro* estão em intrínseca relação com os processos de subjetivação possíveis em uma sociedade racista, embora a constituição corporal se dê de modo singular, pois para as pessoas negras esse corpo é marcado socialmente e reage de diferentes formas perante essas marcações[71]. Por isso, Damico, Ohnmacht e Souza afirmam que "faz-se necessário um trabalho de ressignificação desse corpo e dessa história que também é a história de um povo"[72], alertando o campo da psicanálise (e aqui da atenção psicossocial) de que tal processo de ressignificação vem sendo realizado pelos movimentos negros ao longo do tempo e que esses campos – da saúde mental e da subjetividade – necessitam se colocar em relação desimpedida com a cultura afro-brasileira e diaspórica, aproximando-se dos movimentos negros e feministas negros, ou seja, do que elas(es) têm produzido.

Ainda Damico, Ohnmacht e Souza, em diálogo com o conceito de duplo narcisismo de Fanon[73], asseveram que, "enquanto o narcisismo branco é um modo de dominação, o narcisismo negro é um modo de defesa"[74], o que fica evidente nas dinâmicas de competição dentro e fora das consultas médicas que o psiquiatra martinicano relata:

> Quando o colonizado escapa do médico e preserva a integridade do seu corpo, ele pensa que ganhou uma grande batalha. Para o colonizado, a consulta é sempre um teste. Quando a superioridade do colonizador se reflete apenas em alguns comprimidos ou xaropes a serem tomados pelo paciente, o colonizado tem a impressão de vitória sobre o inimigo. Os medicamentos e conselhos representam apenas a escola deste teste.[75]

O que acontece no ambiente clínico não necessariamente é reproduzido nos outros espaços da vida cotidiana, embora o colonialismo tenha sido (e seja, enquanto colonialidade) transversal na cultura ocidental. Fanon não negava a interferência relacional em ambos os grupos; contudo, reconhecia que, para os colonizados, o prejuízo era imensurável devido à brutalidade da colonização: "O grupo dominante chega com seus valores e os impõe com tanta violência que a própria vida dos colonizados é encurralada e jogada na defensiva, na clandestinidade."[76]

Conforme dito, os saberes/fazeres tradicionais afro-indígenas têm sofrido um encurralamento e clandestinidade ainda na contemporaneidade, encontrando pouco espaço para composição com as técnicas "modernas" de saúde. "Nessas condições, o domínio colonial desnatura até mesmo as relações que o colonizado tem com sua própria cultura. Em grande número de casos, a prática da tradição é uma prática opaca."[77]

Fanon demonstra largo interesse no conflito do dito colonizado perante as duas propostas de cuidado em saúde, daquele que ele chamou de *médico* e daquele que chamou de *curandeiro*[78]. Por vezes, ambas as orientações são seguidas, pois o colonizado não desdenha da cultura do seu grupo e conhece o poder terapêutico do cuidado em saúde tradicional; contudo, não seria ignorante/negacionista denegando a eficácia das medicações (por exemplo). Apesar disso, admiti-las em sua potência terapêutica "significa expressar confiança na ciência médica do estrangeiro", uma espécie de "penetração ocidental". Essa contradição – psicológica, social e política – é vivida pelo colonizado, que nesse momento demove, um tanto, do seu lugar de defesa.

Análise muito interessante a que Fanon se dedicou é a "[do] colonizado e o médico autóctone"[79] e as ambiguidades dessa relação, do povo local com o técnico do próprio grupo, aquele que o autor chamou de *médico indígena*:

> o técnico indígena é a prova viva de que qualquer um de seus membros é capaz de ser engenheiro, advogado ou médico. Mas ao mesmo tempo e no final, é a prova do abismo que existe entre o grupo homogêneo e fechado, e a deserção das categorias psicológicas ou emocionais específicas das pessoas. O médico indígena é um médico europeizado, ocidentalizado, e em certas circunstâncias não é considerado parte integrante da sociedade dominada. Ele é tacitamente empurrado para o campo dos opressores, o campo inimigo. Não é por acaso que em algumas colônias, para caracterizar o homem avançado, é usada a expressão: "ele assumiu os costumes do amo"[80].

Por parte do colonizado, a confusão afetiva em torno do "médico indígena" produz concomitantemente sentimento de orgulho e de desconfiança. O médico local, por sua vez, também vive ambiguidades afetivas que interferem de modo direto nas suas condutas; em geral sente-se compelido a adotar postura e procedimentos que afirmem uma racionalidade, afastado da irmanação com sua *raça* e seus modos de fazer/saber saúde. Por vezes, o "médico indígena" é comparado com policiais autóctones, segundo Fanon.

Para o autor, essa dificuldade no encontro entre médicos (autóctone ou europeu) e colonizados se esvai ao adentrarem juntos na luta de libertação. Quando esse mote político revolucionário é vivido por ambas as partes, se produz um comum: "A reticência do período de opressão absoluta desaparece. Ele não é mais 'o' médico, mas 'nosso' médico, 'nosso' técnico."[81]

No dia a dia dos equipamentos da Rede de Atenção Psicossocial brasileira contemporânea, as(os) trabalhadoras(es) das equipes se queixam da distância das(os) usuárias(os), e vice-versa. Como se não houvesse uma identificação "nossa(o) trabalhadora(dor); nosso serviço de saúde", essa distância, na perspectiva fanoniana, pode ser compreendida pela distância que a reforma psiquiátrica brasileira tem tomado das lutas por libertação no Brasil, como a luta antimanicomial, antirracista, anticapitalista e tantas outras.

Fanon observa a transformação na posição subjetiva do médico que adere à luta por libertação: "O paternalismo e a timidez foram excluídos"[82], destacando também a mudança na intencionalidade do manejo: "O técnico de saúde não inicia 'trabalho psicológico de aproximação para convencer as pessoas subdesenvolvidas'"[83] e, por fim, a alteração na posição ético-política: "é feito um esforço para implementar um plano de saúde perfeitamente elaborado"[84].

A mudança de posição subjetiva não ocorre apenas para os médicos e técnicos, pois a população atendida também se transforma: "O povo quer ser curado, cuidar de si mesmo e entender as explicações de seus irmãos que são médicos e enfermeiros."[85]

Segundo Fanon, a presença desses técnicos na Frente Nacional de Libertação deixa evidente a simultaneidade indissociável entre medicina e revolução. Alertamos que Fanon não está se referindo a uma soma do militante e do médico no mesmo sujeito, mas a um tipo de situação que favorece a ativação da força micropolítica presente na prática de cura, quando se tem a consciência de que a doença está atrelada ao regime de inconsciente dominante, no caso o regime colonial-racializante-capitalístico[86]. Sendo assim, para o autor, esses eventos constitutivos dependem da paixão e produzem ambientes criativos, gerando cuidado em saúde, inovadores e libertários. Observamos que tais aspectos subjetivos (paixão e criatividade) foram e são fundamentais para as reformas psiquiátricas. Como (re)afirmar essa posição na luta antimanicomial?

> Os especialistas em educação sanitária devem refletir cuidadosamente sobre as novas situações que surgem no decorrer da luta de libertação nacional de um povo subdesenvolvido. A partir do momento em que o corpo da Nação começa sua vida de forma coerente e dinâmica, tudo é possível. O conhecimento da "fisiologia do indígena", ou da "personalidade de base", são inúteis. Um povo que toma seu destino em suas próprias mãos assimila as mais modernas formas de técnica a uma velocidade incrível.[87]

Assim como Fanon, o filósofo Achille Mbembe considera que os processos de descolonização passam pelas "forças sociais e culturais organizadas" promotoras de criatividade[88]. Entretanto, há diferença nas propostas de descolonização dos autores, e nós compreendemos que essas diferenças não se excluem – pelo contrário, o *desnorteamento* aposta na diferença como produção do *comum*.

Mbembe, em seu livro *Sair da Grande Noite: Ensaio Sobre a África Descolonizada*, propõe a noção de *afropolitanismo*, a qual emprestamos em diálogo com as contribuições fanonianas, descritas nos parágrafos anteriores, que refletem pistas para uma saúde mental desnorteada do/no Brasil.

Sabemos que ambos os autores estavam analisando contextos muito distintos do brasileiro: Fanon, o período de guerra por libertação na Argélia; Mbembe, a África contemporânea, em especial a África do Sul. Ainda assim, compreendemos que as reflexões contidas nas duas produções contribuem para a nossa discussão, pois analisam a "descolonização enquanto experiência de emergência e de revolta"[89], e propõem: "O poder da criação [que] se oporia ao jogo da repetição sem diferença, às forças que, no tempo da servidão, buscam esgotar ou encerrar a duração. É isso que Frantz Fanon chamava, numa linguagem prometeica, de saída da 'grande noite' anterior à vida."[90]

Para Achille Mbembe, a colonização representa "um grande momento de des-ligação e de bifurcação das linguagens"[91]. Essa bifurcação cria dois caminhos, mas que se chocam e não se ligam. Nessa esteira, a busca por ligações impõe descolonização: "descolonizar jamais quis dizer passar novamente, num tempo diferente, pelas imagens da Coisa ou de seus substitutos"[92]. O objetivo da descolonização seria "fechar os parênteses de um mundo composto por duas categorias de pessoas: de um lado, os sujeitos que agem, do outro, os objetos que se intervém"[93], objetivo muito próximo ao da reforma psiquiátrica, que também trabalha para cessar a produção binária de normal/anormal, saúde/doença etc. Então, por que recorrer à intelectualidade de Mbembe sobre descolonização? Porque, para ele, a descolonização "busca uma metamorfose radical da relação"[94], e essa radicalidade relacional descolonial urge na saúde mental brasileira.

Mbembe indica que a descolonização se dará andando! O autor considera que o caminho para uma verdadeira democracia (que acabe com a dominação colonial e com a lei da raça) se faz no andar em companhia – no sentido da descolonização: "É isso que fazia da comunidade descolonizada uma comunidade em marcha, uma comunidade de caminhantes, uma vasta caravana universal."[95]

Nomeadamente obstaculizado, para Mbembe, esse *caminho de trilhas* não é igualmente pavimentado para cada sujeito ou grupo, o que não impede a intenção do caminhar, mas faz dele diferente: "Entretanto, há muitos obstáculos a superar num mundo hoje rodeado de barreiras e coberto de muralhas. Para milhões dessas pessoas, a globalização ainda não representa o tempo infinito da circulação."[96] O autor oferece pistas para o pensar da democracia em caminhada:

> seria preciso que ela fosse carregada de forças sociais e culturais organizadas; por instituições e redes fundadas diretamente pelo gênio, pela criatividade e principalmente pelas lutas cotidianas das próprias pessoas e de suas tradições de solidariedade. Mas isso não é o bastante. Também é preciso uma Ideia da qual tudo isso será a metáfora viva. Assim, por exemplo, ao rearticular a política e o poder em torno da crítica das formas da morte, ou mais precisamente em torno do imperativo de nutrir as "reservas da vida", poderíamos abrir o caminho para um novo pensar da democracia num continente [África] onde o poder de matar continua mais ou menos ilimitado, e onde a pobreza, a doença, e os riscos de todo tipo tornaram a existência incerta e precária. No fundo, esse pensar deve ser, necessariamente, um pensar daquilo que virá, da emergência e da revolta. Mas essa revolta deve ir muito além da herança dos combates anticoloniais e anti-imperialistas cujos limites, no contexto da globalização e tendo em vista aquilo que ocorreu desde as independências, são hoje evidentes[97].

Essa perspectiva mbembiana convida àquilo que o autor chamou de *novas mobilizações*[98], o que, para ele, exigiria "ir além da concepção tradicional de sociedade civil, herdada diretamente da história das democracias capitalistas". Essas mobilizações exigiriam também o reconhecimento da "multiplicidade social – multiplicidade de identidades, alianças, autoridades e normas – e, a partir dele, imaginar novas formas de lutas, mobilização e lideranças". Assim, para esse alcance seria necessário "sair da lógica do humanitarismo, ou seja, da urgência e das necessidades imediatas que, até hoje, colonizam o debate sobre a África"[99].

Os aspectos apontados anteriormente (nas devidas proporções) são muito semelhantes aos enfrentados pela reforma psiquiátrica brasileira, que encontra grande dificuldade em sua desejada ampliação, muitas vezes devido à forte lógica do humanitarismo e à dificuldade em reconhecer as multiplicidades sociais que contemplam "as loucuras", como raça, classe e gênero[100].

Para Mbembe, "[o] tipo de capitalismo que favorece essa lógica reúne muito bem o mercantilismo, desordens políticas, o humanitarismo e o militarismo. Já vimos as premissas desse tipo de capitalismo na época colonial"[101]. Isso lhe permite afirmar que "[a] descolonização sem a democracia é uma forma lastimável de retomada da posse de si – fictícia"[102]. Nessa chave de compreensão, podemos identificar por que no (des)governo de Jair Messias Bolsonaro a manicomialização ganhou força, num período que tem sido um dos momentos de maior repressão autoritária e desordem política da recente República brasileira. A implementação desse modo manicomial de governar confere a ampliação do aparelhamento militar na máquina pública (em especial nas posições estratégicas – lembramos que tivemos um ministro da saúde militar no momento mais agudo da pandemia do coronavírus) e constantes ameaças e tentativas de golpe à democracia.

Se Mbembe ressalta que não há descolonização sem democracia, lembramos que a democracia também está em risco sem a descolonização. Afinal, as heranças da colonialidade no pensamento brasileiro colaboram para a manutenção e o crescimento de (des) governos manicomiais. Insistimos: para que a democracia esteja assegurada, é necessária (inclusive) a descolonização!

Voltamos ao *caminhar*, afinal, "[a] experiência sul-africana mostra que a injunção de 'levantar e andar' – a descolonização – é endereçada a todos, os inimigos e oprimidos de outrora"[103]. Esse caminhar não deve tomar a direção de uma política de vingança, afirma Mbembe, o que promoveria uma fantasia de que, ao assassinar o colonizador e tomar o seu poder, estaria restabelecido o bem-estar nas relações. O filósofo é rigoroso em mostrar que "a preocupação com a reconciliação, por si só, não pode substituir a exigência radical de justiça"[104]. Sendo assim, o caminhar impõe justiça, assim como Frantz Fanon, ao conceituar *o duplo narcisismo*, alertou para o risco de brancos e negros ficarem presos no círculo vicioso do determinismo racial odioso, distanciando-se das relações nas diferenças, de modo que "[o] negro quer ser branco. O branco se empenha em atingir uma condição humana. [...] O branco está encerrado em sua brancura. O negro, em sua negrura"[105]. Mbembe ratifica esse risco, apontando que a tão desejada justiça solicita "a libertação do ódio de si e do ódio ao Outro, primeira condição para que possamos voltar à vida"[106]. No entanto, para que isso ocorra, lembra-nos Rolnik, é preciso deixar-se afetar pelo outro e reconhecer o que a vida demanda que seja criado em face do tensionamento que essa experiência provoca, na forma em que a vida se encontra plasmada em nossa existência[107].

Visando à descolonização, ambos os intelectuais, Fanon e Mbembe, dão ampla importância ao fenômeno da linguagem, que está regulada pelas relações, pela troca. Mbembe, em busca de uma linguagem humana na intenção de criar um novo mundo, reconhece a necessidade de "que nos libertemos do vício da lembrança do nosso próprio sofrimento"[108]. Para ele, esse exercício nos afastaria da consciência da vítima, forjando um reaprendizado da fala: "se libertar desse vício é a condição para reaprender a falar uma linguagem humana"[109].

Fanon, por sua vez, reconhece que "falar é ser capaz de empregar determinada sintaxe, é se apossar de uma morfologia de uma outra língua, mas é acima de tudo assumir uma cultura, suportar o peso de uma civilização"[110]. Para Mbembe, essa língua humana não consiste em um idioma unificado, ou na fantasia impraticável de um mesmo sotaque, mas no "reconhecimento mútuo da humanidade de todos e do direito de todos de viver em liberdade perante a lei"[111].

Essa linguagem humana, que forjaria um novo mundo, não é desmemoriada. Pelo contrário, Mbembe aponta que a fundamental memória do passado e do presente doloroso requer a criação, a manutenção e a visitação de "museus e parques muito numerosos para celebrar a humanidade comum de todos", com o "florescimento das artes" e o "estabelecimento de políticas de reparação com o objetivo de compensar séculos de negligência"[112]. Para o filósofo, uma cultura nova se dá por meio do trabalho da memória, sepultando e meditando o seu passado e presente, promovendo "lugar tanto para os vencedores quanto para os vencidos"[113], afastando-se do falso paradigma herói/vítima.

Por fim, Mbembe afirma, quanto ao *afropolitanismo*: "trata-se da literatura, da filosofia, da música ou das artes em geral"[114] em circulação e dispersão. Embora saibamos que o afropolitanismo possa ser distinguido em diferentes períodos da sociedade africana, tomaremos neste livro aquela definição que, em nosso entendimento, oferece pistas para o caminhar na saúde/saúde mental em busca de uma descolonização desnorteada. Afinal, "[a] temática do deslocamento é particularmente relevante no âmbito das regiões do Sul geopolítico do mundo"[115].

Sabemos que historicamente a estratégia de erguer muros não é do domínio das instituições psiquiátricas apenas. O filósofo nos lembra que criar fronteiras, cercas, diques para dividir classificar, hierarquizar, selecionar é tentativa tática para impedir a *comunidade de mundo*. Dessa forma, historicamente, afastamos aquelas(es) que desprezamos da condição de humanas(os). Porém, Mbembe insiste que existe apenas um mundo e, sem disfarçar as violências que são direcionadas para determinados grupos e em determinados encontros, nos faz recordar que os modos de habitar esse mundo são distintos, e a promessa por um mundo igualitário de direitos se reedita perante incertas existências[116].

O entendimento de que existe um único mundo apenas indica *a proximidade do distante*, e junto a esse indicativo de partilha, contraditoriamente, as resistências de separação são reeditadas, promovendo a vigilância e o controle das fronteiras por meio das carteiras de identidade[117]. Esse instrumento se multiplica em diversos passaportes de quem pode entrar e permanecer em determinados locais ou mesmo sair deles, promove e supostamente justifica violências e brutalidades características do Estado moderno identificador e visa impedir a partilha de mundo nas dessemelhanças. Sendo assim, para Mbembe, a comunidade de mundo encontra-se em um porvir, mesmo havendo apenas um mundo.

Sabemos que as carteiras de identidade são ferramentas antiquíssimas da lógica manicomial e, mesmo quando são destituídas ou guardadas em uma gaveta qualquer, os efeitos da identificação racial na morte da humanidade do outro deixaram traços coloniais que precisamos antimanicomialmente cuidar, na reinvenção de relações. Nessa direção, Mbembe indica que "a invenção do comum é inseparável da reinvenção da comunidade. Essa reinvenção supõe a reparação dos laços que foram rompidos ou se esgarçaram; e também que novas significações sejam atribuídas a vínculos originários de um caso histórico"[118]. Esse modo de relação exige movimentos de brancas(os) e negras(os), pois, segundo Mbembe, o desejo de ultrapassar as condenações da raça não se limita a reparações de justiça e restituições econômicas; impõe também modificações radicais nas condutas éticas (afetivas), do laço social.

Interessantíssimo percebermos que o filósofo conceituou essa habitação, que visa ao comum e à comunidade de mundo, com a mesma perspectiva utilizada nas reformas psiquiátricas, o *Aberto*. E define o conceito de modo que consideramos antimanicomial e que nesta pesquisa sopesamos em orientação antimanicolonial:

> Essa ideia se opõe totalmente às condutas que buscam, acima de tudo, erguer muros para nos encerrar dentro daquilo que nos é, digamos, aparentado.
> No aberto, não haveria nenhuma razão para temer a diferença. É uma construção; na maioria dos casos, a construção de um desejo.

> A história das escravidões, das diferentes formas de colonização, mostra quanto essas instituições foram verdadeiras fábricas de diferença. Em cada uma delas, a diferença foi o resultado de uma operação complexa de abstração, reificação e hierarquização. Essa operação seria a seguir internalizada pelas próprias vítimas, que por vezes a reproduziam em seus gestos cotidianos, sua intimidade, seu inconsciente. O desejo da diferença, podemos dizer, nasce precisamente onde se vive a experiência de exclusão mais intensa. Nesse sentido, a reivindicação da diferença é a linguagem invertida do desejo de inclusão, de pertencimento e, às vezes, de proteção.[119]

Contudo, no desnorteamento da reforma psiquiátrica, a diferença estaria a serviço da potência do desejo de liberdade, combustível da luta antimanicolonial. Assim, diferenciar-se-ia de seu histórico uso manicomial, em que afirmar a diferença serve para segregar e afastar, ao invés da sua afirmação para a liberdade, o circular, escolhendo agir no *comum da diferença*.

> O desejo da diferença não se opõe, necessariamente, ao projeto do comum. Na verdade, para aqueles e aquelas que foram submetidos à violência da desfiguração, que tiveram sua parcela de humanidade roubada em determinado momento da história, a recuperação de seu rosto e de sua parcela de humanidade passa, com frequência, pela proclamação da diferença. Mas, como se vê na crítica africana de um Senghor[120], a proclamação da diferença é apenas um momento em um projeto mais amplo: o projeto de um mundo que está por vir, que está à nossa frente; que está destinado a ser, de fato, universal.[121]

O manicômio e a manicomialização precisaram da raça para "justificar" o estabelecimento de suas lógicas de diferença[122], que aprisionaram (e aprisionam) em especial negras(os), pobres, mulheres e LGBTQIA+. Assim como para a formulação das instituições asilares manicomiais (dentre outras instituições totais), a afirmação da raça forjou a psicopatologização de determinados povos e de seus comportamentos/costumes. Em contrapartida, assegurar a formulação e o exercício do *Aberto* tem como objetivo central o ganho de humanidade, aquilo que Mbembe e Fanon chamaram de *reserva de vida*. A afirmação da ilusão da raça, aqui, não será atributo da diferença manicomial, mas de luta contra a subjugação de negras(os), ou seja, a raça como potência de liberdade. "Na modernidade, a raça constitui uma das formas mais brutais de proclamação da diferença. Sabe-se que ela não existe; mas é precisamente desse vazio que extrai sua força perturbadora."[123]

Se apostamos que desnortear a saúde/saúde mental é necessário para o acolhimento da população negra, LGBTQIA+, pobre e periférica, desnortear é uma saída não fixa (sair do norte em direção ao sul, ou mesmo da loucura como psicopatologização em direção a uma loucura de vida – *vida desnorteada*). Desnortear se faz na passagem, no deslocamento, no entre, e esse caminhar fez-se nas diásporas negras africanas (não apenas as forçadas, frutos de escravização), em uma cultura de mobilidade e mobilização que africanos exercitam historicamente, conforme dito anteriormente, numa dinâmica pré-colonial dessas sociedades.

Esse deslocamento se dá na perspectiva do *passante*[124], que não caminha para se afastar daquilo que quer negar, ou mesmo por insatisfação; pelo contrário, quer circular o mundo, pois não se reduz às fronteiras de tradição. Nessa direção, afasta-se das identidades vitimizadoras e toma a circulação como conduta do princípio do comum.

Para Achille Mbembe,

> não é que existe uma parte da história africana que se encontra em outro lugar, fora da África: existe igualmente uma história do resto do mundo na qual os negros são, inevitavelmente, os atores e representantes. Em suma, seu modo de ser no mundo, seu modo de "ser mundo", de habitar o mundo, tudo isso sempre se efetiva sob o signo, se não da mestiçagem cultural, pelo menos da imbricação dos mundos, numa dança lenta e às vezes incoerente com os signos que eles não puderam escolher livremente, mas que, da melhor maneira possível, domesticaram e puseram a seu serviço. A consciência dessa imbricação entre o aqui e o ali, a presença do ali no aqui e vice-versa, essa relativização das

raízes e dos pertencimentos primários e essa maneira de aceitar, com total conhecimento de causa, o estranho, o estrangeiro e o distante, essa capacidade de reconhecer seu rosto na face do estrangeiro e valorizar os traços do distante no próximo, de domesticar o não familiar, de trabalhar com aquilo que tem toda a aparência de contrários – é essa sensibilidade cultural, histórica e estética que é bem indicada pelo termo "afropolitanismo" [125].

Perguntamos: essa sensibilidade cultural, histórica e estética é de interesse da reforma psiquiátrica brasileira? Essa sensibilidade cultural, histórica e estética (des)orientaria a nossa luta antimanicomial de modo radical?

Nesse caminhar desnorteado do afropolitanismo mbembiano, que convida ao comum da diferença, ao encontro do aqui e ali e vice-versa, iremos seguir em desorientação; porém, em um diálogo diaspórico atlântico, acompanhados por Beatriz Nascimento, Paul Gilroy e Lélia Gonzalez.

(Des)orientação Atlântica: A Desrazão Diaspórica Negra

Gilroy, no prefácio à edição brasileira do clássico livro *O Atlântico Negro*, destaca que, no Brasil, os movimentos negros conseguiram impor o reconhecimento do racismo como dimensão estruturante da sociedade brasileira. Contudo, admite que a história racial brasileira sofre uma marginalização; sendo assim, as políticas negras ficam centradas na América do Norte e no Caribe. Buscando rever essa direção, o autor acredita na ideia de diáspora como ferramenta política, cultural e social que combate a lógica da marginalização de determinadas políticas negras, tendo nela a aposta de transformação contracultural.

Gilroy, ainda no mencionado prefácio, reconhece a meta de um Atlântico Sul Negro e lembra que para isso devemos levar a cabo o que Édouard Glissant[126] conceituou como Relação. Para o ensaísta, Relação é a possibilidade de mover-se da estabelecida/fixa posição do "sou" para a fluida e temporária posição de "sendo". Esse reposicionamento forja processos de subjetivação que nos afastam da perspectiva colonial do conquistar para a perspectiva descolonial de conhecer.

Na *Relação* (com letra maiúscula), o encontro nas diferenças não hierarquiza ou mesmo abafa a voz/presença das consideradas minorias políticas, diferente da *relação* (com letra minúscula), que promove o encontro das diferenças, mas não deixa de estabelecer lógicas de poder, impedindo movimentos de circulação da fala e dos corpos. Esse (des)encontro da relação é característico do convívio racial brasileiro, em que as diferentes raças e etnias convivem/relacionam-se; contudo, a hierarquia é conferida a partir da raça interseccionada à classe e ao gênero, estabelecendo dinâmicas de poder e impedindo a Relação na(s) diferença(s)[127].

Em nosso entendimento, para que a sociedade brasileira possa voltar-se (em Relação) na direção do Atlântico Sul Negro, faz-se necessário o diálogo com Lélia Gonzalez, mais especificamente com o que a intelectual chamou de *amefricanidade*. Sem esse direcionamento às Américas (em especial à América Latina), a subversão negra cultural da diáspora africana no Brasil não será compreendida e encarnada.

> O legado e a forma de resistência cultural, a passagem do conhecimento ancestral de uma geração para outra e a subversão negra dos códigos da cultura dominante (religião, língua, vestuário etc.) subsidiam, segundo Gonzalez, a categoria político-cultural da *amefricanidade*. […] sobretudo porque a exposição de Lélia abordou o papel da mulher negra na construção da *amefricanidade*.[128]

Lélia Gonzalez afirma que a formação histórico-cultural brasileira precisa ser compreendida para além do deslocamento geográfico e nos convoca a compreender as dimensões subjetivas desse deslocamento que, segundo a intelectual, está, sobretudo, na instância psíquica do inconsciente: "da ordem do inconsciente, não vem a ser o que geralmente se afirma: um país cujas formações do inconsciente são exclusivamente europeias, brancas. Ao contrário, ele é uma América Africana"[129]. A autora complementa, exigindo a latinidade dessa dimensão político-cultural, compreendendo que todas(os) as(os) brasileiras(os) são *ladino-amefricanos*. Nessa direção, propõe a troca do "t" pelo "d", conceituando, então, *Améfrica Ladina*, na perspectiva da "amefricanidade como potência que escorre da experiência transatlântica e forja no novo território vivências e subjetividades que irão marcar a América Ladina"[130].

Assim como Gilroy[131] e Beatriz Nascimento[132], Lélia Gonzalez[133] entende que a diáspora ressignificou (e ressignifica) não apenas o pertencimento negro ou mesmo cada território onde as(os) negras(os) estiveram. As duas autoras e o autor compreendem que pela cultura se dá a transformação política em curso, por meio do encontro, na geopolítica da diferença, nas interações que fomentam novas geoculturas de vida, transcendendo as estruturas de raça-etnia, território, tradição e estado-nação.

Cada intelectual faz isso de uma maneira – vejamos. Partimos de Beatriz[134], que oferece destaque para a memória cultural como ferramenta de transcendência para poder "*ser* no mundo adverso", reconhecendo que na ideia de quilombo se relacionam diversos aspectos da cultura afro-diaspórica, como as festas populares brasileiras, a congada, a folia de reis, o caxambu, o baile funk, dentre tantas outras. Para Beatriz, a memória viva das culturas negras e das lideranças de luta, como Zumbi, permite tomar o quilombo como dimensão subjetiva em nós. Afinal, essa herança memorialística subjetiva estaria incorporada em cada um de nós, "[f] azendo-nos lembrar hoje que o quilombo é o espaço que ocupamos. Quilombo somos nós. Somos parte do Brasil. Esse Brasil democrático, revolucionário, que ajudamos a construir, é assim que o queremos", e deixa uma espécie de indicação, alertando-nos de que "[q]uilombo hoje é o momento de resgate histórico. Está presente em nós, entre nós, *no mundo*. Zambi-ê!"[135]

Em direção muito semelhante, Paul Gilroy[136], sem se esquecer do horror colonial e seus efeitos, reflete sobre a política e a cultura negra na modernidade, compreendendo que as políticas culturais afro-diaspóricas estão em constante reatualização e atingem não apenas as(os) negras(os), mas sim a todas(os). Todavia, o autor é rigoroso nas mediações desse processo, lembrando que na modernidade a(o) negra(o) é constantemente convidada(o) à cilada de uma compreensão única de si e da própria modernidade, diante da falaciosa ideia da "incapacidade negra" (fruto do racismo) ou mesmo de uma intelectualidade fixa da/na raça, o que configura a dupla consciência na modernidade capitalista.

Perante a demanda de ressignificação da herança colonial que não reconhece o negro como cidadão, e do saldo negativo da modernidade, que fixa a(o) negra(o) à identidade racial (o signo negro, a interpelação do racismo), Gilroy, ao entender a raça como uma contradição da modernidade, convida-nos a questionar o signo e também as respostas que damos a esses questionamentos. Sendo assim, não devemos fazer eleições de quais respostas daremos a essas interpelações, pois elas são diversas e variadas. As diferentes respostas são atlânticas e dialogam diferentemente com o reposicionamento de negras(os) como sujeitos e cidadãs(ãos). Esse diverso movimento transnacional do Atlântico Negro como ferramenta de libertação é fundamental, pois, segundo o autor, nos elementos culturais desse sistema comunicativo se concentra uma intimidade diaspórica transformadora.

Importante ressaltar a complexidade do pensamento de Gilroy. O autor exige que não tomemos cultura de modo estereotipado. Por exemplo: *a ludicidade de negras(os)... a(o) negra(o) criativa(o)... a(o) negra(o) arte*. Gilroy não cede às fixações identitárias, mas também não cede ao essencialismo culturalista. A caminho da compreensão de sublimação, ele entende que, diante das circunstâncias de uma modernidade restritiva às respostas da razão, a intensidade da diáspora negra é ferramenta possivelmente interventiva nas clausuras da modernidade, imobilidade que neste trabalho consideramos manicomial colonializante.

Nessa perspectiva, a diáspora negra cumpre uma função de recomposição, de sublimação, de negação e transcendência dessa experiência imediata. Em nosso estudo, a diáspora atlântica cumpre uma função antimanicomial. Por esse ângulo, as expressões culturais e as histórias negras são levadas a sério como agentes dessa modificação de mundo, e não apenas são exaltadas como modelos africanos ou afrodescendentes desassociados de uma conjuntura de luta para depois serem esquecidas, abandonadas do agenciamento político. A esse reconhecimento e exercício de transformação política e subjetiva, que se recria ao longo de séculos, Gilroy chamou de sublime, considerando-o contracultural: "Essas tradições apoiaram contraculturas da modernidade que afetaram o movimento dos trabalhadores, mas que não se reduzem a isto. Elas forneceram fundações importantes sobre as quais se poderia construir."[137]

Assim como Gilroy destacou a dimensão da comunicação cultural, dos sons, da fala, as formas estereofônicas, bilíngues, dentre outras, Lélia Gonzalez também chamou a atenção para os falares nas manifestações culturais. A autora conceituou como *pretuguês* a marca da africanização nas línguas dos colonizadores, nesse caso, a marca da africanização da língua portuguesa falada no Brasil. Para Gonzalez[138], uma das formas de identificar essa marca fundante, o *pretuguês*, é olhar para as manifestações culturais – como as danças, as músicas ou mesmo os sistemas de crenças – embora essas manifestações estejam influenciadas pelo branqueamento, que, segundo a autora, busca diminuir a presença e a relevância negra na cultura brasileira e diaspórica. Tais manifestações culturais são tidas como "populares ou nacionais", diferentemente do que aconteceu com as manifestações culturais de outros grupos raciais, que tiveram mantida e valorizada a inscrição de sua raça a determinadas manifestações culturais de seu povo.

Importante observar que inscrever/nomear determinadas manifestações culturais e associar a certos grupos raciais não faz perder o caráter democrático em questão. Pelo contrário, Lélia Gonzalez compreendeu isso muito bem e afirmou a dimensão democrática na categoria de amefricanidade:

> As implicações políticas e culturais da categoria de amefricanidade (*amefricanity*) são, de fato, democráticas; exatamente porque o próprio termo nos permite ultrapassar as limitações de caráter territorial, linguístico e ideológico, abrindo novas perspectivas para um entendimento mais profundo dessa parte do mundo onde ela se manifesta: a América como um todo (Sul, Central, Norte e Insular). Para além do seu caráter puramente geográfico, a categoria amefricanidade incorpora todo um processo histórico de intensa dinâmica cultural (adaptação, resistência, reinterpretação e criação de novas formas).[139]

A amefricanidade, essa rica dinâmica cultural de resistência e criação, configura-se como uma ferramenta de combate ao sistema de dominação racista que, segundo Gonzalez, hierarquiza os povos, seguindo a lógica de divisão em que a razão é tida como branca e a emoção, negra; tese ancorada em perspectiva racista de determinado momento da obra de Kant[140], quando o filósofo assevera que as(os) negras(os) jamais compreenderiam uma obra estética pois estariam em posição subsequente/abaixo da humanidade; ou mesmo na omissão de Hegel[141], que afirma que a história se inicia no Oriente e finda no Ocidente, deixando a África e consequentemente as(os) negras(os) de fora desse processo[142].

Beatriz Nascimento também foi crítica à Razão, ao menos do modo que ela foi historicamente forjada. A autora compreendeu a dimensão patriarcal e machista da razão, que desde o Iluminismo tomou o homem como padrão universal, apostou em um mundo uniformemente masculino, ancorado nos valores da produção e submetido à aprovação de chefias. Segundo ela, "Foi forjada no Ocidente uma sociedade de homens, identificando não só o gênero masculino, mas a espécie no seu todo. Essa perspectiva possuía um devir utópico, previa-se um mundo sem diferenças"[143].

Não à toa, faz-se necessário descolonizar a reforma psiquiátrica a partir do desnorteamento na/da desrazão, pois a orientação que até então nós, do campo antimanicomial, temos seguido não radicaliza a desrazão. Por isso, propomos que essa radicalização passa pelo rompimento com as dimensões patriarcais/machistas e coloniais/racistas que ancoram a razão ocidental, que não reconhece as diferenças, logo não acolhe a loucura e psicopatologiza a sociedade, em especial negras(os), LGBTQIA+ e mulheres.

Beatriz Nascimento, para escancarar a âncora patriarcal que sustenta a razão, estudou as bases da formulação dessa ideia. A historiadora encontrou em uma das figuras centrais da Reforma protestante o germe dessa concepção: "Para exemplificar a mecânica dessa ideologia na prática do pensamento ocidental [...] reflitamos sobre a frase de Martinho Lutero, no século XVI: 'A razão é uma mulher assustada'", o que, de acordo com Beatriz, é a colcha da posição de dominação patriarcal, promotora da seguinte ideia/conduta manicomial: "logo é preciso que [a mulher] seja aprisionada pelo homem e expressada como atributo masculino, e só assim a razão pode ser dominante"[144]. Em diálogo com a autora, apontamos a urgência de a reforma psiquiátrica brasileira compreender que não há luta antimanicomial que não seja radicalmente feminista; do contrário, continuará associada à razão patriarcal ocidentalizada que, conforme apontou Beatriz, pretende aprisionar e tomar a mulher como objeto masculino.

Essa lógica de objetificação e aprisionamento que afiança a nossa sociedade ao longo dos tempos, na construção da modernidade com a acepção racionalista do Iluminismo, foi percebida pelos críticos da razão como bússola da dicotomia patologizante normalidade *versus* loucura. Vejamos trechos desse reconhecimento crítico em dois autores considerados fundamentais para as reformas psiquiátricas. Em Franco Basaglia,

> segundo o racionalismo iluminista, a prisão deveria ser a instituição punitiva para os que transgridem a norma encarnada na lei (a lei que tutela a propriedade, que define os comportamentos públicos corretos, as hierarquias da autoridade, a estratificação do poder, a amplitude e a profundidade da exploração). Os alienados, os doentes do espírito, aqueles que se apropriavam de um bem comumente atribuído à razão dominante (o extravagante que vivia segundo normas criadas por sua razão ou por sua loucura) começaram a ser classificados como doentes para os quais seria conveniente uma instituição que definisse claramente os limites entre razão e loucura e na qual poderia aprisionar sob uma nova etiqueta, servindo-se do critério de "doença perigosa" ou "escândalo público", aqueles que transgrediam a ordem pública[145].

Em Michel Foucault,

> no meio do mundo sereno da doença mental, o homem moderno não se comunica mais com o louco; há, de um lado, o homem de razão que delega para a loucura o médico, não autorizando, assim, o relacionamento senão através da universalidade abstrata da doença; há, de outro lado, o homem de loucura que não se comunica com o outro senão pelo intermediário de uma razão igualmente abstrata, que é ordem, coação física e moral, pressão anônima do grupo, exigência de conformidade. Linguagem comum não há; ou melhor, não há mais; a constituição da loucura como doença mental, no final do século XVIII, estabelece a constatação de um diálogo rompido, dá a separação como já adquirida, e enterra no esquecimento todas essas palavras imperfeitas, sem sintaxe fixa, um tanto balbuciantes, nas quais se fazia a troca entre a loucura e a razão[146].

Perante a desumanização operada em nome (e em busca) da razão ocidental, que impedia e impede o encontro nas diferenças e cada vez mais rotulava, segregava e aprisionava as(os) tidas(os) como loucas(os), a proposta libertária em Foucault se faz pela sustentação da diferença entre loucura e desrazão e pela aproximação da desrazão à noção do Fora.

> A relação da desrazão com a razão está no cerne dessa perspectiva adotada por Foucault no início da década de 60. A gênese e o nascimento de um saber sobre a loucura no Ocidente implicam na partilha, nos limites e jogos de inclusão ou exclusão do louco e de sua loucura. Os destinos de nossos loucos, assim como da própria loucura – esta constitutiva da experiência racional –, são por vezes muito diversos. Segundo a hipótese foucaultiana, a noção de doença mental surge, na cultura ocidental, ocupando um lugar que teria sido da loucura. A doença como objeto de conhecimento, racionalidade e experimentação científica se justapõe e acaba sendo confundida com a loucura.[147]

Nessa chave, a doença mental não reduz ou aprisiona a desrazão, pois a experiência trágica da loucura é acolhida como uma expressão do pensamento e da vida[148].

Sabemos que, para Foucault[149], a loucura consiste em uma construção histórica, uma invenção, não uma descoberta[150]. Com a desrazão não é diferente, pois também estamos dialogando com algo construído e modulado em diferentes contextos: "a desrazão não é uma entidade metafísica, não é algo transcendente, mas também algo construído historicamente, ou, ao menos as formas de se relacionar com esse Fora"[151].

Foucault[152], Pelbart[153] e Providello e Yasui[154] propõem que o Exterior, o Fora da desrazão, é diferente do fora da Loucura: enquanto na loucura há uma fixação no fora, o Fora da desrazão é navegado por um vaivém – um jogo com a Desrazão. "O Pensamento do fora é aquele que se expõe às forças do Fora, mas que mantém com ele uma relação de vaivém, de troca, de trânsito, de aventura, que faz da Ruína uma linha de fuga micropolítica."[155]

Se Pelbart, analisando as obras de Goya e Sade no século XVIII, percebeu a capacidade da arte de sustentar "o poder de aniquilação, violência, possibilidade de abolição do homem e do mundo"[156], neste livro, esse Fora da razão (não razão) é compreendido como recurso descolonial, aproximando esse movimento de vaivém da noção de transatlântico: um movimento de deslocamento em Relação, que fomenta distintos e singulares processos de subjetivação. Nessa direção, afirmamos que no Brasil e na América Latina a cultura afrodiaspórica consiste nesse acesso ao Fora[157] como Relação[158]. Nessa toada antimanicolonial, a reforma psiquiátrica brasileira não deve recuar do mergulho no atlântico negro; não para enlouquecer no fora, mas para a Relação com o Fora – na desrazão descolonial.

> Assim, como em certos momentos uma sociedade pode confinar o acesso ao Fora apenas à loucura (obrigando com isso poetas, artistas e pensadores do Fora a enlouquecer), em outros momentos outros espaços podem estar abertos a uma relação com o Fora (espaços proféticos, xamânicos, místicos, políticos, poéticos, literários etc.).[159]

Nessa esteira, autores como Souza, Damico e David têm apontado que, no campo da subjetividade, o combate ao primado da razão colonial exige (des)racialização e políticas aquilombadas de civilização[160]. Por sua vez, no campo da saúde mental, mais especificamente na reforma psiquiátrica, Nunes e Siqueira-Silva demonstraram que se faz necessária a descolonização da desrazão[161].

Nunes e Siqueira-Silva, em diálogo com Boaventura de Sousa Santos, afirmam que a segregação, a marginalização e a supressão que a manicomialização promove (re)afirmam a *linha abissal*[162], baseada na separação entre razão/conhecimento *versus* desrazão/experiência, sendo a razão atributo do pensamento moderno ocidental e a desrazão atributo do pensamento daquilo e daqueles do fora: fora da civilidade, humanidade, normalidade (aqueles das "zonas selvagens" fora do Ocidente). A *linha abissal* aqui é compreendida como traçado que delimita a partir das patologias mentais – distúrbios ou transtornos – a realidade social em dois distintos universos: os inexistentes de um lado da linha e os existentes do outro. "A característica fundamental do pensamento abissal é a impossibilidade da copresença dos dois lados da linha"[163].

Os autores Nunes e Siqueira-Silva apostam na arte, mais especificamente na música, como modo de expressão no quadro de propostas da reforma psiquiátrica, como elemento de dimensão estética que descoloniza a lógica manicomial abissal[164]. Neste texto, colocamos em diálogo essa ecologia de saberes desejada para a reforma psiquiátrica com a descentralização atlântica negra de Paul Gilroy[165]. Afinal, Gilroy também identifica na música inscrições culturais e políticas da diáspora negra que descoloniza os saberes hegemônicos e verticais do Ocidente em Relação[166] com a modernidade.

Gilroy, a partir da análise sobre a música, propõe um giro na ideia corrente de que o horror da experiência da escravidão teria deixado apenas uma herança de subordinação, considerando que essa ideia tem em seu âmago uma espécie de cumplicidade entre a razão e o terror racial. Sendo assim, Gilroy afirma que, para entendermos as respostas negras à modernidade, temos que considerar aquilo que se mantém vivo e cultivado do período de terror da escravidão, mas transformado e ratificado em sua potência. Ao olhar para a música negra, o professor Gilroy aponta aquilo que Nunes e Siqueira-Silva[167] consideram existir como potencial descolonial nas produções e práticas de grupos musicais da reforma psiquiátrica antimanicomial brasileira:

> Os diálogos intensos e muitas vezes amargos que acionam o movimento das artes negras oferecem um pequeno lembrete de que há um momento democrático, comunitário, sacralizado no uso de antífonas [do latim *antíphona*, "som em resposta"] que simboliza e antecipa (mas não garante) relações sociais novas, de não dominação. As fronteiras entre o eu e o outro são borradas, e formas especiais de prazer são criadas em decorrência dos encontros e das conversas que são estabelecidos entre um eu

racial fraturado, incompleto e inacabado e os outros. A Antífona é a estrutura que abriga esses encontros essenciais.[168]

A esses encontros essenciais antimanicoloniais, produzidos pela cultura do "povo do Fora"[169], que permitem uma experiência com o Fora/na desrazão descolonial, do vaivém atlântico[170], nomeamos *estratégias aquilombadas do comum*. Por isso, voltamos aos autores Souza, Damico e David, que adensaram essas estratégias como resposta à razão colonial.

Para esses autores, duas das fundamentais estratégias para a formulação de um sistema-mundo onde a raça não se configure como linha abissal seriam: primeiro, sustentar a contradição e racializar aqueles que se percebem/compreendem como norma/padrão/universal, o que os autores chamaram de "crítica da razão branca"[171] e, na sequência, trazida dos movimentos negros e do pensamento de Frantz Fanon[172], a proposta de "racializar para desracializar". A segunda estratégia seria o aquilombamento como modelo para o comum afrodiaspórico[173].

Neste subcapítulo, destacaremos a segunda estratégia, compreendendo que os modos de vida e de luta dos grupos minoritários (negras[os], LGBTQIA+, mulheres, indígenas, ribeirinhos, dentre outros), quando afirmados, podem fomentar produções de subjetividade em perspectiva aquilombada. Afinal, se a colonialidade da razão traz incrustada a experiência de dominação colonial do tráfico transatlântico e o Iluminismo foi uma proposta de modernidade feita por homens brancos burgueses para homens brancos burgueses, há incrustada em nossa subjetividade a luta por liberdade em uma ética quilombola que, segundo Abdias Nascimento[174], exige uma energia (ideia-força) provinda da/na mobilização coletiva, entendendo e propondo outras formas de civilização/organização humana.

Essa *expertise* ancestral de luta negra por libertação consideramos antimanicomial.

Portanto, para além da emancipação da luta política é preciso preservar a espiritualidade, a condição de seres espirituais. Não precisamos estar presos nessa loucura que é a construção da riqueza no sentido da materialidade. Precisamos de tudo, mas não precisamos de nada.

Existir é ter consciência do corpo como lugar primeiro do nosso saber, do nosso lugar no mundo. Nesse sentido, o corpo da população africana trazido como mercadoria na condição de escravo para as Américas se tornou o elemento fundamental de comunicação, de resistência e de resposta aos sofrimentos diante das situações violentas produzidas pela condição hostil e desumana com que os colonizadores europeus os tratavam. Desse modo, apenas por meio do domínio consciente do corpo-arquivo e de sua força presencial, do encantamento e da memória ancestral, esses seres humanos, na condição de escravos, puderam potencializar suas energias corporais como instrumento de resistência e libertação.

Assim surgia o corpo-luta, que ginga na capoeira, que samba, que malandreia, que brinca dançando, dá pernada rindo, que canta rezando, que batuca sangrando, que reverencia os orixás se ressignificando, mas que, sobretudo, se torna um dispositivo fundamental da luta decolonial.[175]

2 AQUILOMBAÇÃO

Quilombismo, Quilombagem, Kilombo e Devir Quilomba: Proposições Desnorteadas Para uma Ética da Liberdade

Partindo do princípio de que tanto o racismo quanto a manicomialização são instituições[1] de violência e ambas visam à perda da liberdade, lembramos do que afirmou Basaglia em "O Homem no Pelourinho" e optamos por acrescentar na citação os termos "raça" e "gênero":

> Nossas respostas técnicas são sempre respostas das necessidades de nossa classe [raça e gênero] e, portanto, se traduzem em marginalização da outra classe [raça e gênero]. As "instituições de violência" não são mais que uma de nossas respostas, nascidas exclusivamente em função de nossa proteção.[2]

Ainda na busca de pistas teóricas para um dispositivo de liberdade que não seja para a proteção dos privilegiados e normativos que se compreendem (e/ou são compreendidos[3]) como universais, este capítulo recorre àquelas(es) – representantes intelectuais – das(os) historicamente desprivilegiadas(os), fixadas(os) na raça, na loucura, no gênero e na sexualidade; todavia, em acepções teóricas que visam à transformação e ao fluxo desse estado de fixação. Então, desde já observamos que o problema não está em distinguir raça, gênero e classe, mas em fixá-los e atribuir a determinados grupos toda e qualquer forma de violência.

Nessa perspectiva, recorremos às compreensões teóricas de "kilombo" (Maria Beatriz Nascimento, 1942-1995), "quilombagem" (Clóvis Moura, 1925-2003), "quilombismo" (Abdias Nascimento, 1914-2011) e "devir quilomba" (Mariléa de Almeida) como ferramentas para o dispositivo de *aquilombação* da Rede de Atenção Psicossocial. Compreendemos que os conceitos mencionados dão importantes pistas psicossociais para a desinstitucionalização (material e subjetiva) da(o) negra(o) brasileira(o) pois, embora distintas (por vezes, em aspectos centrais), as quatro conceituações teóricas se aproximam numa concepção ética que mira a liberdade.

O Quilombismo de Abdias Nascimento

> *Creio que todos os conceitos que terminam com "ismo"*
> *remetem às ideologias, filosofias e visões do mundo*
> *e da vida, os ensaios que compõem essa obra remetem à*
> *luta de resistência em defesa da liberdade e da dignidade*
> *humana que caracterizam todos os movimentos*
> *diaspóricos africanos no mundo, e que ele se resume*
> *no conceito do quilombismo.*[4]

No documento número 7[5], nomeado *O Quilombismo*, Abdias Nascimento recorre, logo de início, a uma matéria cara para a psicologia: a memória, apontando a necessidade de recuperação da memória da(o) negra(o) brasileira(o) para além daquela supostamente iniciada no tráfico transatlântico. Para o autor, essa memória desempenhada é qualidade de uma *consciência negra e sentimento quilombista*, o que afastaria/dificultaria a incorporação da discriminação racial no psiquismo de negras(os). Contudo, essa revisão histórica que oferece elementos positivos para a memória negra exige, segundo o autor, pesquisa e reflexão aprofundadas.

Assegurar a existência de ser das(os) negras(os) ainda exige a defesa de sua sobrevivência, e, segundo Abdias, essa exigência vital é uma das memórias que trazemos dos africanos escravizados. Porém, ele observa que esse movimento de vida não se deu apenas pelo corajoso ato de fuga, mas, acima de tudo, pela criação e organização de modos de sociedade livre. Neste estudo, compreendemos esses modos de sociedade livre para além da dimensão territorial organizada, incluindo a memória dos quilombos como modos simbólicos e subjetivos de movimento organizativo singular, que pode fomentar em diversas pessoas e grupos ideias-força de dignidade.

Essa dignidade que o autor confere se dá no quilombismo porque sua história é associativa. A busca por defesa e organização econômico-social exigiria um desempenho relacional, de importante função social, pois essa essência associativa dar-se-ia por meio das relações religiosas, esportivas, culturais, de auxílio mútuo, recreativas, beneficentes, dentre outras, o que geraria redes (de unidades humanas, culturais e étnicas) em associações, confrarias, terreiros, escolas de samba, tendas, afoxés, irmandades etc. Para Abdias, assim ergueram e erguem-se quilombos em um movimento amplo e permanente: "A este complexo de significações, a esta *práxis* afro-brasileira, eu denomino de quilombismo."[6]

Importante ressaltar que, para o autor, o quilombismo não é fixo ou material, trata-se de uma ideia-força, uma energia presente desde o século xv e em constante (re)atualização, em ampla conexão com as demandas do tempo histórico vigente, que promove, assim, distintos modos de organização libertária, sem perder "o apelo psicossocial cujas raízes estão entranhadas na história, na cultura e na vivência dos afro-brasileiros"[7].

O ideal quilombista, embora presente nas(os) negras(os) e em suas associações, sofre das dimensões psicológicas fruto do racismo colonial brasileiro, o que (muitas vezes) dificulta a manifestação plena dessa ideia-força. Segundo Abdias, mecanismos de defesa individuais e coletivos agem sobre esse ideal, efeito das estruturas dominadoras da colonialidade, que por vezes reprimem o ideal libertário em negras(os), deixando-o em estado de latência. Por isso, o autor buscou forjar o quilombismo como um conceito científico e histórico-social, na expectativa de que essa conceituação da experiência fundada na liberdade produzisse uma natureza intrínseca de combate ao racismo e à colonialidade nas suas dimensões materiais/econômicas e psíquicas.

Abdias compreendeu a necessidade de tornar o quilombismo um conceito histórico-social, uma vez que há um conjunto de pensadores e políticos que tecem a cultura colonial e racista. Nas palavras do autor, há uma *intelligentsia* que produz diversas ideias sobre a suposta (e mítica) inferioridade biopsicossocial da(o) negra(o), o mito da democracia racial e a compulsoriedade da miscigenação. "Essa *intelligentsia*, aliada a mentores europeus e norte-americanos, fabricou uma 'ciência' histórica ou humana que ajudou na desumanização dos africanos e de seus descendentes para servir aos interesses dos opressores eurocentristas."[8] O projeto coletivo de liberdade, o quilombismo, não se efetivaria no bojo dessa falaciosa presunção cientificista, afirma o autor.

Sabemos que o quilombismo não se esgotava em uma conceituação teórico-científica, uma vez que trazia também uma propositura política fundada na liberdade, na justiça, na igualdade e no respeito. Sendo assim, carregava em seu cerne uma proposta de sistema econômico contra o exploratório e racista capitalismo.

> Como sistema econômico, o quilombismo tem sido a adequação ao meio brasileiro do comunitarismo ou ujamaaísmo da tradição africana. Em tal sistema, as relações de produção diferem basicamente daquelas prevalecentes na economia espoliativa do trabalho chamada capitalismo, fundada na razão do lucro a qualquer custo. Compasso e ritmo do quilombismo se conjugam aos

mecanismos operativos, articulando os diversos níveis de uma vida coletiva cuja dialética interação propõe e assegura a realização completa do ser humano.[9]

Essa ressignificação colaboraria com um reposicionamento emocional, pois a hostilidade do racismo promove para as(os) negras(os) um permanente estado de tensão. Para Abdias, o processo do quilombismo age sobre essa tensão de modo consubstanciado: "Não permitamos que a derrocada desse mundo racista, individualista e inimigo da felicidade humana afete a existência futura daqueles que efetiva e plenamente nunca a ele pertenceram: nós, negro-africanos e afro-brasileiros."[10]

O fundamento ético do quilombismo é assegurar a condição humana de negras(os). Nessa chave, Abdias foi amplamente antimanicomial: "Confiamos na idoneidade mental do negro, e acreditamos na reinvenção de nós mesmos e de nossa história." O autor alerta que esse caminho dar-se-á "na utilização do conhecimento crítico e inventivo de suas instituições golpeadas pelo colonialismo e pelo racismo"[11]. Isso permite, em nosso entendimento, que a Rede de Atenção Psicossocial absorva essa *práxis* da coletividade negra – *o quilombismo* – de modo crítico e inventivo na direção antimanicolonial.

No próximo subcapítulo, vamos nos deparar com outro intelectual negro, Clóvis Moura, e a sua proposta de mudança social: a *quilombagem*.

A Quilombagem de Clóvis Moura

> *[A] quilombagem – até hoje estudada como um elemento secundário, esporádico ou mesmo irrelevante durante a escravidão –, à medida que os cientistas sociais avançam nas suas pesquisas, demonstra ter sido um elemento dos mais importantes no desgaste permanente, quer*

social, econômico e militar, no processo de substituir-se o trabalho escravo pelo assalariado.[12]

Segundo Márcio Farias, pesquisador[13] das teorias de Clóvis Moura, esse intelectual teria interpretado a realidade brasileira do seguinte modo: "O africano escravizado e seus descendentes protagonizaram a luta de classes no Brasil. [...] A ação constante do escravizado negando o sistema colonial foi um dos elementos que forjou a transição do regime político colonial para a independência."[14] A esse datado movimento (século XVI até 1850), Clóvis Moura conceituou como quilombagem. Moura reconhece esse movimento dos escravizados como emancipacionista radical e logo alerta para a diferença basilar entre o movimento nomeado quilombagem e o movimento abolicionista – este, segundo Moura, seria liberal.

A quilombagem, por sua vez, é considerada "sem nenhum elemento de mediação entre o seu comportamento dinâmico e os interesses da classe senhorial"[15]. Essa ausência de mediação promove um confronto direto, que não permite respostas abstratas/etéreas. Para Moura, o contexto da escravização exigiu esse tipo de confronto político, muitas vezes dinamizado pela violência e rebeldia.

Um dos aspectos amplamente debatidos na acepção de quilombagem é a violência. Central para Moura, a quilombagem seria consolidada ou destruída pela violência, aspecto de interposição entre "escravos rebeldes" e senhores, que detinham o aparelho repressivo contra a rebeldia dos escravizados. O que Moura chamou de "rebeldia" foi considerado motor da quilombagem. Sem a rebeldia, as bases econômicas, militares e sociais do sistema escravista não seriam impactadas/desgastadas. Essa rebeldia permitiu ações constantes em todo o território brasileiro durante o período de escravismo pleno no Brasil.

Para Moura, esse desgaste que a quilombagem promoveu foi fundamental para a queda do sistema escravista e a implementação do trabalho livre (com todas as ponderações que essa implementação exige considerar, afinal, sabemos que essa mudança não permitiu às(aos) negras(os) condições dignas de trabalho e existência política e social), pois teria provocado crises na lógica escravista.

Evidentemente, outro aspecto angular da quilombagem é o próprio quilombo: "O centro organizacional da quilombagem", nas palavras de Clóvis Moura[16]. O quilombo teria uma capacidade de magnetizar as forças de rebeldias dos escravizados; assim, ele se tornava um ponto de partida e chegada dessa ação constante de rebeldia. Atualmente, essa força magnética do rebelar-se negro não estaria ligada apenas à espacialidade quilombola, mas a todo território subjetivo que se tornou devir quilombo.

O quilombo, segundo Moura, é o modelo de resistência mais coeso que existiu devido à sua vastidão (numérica) e à capacidade de continuidade histórica, permitindo diversificados protestos dos escravizados, de modo a estabelecer limites ao sistema opressivo (nas suas diversas instâncias, culturais, sociais e militares).

Observamos que a quilombagem também se dava fora dos quilombos. Embora seu epicentro fosse o território quilombola, compreendeu-se por quilombagem as diversas manifestações de resistência contra o regime escravista, mesmo aquelas que aconteciam distantes dos terrenos quilombolas ou mesmo as que não eram identificadas imediatamente como um ato de rebelar-se, pois a violência estava representada de outro modo (por vezes, aparentando suposta passividade. Exemplo: a quilombagem exercida pelas(os) negras(os) escravizadas(os) dentro das casas-grandes; supostamente "próximas(os)" aos brancos escravagistas/colonizadores, essas(es) escravizadas(os) da casa-grande foram fundamentais para o roubo/repasse de armas, alimentos e escuta/divulgação de informações que estavam restritas aos muros dos casarões coloniais).

Os senhores de escravizados e suas instituições reconheciam e temiam a quilombagem como agente potente de mudanças sociais. Isso provocou reação por parte destes que, contra a ação contínua de quilombagem, se municiavam com diversos recursos políticos, militares, terroristas, jurídicos etc., facilitados pelo domínio do sistema escravista vigente. "Essa estratégia senhorial vai das leis da metrópole aplicadas na Colônia, alvarás e outros estatutos repressivos, à formação de milícias de capitães-do-mato, confecção e uso de aparelhos de suplício e outras formas de repressão não institucionalizadas."[17]

Importante destacar que a prática da quilombagem não é/foi exclusiva de negras(os). Todas(os) aquelas(es) que eram vítimas do sistema colonial aderiam e produziam a quilombagem. De acordo com Moura, compunham esse grupo indígenas, curibocas, brancos pobres, prostitutas, fugitivos do serviço militar, bandoleiros, devedores do fisco, pessoas perseguidas pela polícia, mulheres desempregadas. A quilombagem oferecia para esses grupos e essas pessoas, consideradas marginalizadas, uma recomposição social – unificada na luta contra a classe senhorial. Os quilombos e a quilombagem, para Moura[18], eram, assim, um "fator de mobilidade social horizontal permanente".

Se Moura já reconhecia que a prática da quilombagem estava, inclusive, em acolher as(os) diversas(os) indesejáveis, na busca por um lugar político-social, no nosso estudo anterior[19] já nos aproximávamos dessa conceituação do autor para pensar uma ética *aquilombada* para a reforma psiquiátrica, mais especificamente nos CAPSij, o que nos permite ratificar o convite à aquilombação da RAPS. Para isso, é importante reconhecer o quilombo como lugar que historicamente aportou princípios de transformação social "que visavam (e ainda visam) a liberdade, luta, emancipação, dignidade humana, direitos culturais, demarcações de terra para moradia, entre outros princípios igualitários e de cidadania"[20].

Consideramos fundamentais todas essas metas de transformação social citadas. Contudo, reconhecemos que este trabalho, inclusive por estar aportado no campo da Psicologia, tem condições para introduzir a dimensão micropolítica da luta de aquilombação, assim como fizeram as duas intelectuais que serão estudadas a seguir.

Sendo assim, o próximo subcapítulo recorre a Maria Beatriz Nascimento, uma das historiadoras que mais se dedicou aos estudos sobre quilombos.

Quilombos (Ou Kilombo, do Quimbundo) de Beatriz Nascimento

> *O quilombo é um avanço, é produzir ou reproduzir um momento de paz. Quilombo é um guerreiro quando precisa ser guerreiro. E também é recuo se a luta não é necessária. É uma sapiência, uma sabedoria. A continuidade de vida, o ato de criar um momento feliz, mesmo quando o inimigo é poderoso, e mesmo quando ele quer matar você. A resistência. Uma possibilidade nos dias da destruição.*[21]

Com Beatriz Nascimento, o quilombo ganhou aspectos subjetivos, para além das relações territoriais específicas de determinado grupo de pessoas que nasceram (ou viveram) em uma particular terra/local onde antepassados escravizados se refugiaram e lutaram em resistência às diversas opressões sofridas pela escravização.

Assim, Beatriz Nascimento conceituou quilombo como "força de singularização":

> Ser o quilombo um paradigma, que não tinha sido entendido como tal, mas que força sua passagem frente a outros modelos de visão de mundo, impondo a força de sua compreensão para os descendentes de africanos no mundo.
>
> *Como história (intensamente) vivida, ele não interrompeu sua trajetória, estando arraigadamente infiltrado nas mentes dos indivíduos brasileiros.*[22]

Beatriz Nascimento reconhece o quilombo em seu *continuum* dinâmico, um processo de ação, movimento, que permite uma trajetória, um percurso que se reatualiza ativamente ao longo da história. Nessa direção, as pesquisas dessa intelectual compreendem que o quilombo passa a se "interioriza[r] nas práticas e condutas dos descendentes livres de africanos. Sua mística percorre a memória da coletividade negra e nacional, não mais como guerra bélica declarada, mas como um esforço de combate pela vida"[23].

Desde o início das suas pesquisas, Beatriz[24] discordava veementemente das leituras que reduziam o quilombo apenas a um espaço de luta e resistência ao regime escravocrata vigente. Embora reconhecesse essa característica e função, a pesquisadora destacava o quilombo como uma busca pela autonomia racial, cultural e de vida, não apenas autonomia política perante a escravidão.

Nessa chave, Beatriz avança e reconhece o quilombo (nas suas palavras) como um lugar de *autoafirmação, fortalecimento psíquico, união*. Diferenciando-se de Clóvis Moura, destacava a "paz quilombola", ao invés da violência, como motor da organização comunitária:

> Esta paz está justamente nos interstícios da organização quilombola e sobre ela requer-se um esforço de interpretação maior, pela qual se ultrapassa a visão do quilombo como a história dos ataques da repressão oficial contra uma outra organização, que talvez na "paz" ameaçasse muito mais o regime escravocrata do que na guerra. O antes e o depois da guerra dos quilombos é que necessita ser conhecido. O reduto de homens livres, se relacionando com outros homens livres ou não da sociedade brasileira, é que merece o esforço de interpretação que gostaríamos de empreender.[25]

Nessa direção, ela destaca os laços de agregação, de luta das(os) negras(os) para serem reconhecidas(os) como sujeitos, o que, segundo a intelectual, é ferramenta de combate ao colonialismo e ao racismo, pois, na cultura da colonialidade, a existência negra é descartada/desprezada e combatida, não garantindo lugar subjetivo e social.

Para Beatriz, não basta ao negro alcançar uma ascensão econômica, embora reconheça a sua importância[26]. As dimensões psíquicas precisam ganhar espaço de troca e de diálogo. A ausência desses espaços de troca dos conteúdos psicológicos produziria "a falta de uma linguagem que a gente possa botar para fora e ao mesmo tempo procurar ter os ganhos sociais dentro dessa sociedade"[27]. Sendo assim, é necessária a conquista de lugar existencial, um reconhecimento subjetivo junto ao material: "é preciso que haja uma luta dentro da gente mesmo para conciliação, para afirmação de todo esse processo nosso de se entender realmente como pessoas, como homens", o que exige narrativas de experiências, "e o quilombo pode ser um dado disso, na medida em que ele foi uma coisa muito forte, uma história muito forte que o negro criou"[28].

Assim como Abdias Nascimento, Beatriz também considerava a memória (em especial, a memória quilombola) um aspecto importantíssimo; contudo, não apenas para as(os) negras(os), mas também para a nação. Ambos os teóricos, de sobrenome Nascimento, visualizaram no quilombo pistas para um projeto de nação. Beatriz nomeou assim:

> O quilombo é a memória que não acontece só para os negros, acontece para a nação. Ele aparece, ele surge nos momentos de crise da nacionalidade. A nós não nos cabe valorizar a história. A nós cabe ver o *continuum* dessa história. Porque Zumbi queria fazer a nação brasileira, já com índios e negros integrados dentro dele. Ele queria empreender um projeto nacional de uma forma traumática. Mas não traumática quanto os ocidentais fizeram, destruindo culturas, destruindo a história dos povos dominados![29]

Matéria contemporânea, Beatriz[30] assevera que o quilombo, como símbolo ou significante, é contrário a toda força conservadora e que essa força está presente em cada sujeito e território afrodiaspórico; porém, ressaltamos que tal presença não necessariamente significa reconhecimento e atuação político-libertária, o que exigiria trabalho psicossocial antirracista.

Nessa direção, aponta que a memória de *ser* na adversidade nos constitui e que a recuperação da identidade quilombo – em memória, história e existência – permitiria que cada indivíduo fosse um quilombo. Nessa perspectiva, o combate aos diferentes sistemas dominantes é inerente, pois, embora o poder fosse uma matéria secundária (para a autora), o fato de cada corpo, instituição, indivíduo ser quilombo faz com que cada indivíduo, corpo, instituição seja poder. E, então, Beatriz alerta: "Só que não é um estado de poder no sentido que a gente entende, poder político, poder de dominação. Porque ele [quilombo] não tem essa perspectiva."[31]

A crítica à colonialidade está presente em toda a obra de Beatriz Nascimento, e, obviamente, com a conceituação de quilombo não foi diferente. Mas cabe observar que a autora considerava que a aglutinação necessária para ser/fazer quilombo é uma matéria descolonial e destaca o caráter repetitivo da aglutinação, em que essa repetição necessária, fruto das aglutinações, permite que povos se unifiquem constantemente. Essa dinâmica, Beatriz entende como eterna: "está eternamente formando um quilombo, o nome em africano é união"[32].

Se o colonialismo promove a desagregação cultural, social e subjetiva do colonizado, a aglutinação repetitiva do quilombo, por sua vez, promove uma consciência de pertença, uma real ideologia comunitária, uma aceitação e singularização[33].

Não podemos, no entanto, confundir aglutinação com fixação: o deslocamento é fundamental na concepção de quilombo de Beatriz Nascimento, compreendido em duas perspectivas: o deslocamento diaspórico e o deslocamento filosófico da *força vital/AXÉ*.

Para a intelectual, os ritos das religiões afro-brasileiras (de origem banto e nagô) demonstram esses deslocamentos, pois nessa perspectiva cultural e religiosa "o fortalecimento do indivíduo como um território que se desloca no espaço geográfico, incorporando um paradigma vivo e atuante no território americano fundado pelos seus antepassados escravos e quilombolas"[34], provoca mudanças sociais a partir dos mais distintos elementos da cultura negra: a música (nos bailes), a religiosidade, a capoeira, dentre outras.

Nas relações raciais,

[o]cupando o espaço com o seu corpo físico (território existencial), eles [os povos africanos] apoderam-se da cidade, reproduzindo o modo dos antigos quilombolas, tornando-se, como aqueles, visíveis ao regime. Fazendo deste um espaço descontínuo no tempo, em que as "frinchas" provocam linhas de fuga e são elementos de dinamização que geram um meio social específico.

Assim se dava com os quilombos e seus similares ao longo da história da América. Assim se dá hoje com os grupos negros ou afro-americanos[35].

Essa força vital permanece para nós brasileiros e permite que ativemos a vida perante os modos mais adversos. Para Beatriz, encontramos essa força vital nas favelas, em um trem da Central, no baile Black-Rio, nas escolas de samba, nas ruas do subúrbio e também nos espaços de não maioria negra. Essa força está em cada corpo negro.

A terra é meu quilombo, meu espaço é meu quilombo.
Onde estou, eu estou!
Onde eu estou, eu sou![36]

É possível sermos quilombo na Rede de Atenção Psicossocial? Respondemos a essa questão com o convite ao delírio, feito por Maria Beatriz Nascimento.

Como chamar a isso delírio se há uma história a provar tudo.
Como meus pais, caçadores, entre no jogo da sedução com a
certeza da minha conquista.
Por que o já foi conquistado por vencedores e vencidos?
Arrastamos os pés pela mesma terra-argila-planeta.
Delirar nesse espaço é tentar deixar marcas.
Marcas fundas nos corações e nas mentes.
Não há lição a ensinar, senão o tudo representar.
E o representar é o delirar. É a vontade da beleza, é o sentir belo.[37]

Devir Quilomba de Mariléa de Almeida

Do delírio de Beatriz Nascimento, produtor desnorteado do vir a ser kilombo, seguimos caminhando nos processos de subjetivação, dessa vez rumo ao *devir quilomba* de Mariléa de Almeida. E "por que devir quilomba? Devir, conceito que pressupõe mudanças, acrescido da palavra "quilomba", evoca as condições históricas que produziram a feminização da ideia de quilombo, possibilitando a visibilidade contemporânea das mulheres"[38]. Para essa intelectual, na luta pela terra, aspectos dos processos de feminização são fundamentais, "como a ética do cuidado de si, do outro e do espaço onde se vive. [...] enfatizo que devir quilomba diz respeito à necessidade de construirmos um *vir a ser* que se opõe à naturalização do modelo masculinista de fazer política e de viver"[39].

Para essa pesquisadora, o modelo masculinista é orientado pela violência, pela competição e pelo individualismo. Observamos que esses valores masculinistas estão em consonante articulação com os modelos capitalísticos e da branquitude, forjados na colonialidade do Estado moderno capitalista, onde raça é pedra angular das desigualdades sociais, e a cosmologia do privado é reeditada pelos valores advindos do pensamento europeu, pelas éticas masculinistas e da branquitude, ratificando propostas e respostas egoístas, individuais e acumulativas[40].

Na contramão disso, Mariléa de Almeida nos convida a seguir pelas condições coletivas e solidárias, históricas e singulares, das práticas em devir quilomba. Para isso, a intelectual se debruça sobre e nos apresenta narrativas de mulheres quilombolas. Demonstra como elas tecem suas relações a partir dos afetos e produzem devires políticos e subjetivos, mesmo em meio ao risco constante, produto dos dispositivos de poder e morte racista e sexista. Almeida alerta: "Não se trata de idealizá-las, tampouco de sugerir que haja um único modelo político a ser seguido. Suas experiências não são exemplares em um sentido moral"[41], mas reconhece a sofisticada tecnologia relacional coletiva e criativa e sua capacidade de combate ao poder neoliberal contemporâneo.

Com muito rigor para não produzir iatrogenias, a autora não torna essas mulheres super-heroínas, pois isso coadunaria com o racismo nos processos de desumanização, dessa vez por uma hipervalorização desumanizadora. Segundo ela, "esse discurso, camuflado pela semântica da valorização, exprime uma forma de violência, já que nega às mulheres negras o direito à fragilidade e à valorização de suas criações intelectuais"[42].

Conforme dito anteriormente, a desumanização não contempla a singularidade de cada negra(o), tornando-as(os) apenas raça (apenas negra[o]). No devir quilomba, a única semelhança é que as falas deslocam e ressignificam os efeitos psicossociais do racismo e do sexismo nos corpos. Mariléa de Almeida afirma que "Na medida em que o racismo é uma prática de triturar o que há de mais subjetivo, logo percebi a potencialidade política daquelas narrativas."[43]

Segundo a autora, essas falas conjuntas têm ampla capacidade de transformar o presente a partir do passado, sem folclorizar o historicamente vivido desses saberes e práticas:

> As ações de mulheres negras e quilombolas não se dão no vazio, pois estão inscritas em um campo de possibilidades. Isso significa que estudar suas experiências, no âmbito da singularidade, implica ficarmos atentos aos jogos de forças e às condições que as tornam possíveis, inclusive em termos conceituais. Na medida em que este trabalho enfoca práticas de mulheres negras que buscam afirmar a vida rasurando o poder de morte do racismo.[44]

Essa intelectual assevera que uma das formas de trabalhar o poder da morte do racismo é no cuidado em saúde mental – por isso, essa perspectiva é tão cara para o campo da reforma psiquiátrica antimanicolonial. Almeida lembra que os espaços terapêuticos psicossociais costumam não ser acessíveis para negras(os), e que, mesmo após reconhecidos trabalhos do campo da psicanálise e da psiquiatria, como os de Frantz Fanon, William Grier e Prince Cobbs, terem demonstrado os possíveis danos do racismo à saúde/saúde mental, essa perspectiva de cuidado não foi largamente considerada na luta antirracista.

> As dores e os traumas narrados permitem visualizar os deslocamentos dos afetos tristes em direção aos afetos que potencializam a ação, o que leva a pensar sobre a importância da criação de espaços outros de subjetivação. Por isso, a abordagem de território que atravessa este trabalho engloba, a um só tempo, três dimensões que não estão apartadas entre si, mas que, para fins de visualização, descrevo nos seguintes termos: a materialidade física das relações que as quilombolas estabelecem com o território do quilombo; a materialidade simbólica dos significados que atribuem aos espaços; e, por fim, a materialidade subjetiva dada pela abertura de espaços de deslocamento de sentido de discursos racistas, sexistas e classistas.[45]

Em diálogo com a psiquiatra e psicanalista Neusa Santos Souza, Almeida[46] considera que, nos momentos em que a população negra acessa os serviços de cuidado em saúde mental, "[o] espaço terapêutico ganha uma dimensão política que [...] envolve simultaneamente, de um lado, o saber-se negra e o reconhecimento dos traumas causados pelos dispositivos racistas, e, de outro, a capacidade de recriar as potencialidades".

Sabemos que os ambientes (*settings*) terapêuticos de saúde mental precisam ser *espaços seguros*[47]. Nessa direção, Mariléa de Almeida explica por que os *territórios afetivos*[48] quilombolas se configuram como espaços seguros. Neles, as mulheres se reconectam nas trocas de afeto, nas experiências e nas transmissões de saberes, tecendo e estabelecendo territórios afetivos, aliançados na confiança e na solidariedade e, por consequência, constroem outras subjetividades, modificando as suas relações com o próprio corpo, com suas histórias e saberes. Assim, "por meio desses deslocamentos, elas criam territórios que são simultaneamente subjetivos e políticos, e colaboram para reparação das lesões e cicatrizes, mobilizando ações potentes no presente, em direção a um devir que é feminino, relacional e coletivo"[49].

Merece destaque o lugar da educação nesse processo de subjetivação libertária negra. Conhecemos com Paulo Freire que a educação é libertadora[50], e nessa direção as pedagogias são criadas de modo singular nesse processo de se tornar quilombola, pois "A educação pode contribuir como devir quilomba, compreendido como transformações nas subjetividades que favorecem a construção de laços comunitários potentes"[51]. A autora nos lembra que, por meio do direito de estudar, as mulheres negras se enlaçam afetivamente e em luta pela liberdade, pelo reconhecimento de seus corpos, territórios e, acima de tudo, de sua humanidade.

Segundo Lúcia Xavier, essa luta por liberdade e reconhecimento da humanidade produz diferentes saberes, entendimentos, modos de enfrentar e combater os processos de subordinação e hierarquização. Assim, essas mulheres negras vão produzindo diferentes padrões de civilidade, nas trocas, escritas e narrativas de suas histórias de vida. "Mulheres que também se recusam a tomar como oportunidade qualquer chance de reforçar as alianças com o racismo patriarcal cis heteronormativo. Por isso, questionam as instituições, a ciência, as práticas e o poder."[52]

É tempo de a reforma psiquiátrica e da luta antimanicomial brasileira viverem esse desnorteamento em um devir mulher, LGBTQIA+, afrodiaspórico, *quilomba*!

Para isso, convidamos à compreensão dessa ideia de uma simbologia unificadora de resistência à dominação, que é apresentada na obra desses quatro autores: o quilombo como ideia-força antimanicolonial e a práxis de aquilombação.

3

ANTIMANI COLONIALIDADE

Itinerários da Saúde Mental da População Negra: Em Busca de uma Reforma Psiquiátrica Antimanicolonial[1]

Partindo do pressuposto de que saúde da população negra e saúde mental são duas das áreas mais desinvestidas da saúde pública, nós nos perguntamos: como se deu o atrelamento desses campos? Sabemos que historicamente a população negra foi psicopatologizada, que sujeitos negros foram vinculados à loucura, de acordo com distintos interesses sociopolíticos de cada época/período da história nacional[2].

Para além desse atrelamento de controle manicomial de corpos negros que forjou e mantém (no imaginário social, com efeitos na realidade concreta) os estereotipados juízos de *crioulo doido* e *nega maluca*, temos interesse em abordar como, na história recente, a saúde mental foi discutida no âmbito da saúde da população negra.

Nessa esteira, além de analisar por onde passaram (e passam!) as dificuldades em ampliar e transversalizar a saúde/saúde mental da população negra como um determinante social, este capítulo traça uma espécie de linha do tempo sobre a temática da saúde mental em meio ao campo da saúde da população negra, primeiro, no âmbito federal e, posteriormente, no cenário estadual e municipal de São Paulo[3].

Para isso, nas itinerâncias/percurso de escrita deste capítulo, destacaremos não apenas conquistas institucionais, mas também convenções, leis, decretos, portarias, congressos, conferências e seminários da saúde/saúde mental da população negra. O percurso passa por revisão bibliográfica, análise de documentos e acionamento da memória de atores das políticas de saúde por meio de entrevistas semiestruturadas.

Agradecemos às(aos) entrevistadas(os): Maria Lúcia da Silva[4], Luís Eduardo Batista[5], Maria do Carmo Salles Monteiro[6], Claudia Regina Graziane de Moraes e Abreu[7], Cristiane Mery Costa[8], Valdete Ferreira dos Santos[9], Nacile Daúd Junior[10] e Maria Inês da Silva Barbosa[11]. As entrevistas foram realizadas no período de maio a julho de 2021.

O Histórico Percurso de Luta Pelo Direito à Saúde da População Negra

Este subcapítulo se debruça sobre a historização da saúde/saúde mental da população negra, de modo mais dialogado e menos temporal/cronológico; problematiza a invisibilidade do debate da raça nas reformas sanitária e psiquiátrica; demonstra a inexorável participação da população negra e dos movimentos negros, em especial de mulheres negras, na luta pela saúde como um direito; apresenta a participação negra na formulação das políticas de saúde/saúde mental no/do sus e a produção de conhecimento sobre racismo e sofrimento psíquico, evidenciando as dificuldades, contradições e conquistas desses processos.

Para isso, nos nutriremos de reflexões provindas das atividades internúcleos "Seminário – Desigualdades Raciais e Saúde

Mental" e "Seminário – Sofrimentos e Práticas de Intervenções Clínico-Políticas", junto ao Núcleo de Pesquisa em Lógicas Institucionais e Coletivas (NUPLIC-PUC-SP), ao Laboratório Psicanálise, Sociedade e Política (PSOPOL-IPUSP) e ao Núcleo de Pesquisa em Práticas Sociais, Estética e Política (NUPRA-UFSC). Recorremos mais especificamente à mesa intitulada "Políticas de Saúde/Saúde Mental e os Movimentos Negros", realizada em 22 de setembro de 2021, composta por Deivison Mendes Faustino e por Emiliano de Camargo David e mediada por Enzo Cléto Pizzimenti.

Na atividade citada, Faustino relembra seu artigo publicado em 2017, intitulado "A Universalização dos Direitos e a Promoção da Equidade: O Caso da Saúde da População Negra", e resgata a pergunta central da publicação: "como articular a busca pela universalização dos direitos com as demandas requeridas por grupos específicos em uma sociedade desigual?"[12], demonstrando a dificuldade do SUS em discutir e aplicar cuidados a certas populações específicas, como as indígenas e negras. Essa resistência em estabelecer e cumprir políticas focais de saúde a determinados grupos étnico-raciais geralmente se ancora na enganosa ideia do risco da perda (ou ferimento) do princípio da universalidade.

Integrantes do Instituto AMMA Psique e Negritude, como Jussara Dias e Maria Lúcia da Silva, que estiveram desde o início das discussões sobre a saúde mental da população negra no âmbito público e coletivo, destacam que a resistência no campo da saúde mental em discutir e implementar a Política Nacional de Saúde Integral da População Negra (PNSIPN) é ancorada na essencialização de outro princípio: dessa vez não mais a universalidade, mas a singularidade, afastando-se da compreensão de singularidade como construção psicossocial.

No âmbito da saúde mental, em especial no campo "psi" (psicologia, psicanálise e psiquiatria), o primado da singularidade por vezes dificulta as discussões raciais, como se as particularidades e identidades não fossem atributo desse campo e, pior, fossem gerar identitarismos.

Contestando essa lógica, Faustino aponta que é necessário compreender universal, particular e singular como relacionais e não antagonistas e assevera que, para isso, torna-se essencial a revisão de três aspectos:

1. Um diálogo interdisciplinar que ultrapasse as fronteiras das especificidades.

2. A necessária revisão crítica da história do Brasil, que não secundarize a discussão racial (tarefa para a saúde mental, pois assim irá encontrar a manicomialização da população negra e seus atributos coloniais).

3. Reconhecer o papel do racismo como determinante social de saúde (DSS).[13]

Partiremos do segundo aspecto levantado por Faustino – a revisão crítica da história do Brasil – até chegarmos ao aspecto seguinte. Segundo o intelectual, o distanciamento que o brasileiro faz da história colonial e escravista dificulta não apenas o reconhecimento da colonialidade e da escravização como fundantes das relações brasileiras, mas também a elaboração de suas heranças na contemporaneidade, afirmando que na saúde/saúde mental não é diferente.

A dificuldade em darmos novos passos em direção à implementação da Política Nacional de Saúde Integral da População Negra, no âmbito da saúde mental, exige o reconhecimento e a análise de que o processo escravista foi fundamental para a desumanização dos africanos e dos indígenas. Ambos, nomeados como negros, pois os indígenas seriam os *negros da terra*, enquanto os africanos escravizados seriam os *negros da guiné* e, à época, ser negro compreendia ser inumano. Faustino nesse momento lembra os ensinamentos de Frantz Fanon[14], assegurando que o branco cria o negro, ato que cria a raça na modernidade.

Faustino aponta que a ética, a estética e a política não chegavam até o negro, pois, além de desumanizado, o negro foi animalizado, o que resultou em uma oferta de saúde baseada nas condições de saúde oferecidas aos animais, na perspectiva veterinária da época: onde/quando não há regeneração, propõe-se o sacrifício, uma vez que não há mais interesse. O africano escravizado seria um objeto, um bem de um humano – o branco; quando não ofertava serventia, era descartado, eliminado. Esse tratamento era oferecido, à época, aos cavalos, dentre outros bichos.

Faustino destaca a lei de 28 de março de 1684, que regulamentava a quantidade máxima de carga nos navios negreiros (aqui os chamaremos de navios tumbeiros). Essa suposta lei de saúde foi estabelecida devido ao prejuízo financeiro que a superlotação nos navios gerava aos cofres dos escravocratas, uma vez que as condições sanitárias nos navios tumbeiros eram para lá de precárias e geravam contaminações e mortes diversas.

Mesmo no pós-abolição, as lógicas análogas à medicina veterinária se mantiveram em exercício. Um exemplo disso é a invasão dos territórios negros como se fossem currais visando à desinfecção. Nessa esteira, Faustino destaca outra lei, a de n. 7.027, regulamentada no século XIX, que postulava ao Estado o direito de adentrar nos estabelecimentos para uma suposta desinfetação. A ideia de que os negros e seus ambientes continham germes patogênicos que exigiam ações estatais de desinfecção promovia constantes invasões de estabelecimentos e lares. As precárias condições de moradia (cortiços, barracos) tornaram-se territórios de "doenças infecciosas", e esse contexto virulento e patogênico foi vinculado aos negros e pobres, em vez de vinculado às condições insalubres produzidas pelo próprio Estado.

No âmbito da saúde mental não foi diferente. Como destacado anteriormente, a aproximação da população negra à loucura passou por processos de afirmação do racismo científico, que associava os negros à degeneração humana, afirmando uma suposta inferioridade intelectual e afetiva. A criminalização dos ritos e costumes afrodiaspóricos e a manicomialização de negras(os), em destaque nesta obra, forjam uma cultura proibicionista vigente até os dias hoje nos territórios periféricos, pobres e negros.

Pesquisadoras(es) do campo da Saúde Mental Antiproibicionista, como Saad[15], Vidal[16], Fiore[17] e David, Marques e Silva[18], demonstram em suas pesquisas como os ideais de higiene social se ancoraram na suposta hereditariedade racial para não apenas sustentar suas teorias de deterioração racial, mas também desenvolver o proibicionismo, que incluía o rótulo e a criminalização de "viciados e bêbados"[19].

Nessa toada, consideramos a primeira lei proibicionista do Brasil a *"lei" do pito do pango*, forjada no contexto do Primeiro Império, em 1830, no município do Rio de Janeiro, que abrigava um dos maiores contingentes de população negra – africanas(os) escravizadas(os) – da época. Essa "lei" visava coibir o uso da maconha; porém, a proibição se voltava a territórios e a pessoas específicos, pobres e negras(os), ainda mais especificamente àqueles territórios e sujeitos que cultuavam ritos afro-indígenas ou afro-brasileiros. Não à toa, os termos *macumbeiro* e *maconheiro* receberam seu significado depreciativo nesse período. Essa "lei" permitia que a Inspetoria de Entorpecentes coibisse os costumes e a cultura negra (como a capoeira, o samba e, acima de tudo, os ritos religiosos de matriz africana[20]) por meio da repressão ao uso da maconha[21].

Sabemos que esses ritos afro-indígenas e suas ervas sagradas, até o século XIX, eram as formas/saberes mais utilizadas(os) de saúde, inclusive pelos assim chamados senhores. Na contramão da medicina veterinária oferecida aos negros, Faustino[22], em diálogo com Clóvis Moura, destaca que as lutas negras (rebelar-se, formar quilombos, terreiros) permitiram processos de autocuidado humanizados e ancorados em saberes ancestrais, que difundiram práticas até hoje utilizadas, como os partos naturais realizados por parteiras e doulas ou mesmo as práticas curativas tradicionais indígenas, como as ritualísticas com ayahuasca.

Faustino destaca que, a partir dos séculos XIX e XX, com a introdução da medicina científica, estatística e eugênica, esses saberes, que vinham sendo utilizados por trezentos anos, com resultados de cura (inclusive para os brancos), foram fortemente incentivados ao abandono pela rotulação como bruxaria, curandeirismo, feitiçaria, charlatanismo, desmerecendo e criminalizando parteiras, curandeiras(os), benzedeiras(os). Saberes desprezados pelo Estado que, quando inseridos nos serviços de saúde, são considerados práticas complementares.

O professor relembra que, ainda na passagem do século XIX para o XX, momento de uma modernização conservadora, o Brasil conquista a independência, mas não sai da lógica da escravidão. Faustino questiona como foi o 14 de maio em um país que não fez reforma agrária e não estabeleceu políticas de reparação e inclusão das(os) supostas(os) negras(os) livres. Pelo contrário, os mesmos grupos que eram escravocratas continuaram latifundiários, gestores do Estado e, assim, criaram faculdades de medicina (como a Faculdade de Medicina da Bahia e do Rio de Janeiro) e direito (como a Faculdade de Direito do Largo de São Francisco) para seus filhos e herdeiros.

Essas instituições aristocráticas de ensino e pesquisa da época produziram as teorias eugênicas na medicina e as leis proibicionistas no direito. A população negra foi estudada, tratada e julgada a partir desses crivos: o racismo científico, o darwinismo social e o proibicionismo, visando ao encarceramento e à manicomialização.

Para figurar essa lógica, recorremos ao aparato jurídico que institucionalizou o controle do uso e comércio de determinados psicoativos. Um marco relevante da época consiste na Lei n. 4.294, de 14 de julho de 1921. Embora essa lei seguisse uma tendência estadunidense de ampliar o controle público sobre o álcool, no Brasil ela ganhou aspectos sofisticados de juízo moral. Estabeleceu-se a diferenciação entre os chamados *vícios sociais elegantes* e os *vícios sociais deselegantes*[23] com base não apenas no tipo/valor de substância, mas, acima de tudo, em quem (qual grupo) fazia o seu uso. As substâncias alcoólicas relacionadas à elite, aos brancos e aos europeus, como vinho e cerveja, eram respeitadas e consideradas *vícios sociais elegantes*; em contrapartida, a aguardente, relacionada aos pobres e negros (colonialmente vinculados ao plantio da cana de açúcar), era considerada um *vício social deselegante*, pois era sinal de "degradação do negro"[24].

Havia nesse período figuras contrárias à manicomialização eugênica e proibicionista, como o professor, médico, negro e soteropolitano Juliano Moreira, que, embora dialogasse com Nina Rodrigues, questionava criticamente as teorias de seu colega professor.

> Ao questionar o exame de Nina Rodrigues, Juliano Moreira estava enfrentando um dos dogmas do racismo científico da época: a teoria da degenerescência racial. Juliano Moreira era um homem que interpelava a própria existência das raças humanas – questionamento esse que se mostrará correto na primeira década do século XX. Juliano Moreira não se contentou com explicações que compartilhassem de um olhar racista e reducionista da população negra brasileira.[25]

Mais tarde, outras críticas à degenerescência racial ocorreram. Faustino[26] enfatiza algumas: a partir da década de 1930, a virada culturalista, com Gilberto Freyre; a emergência da psicologia social brasileira na década de 1950; o recurso dos modernistas à psicanálise (na segunda e terceira fases do modernismo – 1930 a 1960, somando-se os dois períodos). Todas essas teorias e movimentos buscavam ir na direção contrária do higienismo conservador racista, mesmo com limitações.

Para Faustino, um dos maiores enclaves foi a herança do higienismo social na obra de Gilberto Freyre, que produziu uma mistificação das relações raciais e uma invisibilidade da raça, dinâmica social que conduziu ao mito da democracia racial. Mais tarde essa falsa crença afetou/dificultou a inclusão da saúde da população negra no âmbito da saúde pública e coletiva, em especial quando somada à fixação na/da ideia de determinação econômica da produção e reprodução da vida. "[O] movimento da Reforma Sanitária, uma espécie de *intelligentsia*, estaria informado por alguns princípios da tradição de esquerda, de corte nacionalista, que veria com estranheza um mundo movido por constructos raciais"[27].

Na década de 1970, com a crise da ditadura militar e os transformadores debates sobre as reformas sanitárias e psiquiátricas, as heranças do higienismo racial e social perdem força, mas alguns resquícios continuam a afetar a população negra e dificultam a implementação das políticas focais para a saúde/saúde mental da população negra, pois o debate sobre raça na saúde/saúde mental continua silenciado.

Voltamos ao Faustino, que pondera a defesa do princípio da universalidade na saúde, em especial no sus, como necessária; porém, adverte: como não fazê-la em oposição ao princípio de equidade?

Os pesquisadores Tadeu de Paula Souza e Sergio Resende Carvalho nos dão pistas:

> O universal não pode ser confundido com total, sob o alto preço de ser reduzido a uma tentativa de uniformizar, homogeneizar, quando não em forma de autoritarismo. A universalidade é, portanto, uma referência *do que deve ser feito* – garantir acesso a todos – e não do *como deve ser feito*. O como deve ser feito está melhor descrito pela equidade, pela redução de danos, pela clínica ampliada e por outras diretrizes metodológicas.[28]

O resultado iatrogênico dessa essencialização do universal como produto do silenciamento da raça faz com que a saúde mental antimanicomial não perceba a raça como fator primordial das manicomializações, incorrendo no apagamento de protagonistas negras(os) nesse processo de luta e de composição da reforma psiquiátrica. Como pergunta Rachel Gouveia Passos, *o que escapou nesse processo?*[29] Ela, então, discorre como a reforma psiquiátrica brasileira pode discutir eugenia, manicomialização, poder, dentre outros grandes temas, sem discutir o pressuposto racial, intrinsecamente relacionado a eles. Ela ainda problematiza a questão em outro artigo, "Holocausto ou Navio Negreiro?"[30] Em ambos, a influência de Frantz Fanon é resgatada na sua centralidade na obra de Franco Basaglia.

Sabemos que esse apagamento não aconteceu apenas na relação destacada anteriormente. Dinâmicas semelhantes ocorreram na parceria de Ivone Lara e Nise da Silveira, com o apagamento da mulher negra nessa relação e na utilização do samba, do jongo, do chorinho, no cuidado em saúde mental[31]; no ensurdecimento dos viscerais relatos do cotidiano dos pátios de hospitais psiquiátricos feitos por Lima Barreto no romance inacabado *O Cemitério dos Vivos* e também no *Diário do Hospício*, publicado postumamente em 1953, baseado na sua internação compulsória no Hospital Nacional dos Alienados entre 1919 e 1920; na presença de Virginia Leone Bicudo na fundação da Escola Brasileira de Psicanálise; no apagamento dos estudos e da clínica de Neusa Santos Souza sobre/com a psicose[32], que produziu uma fixação da psicanalista e psiquiatra no tema das relações raciais; ou mesmo no esquecimento de Diva Moreira[33] como protagonista na/da composição/elaboração da reforma psiquiátrica brasileira[34].

O apagamento dessas personalidades negras no campo da saúde mental e das subjetividades não impediu o amplo engajamento dos movimentos negros nas lutas sanitárias e antimanicomiais que permitiram a criação do SUS e da RAPS por meio da participação desses grupos nas Conferências de Saúde/Saúde Mental e na Assembleia Nacional Constituinte. Faustino[35] destaca que os movimentos negros nesses momentos reivindicaram a atenção à saúde da população negra como um elemento necessário para o SUS e assevera que "o movimento negro nunca pediu um SUS para pretos ou um SUS preto". Sendo assim, o que os movimentos negros indicaram (e indicam) é que sejam considerados os possíveis efeitos psicossociais do racismo na saúde/saúde mental e que o campo desenvolva ferramentas de cuidado que levem esses possíveis efeitos em consideração, sem criar um modo específico de cuidado em saúde mental da população negra.

Cabe lembrar que vivemos um aquecimento do risco de se produzir uma saúde/saúde mental de e para negros. O sistema capitalístico neoliberal comunga com essa produção, pois fetichiza o debate racial para depois torná-lo mercadoria; não à toa, já temos nos deparado com a criação de "*startups* especializadas" em saúde/saúde mental da população negra. Caindo no canto da sereia racista, que sempre intencionou que negras(os) fossem cuidadas(os) em espaços segregados, com técnicas específicas e exclusivamente por profissionais negras(os) – algo suposto como a caricatura "Black Mental Health Center" ou "Doutor Consulta[36] Black", onde os "blacks" seriam tratados pelos "blacks", diagnosticados com doenças/transtornos dos "blacks" e receberiam "ritalinablack". Para além da desfaçatez, sabemos que essa lógica automaticamente faria com que brancas(os) fossem ainda mais cuidadas(os) em espaços de saúde exclusivos racialmente, algo que já ocorre em muitos convênios médicos de saúde, em especial nas instâncias e instituições de alto prestígio da saúde privada – "White Mental Health Center".

Voltando à participação dos movimentos negros na saúde/saúde mental, Faustino sublinha que, em meados de 1980, com o surgimento do Movimento de Mulheres Negras, concomitantemente ao debate e à criação da Política Nacional de Atenção Integral à Saúde da Mulher (PAISM), o movimento negro de mulheres denunciou a existência de políticas eugênicas de controle de natalidade ancoradas no racismo, que afetavam majoritariamente mulheres negras. A participação desses movimentos e coletivos nos fóruns de saúde e direito sexual reprodutivo foi fundamental para o debate da saúde/saúde mental de mulheres negras, historicamente vilipendiadas nos direitos à saúde e gestão/autonomia do próprio corpo.

O debate em torno da saúde mental de mulheres (interseccionado à raça e à classe) tem avançado na contemporaneidade, embora saibamos da dificuldade do campo da saúde mental em aprofundar a discussão. Exemplo dessa ampliação é a série *Luta Antimanicomial e Feminismos*[37], com textos que discutem formação e militância; inquietações e resistências; gênero, raça e classe, com autoria de diversas mulheres pesquisadoras, trabalhadoras, ativistas do campo da saúde mental.

Outro exemplo dessa ampliação foi a realização da I Conferência Livre Nacional de Mulheres e Saúde Mental Antimanicomial, que ocorreu no dia 7 de maio de 2022, no âmbito da V Conferência Nacional de Saúde Mental. De iniciativa coletiva feminista, antimanicomial e antiproibicionista, agregou mulheres de distintas raças e classes sociais, de diferentes territórios e regiões do Brasil, com diferentes posições/lugares na luta antimanicomial (usuárias, professoras, pesquisadoras, trabalhadoras, gestoras, mulheres CIS, mulheres trans, pessoas não binárias, travestis).

A transformação na saúde a partir da presença de mulheres negras nos espaços de debate e decisões políticas fica evidente na Conferência Mundial das Nações Unidas de 2001 Contra o Racismo, Discriminação Racial, Xenofobia e Intolerância Correlata, ocorrida de 31 de agosto a 8 de setembro em Durban, África do Sul. Segundo Faustino, na ocasião foi apresentado pelo movimento de mulheres negras o escopo da política nacional de saúde da população negra, pois essas mulheres negras feministas tiveram protagonismo na construção da PNSIPN, tendo assim uma sólida proposta para apresentar na Conferência[38].

Porém, destaca Faustino, ao retornar ao Brasil e apresentar a proposta da PNSIPN aos governos brasileiros – inicialmente ao Fernando Henrique Cardoso e depois a Luiz Inácio Lula da Silva –, elas não obtiveram o mesmo sucesso. A aprovação e implementação teve dificuldade e ampla morosidade, sendo aprovada apenas em 2009 (no final da segunda gestão do governo Lula) devido à ampla pressão dos movimentos negros, o que mostra a dificuldade do campo democrático e do campo progressista em aprovar e implementar pautas e projetos negros (quando focais/específicos), em geral com o argumento da defesa da universalidade, acusando os movimentos negros e de mulheres negras de uma espécie de racialização do SUS. "A universalidade é apropriada por práticas de dominação num uso despótico do conceito. O efeito inevitável é uma suspensão dos direitos e liberdades individuais, a instauração de um estado de exceção."[39]

Faustino também lembra o segundo argumento utilizado na resistência à implementação da política, ainda com foco na universalidade, porém com base argumentativa econômica: a impossibilidade de um sistema universal para subsidiar políticas focalizadas, características do neoliberalismo. Para o professor, em diálogo com Hegel[40], trata-se de "um universalismo abstrato, que não prevê as particularidades, se afastando de um universalismo concreto". A partir daí, chegamos ao terceiro aspecto levantado por Faustino – *reconhecer o papel do racismo como determinante social de saúde.*

Esse universalismo concreto que o professor enuncia reconhece o racismo como um DSS, que exige do SUS respostas a partir da equidade como caminho para o alcance da universalidade enquanto função lógica e não prática[41].

> se a consideração da diversidade inviabilizasse a universalização, seria necessário questionar o conjunto de sujeitos e políticas já mobilizados em torno da equidade em saúde e não apenas aquelas voltadas à promoção da equidade racial, sob o risco de assumir que o incômodo relatado não é a perspectiva da equidade – e nem o risco da focalização neoliberal – e sim, a tentativa de alcançar a equidade racial. O próprio Sistema Único de Saúde, em sua noção de "conceito ampliado de saúde", apresenta o princípio da equidade – e também da integralidade – ao lado do princípio da universalidade, e não como contraponto[42].

Conforme dito anteriormente, no campo da saúde mental a resistência à saúde da população negra não se ancorava necessariamente na essencialização do universal, mas do singular. Porém, o efeito é semelhante: também deixa de fora o debate racial interseccionado a gênero e classe e desconsidera o racismo como um DSS.

Para Faustino, por mais que se preze pelo singular ou pelo universal, as pessoas estão em contextos atravessados por particularidades, algumas (ou muitas) das quais elas não escolheram, mas estão no bojo dos processos de subjetivação[43]. Nessa esteira, afirmamos que o sujeito do inconsciente é atravessado por raça, gênero, classe e outros processos de identificação modulados em relação às condições sociopolíticas em que o sujeito está inserido, bojo que na saúde pública e coletiva foi compreendido à luz dos DSSs.

Contudo, esses atravessamentos não são exclusivos de negros e indígenas, pois brancos também têm suas subjetividades atravessadas pelos aspectos raciais (interseccionados à classe e ao gênero). Nessa esteira, Faustino destacou pesquisadoras(es) do conceito de branquitude, como Guerreiro Ramos[44], Maria Aparecida Silva Bento[45] e Lia Vainer Schucman[46], lembrando que essas(es) pesquisadoras(es) já vinham problematizando como se forjou (e forja) a subjetividade, o psiquismo das(os) brancas(os) nas relações raciais brasileiras e quais os efeitos do privilégio da branquitude para a subjetividade de brancas(os) nessa sociedade que lhes têm como padrão e projeto-tipo de normalidade. Faustino, em diálogo com Rita Segato[47], pergunta: que tipo de humanidade se forjou nas(os) brancas(os) que receberam pretas(os) de presente, como peça? Que iniciaram suas vidas sexuais com essas peças que as(os) criaram? E conclui: a escravidão não foi deletéria apenas para a(o) negra(o). Embora brancas(os) e negras(os) não paguem os efeitos desse período da mesma forma, ou com a mesma moeda, ainda assim há efeitos dos regimes e das relações coloniais na subjetividade de todas(os). Por fim, Faustino pergunta, em arremate: a extrema-direita vigente é um exemplo do retorno do recalcado colonial?

Perante o conteúdo manifesto do racismo neocolonial brasileiro na contemporaneidade, não há dúvidas de que a aquilombação se faz urgente. Contudo, para que ela aconteça na saúde mental, será necessário reconhecer o caráter terapêutico do que foi e é produzido nos territórios negros. Já que a colonialidade descartou esses saberes nas esquinas, hoje eles se tornaram saberes das encruzilhadas/esquinas. Sendo assim, teremos que habitar as encruzas/esquinas e, para isso, será necessário descolonizar nosso pensamento e encontrar o que de modo racista descartamos, criminalizamos e manicomializamos, como a capoeira angola, os bailes *black*, o jongo, o samba de roda e também aquilo que não necessariamente é da diáspora africana, mas com que negras(os) passaram a se relacionar. É preciso o desnorteado encontro com a diferença.

Nos próximos subcapítulos, resgatamos esse processo de luta pela implementação e ampliação da saúde/saúde mental da população negra nos âmbitos público e coletivo de modo mais datado, destacando importantes momentos/eventos desse processo. Os conflitos descritos nos parágrafos anteriores permearam todo o percurso delineado a seguir.

Itinerâncias da Saúde/Saúde Mental da População Negra no Cenário Nacional/Federal

Desde a redemocratização, mulheres negras (em especial, as organizadas nos movimentos sociais negros e feministas negros) sinalizavam a necessidade de formalização de políticas públicas de saúde específicas para a população negra. No âmbito da saúde mental não foi diferente: graças à luta de mulheres negras, as dimensões psicossociais de pretas e pretos foram (e são) discutidas institucionalmente, vislumbrando não uma política de saúde específica para negras(os), mas a equidade[48] racial nas políticas de saúde mental.

Embora haja a inclusão da temática racial no âmbito da saúde mental, em especial no processo da reforma psiquiátrica[49], essa representação, como atestam Ignácio e Mattos[50], é parca e tímida perante a demanda historicamente apresentada.

Em 20 de novembro de 1995, o presidente Fernando Henrique Cardoso recebeu diversas(os) líderes de entidades dos movimentos negros e da sociedade civil que se manifestavam na Marcha Zumbi dos Palmares Contra o Racismo, Pela Cidadania e a Vida. Em meio a esse encontro/manifestação, o então presidente criou, por meio de decreto, o Grupo de Trabalho Interministerial Para a Valorização da População Negra fruto não apenas dessa, mas também de diversas outras manifestações que pressionavam os governos anteriores e aquele por equidade racial nos diversos âmbitos da vida em sociedade.

Pesquisadoras(es) como Brasil e Trad[51], Adorno[52] e Lima[53] demonstram que algumas das políticas afirmativas que tiveram início no governo FHC ocorreram devido à conjuntura internacional a favor dos direitos humanos[54], o que gerou uma contradição: um governo de propostas neoliberais, promotoras de negativas repercussões para diversas políticas públicas e, em contrapartida, um governo que deu início a algumas implementações de políticas públicas voltadas aos direitos humanos. Por exemplo, uma demarcação do início das discussões (em nível institucional) das políticas afirmativas, demarcação essa que colaborou com a evidência da precária situação social de negras(os), até então negada institucionalmente.

O mencionado GTI apontava "como expectativa, ao longo deste governo (FHC), inscrever definitivamente a questão do negro na agenda nacional", de modo a "conceder à questão racial do negro brasileiro a importância que lhe tem sido negada"[55]. E, na qualidade de metodologia, a criação de subgrupos integrando diversas áreas temáticas (Justiça; Cultura; Educação; Esporte; Planejamento e Orçamento; Relações Exteriores; Saúde; Trabalho) com vistas a desenvolver políticas das mais distintas naturezas, inclusive na saúde, para a valorização da população negra.

A criação do Subgrupo da Saúde tinha como atribuição identificar quais eram as *doenças da população negra*[56]. Segundo algumas(ns) das(os) entrevistadas(os), a discussão sobre saúde mental nesse momento foi ínfima e ocupou posição inferior em relação às demais questões de saúde (em especial, aquelas consideradas de causa/fator biológico/genético[57]), como anemia/traço falciforme.

Vale observar que, na avaliação das(os) integrantes dos movimentos negros, de mulheres negras, pesquisadoras(es) e trabalhadoras(es) do campo da saúde/saúde da população negra, essa fase de inserção da questão racial na agenda das políticas públicas de saúde no Brasil se caracterizou pela descontinuidade de seus projetos e ações[58]. Configura um descompromisso no médio e longo prazo dos governos FHC com a saúde da população negra, que nesse governo foi institucionalmente anunciada e relativamente implementada, mas sem investimento, aprofundamento e continuidade necessárias para se tornar uma política.

Todavia, é de grande importância destacar que a saúde/saúde mental já estava sendo debatida em espaços de saber, acadêmicos e de pesquisa da intelectualidade negra. Mostra disso é o primeiro Congresso Brasileiro de Pesquisadores Negros, realizado na Universidade Federal de Pernambuco, de 22 a 25 de novembro de 2000, que teve como subtítulo "O Negro e a Produção do Conhecimento: Dos 500 Anos ao Século XXI". Nesse congresso, foi criada a Associação Brasileira de Pesquisadores/as Negros/as (ABPN), e a temática da saúde/saúde mental foi debatida, com destaque para as seguintes apresentações de trabalho e mesa-redonda: a psiquiatra Damiana Pereira de Miranda apresentou o trabalho intitulado "Transtornos Depressivos no Contexto Afro-Brasileiro, Ataques de Nervos, Mau Olhado e Mau Feito"; o psicanalista José Tiago Reis Filho apresentou alguns aspectos da sua tese de doutoramento: "A Formação da Identidade em Sujeitos Negros, um Estudo Psicanalítico"; e a professora Maria Farias apresentou o trabalho "Droga e Juventude Negra". Na modalidade mesa-redonda, a professora

Maria da Silva Inês Barbosa, a psicóloga Maria Lúcia da Silva e o médico hematologista Anderson Araújo apresentaram a mesa "Saúde: A Pesquisa e o Diferencial Ético", em que Maria Lúcia abordou questões de saúde mental.

Dois dos trabalhos mencionados constam nos anais do primeiro Congresso Brasileiro de Pesquisadores Negros e são de autoria do pesquisador e psicanalista José Tiago Reis Filho e da pesquisadora e médica psiquiatra Damiana Pereira de Miranda. Trazemos trechos desses registros que indicam algumas das linguagens utilizadas há mais de duas décadas no debate da dimensão racial e saúde mental:

> No universo afro-brasileiro, depressão pode ser entendida como um problema psicossocial que envolve o relacionamento dos indivíduos com os seres espirituais. Diferente da psiquiatria, que trata depressão como um distúrbio intrapsíquico do indivíduo, as terapias populares afro-brasileiras consideram-na um fenômeno sociofamiliar. O propósito deste estudo é discutir os conceitos populares e as terapias das doenças mentais através da culture-bound syndromes: ataque de nervos, mau olhado e mau feito que são encontradas na sociedade brasileira.[59]

> Partindo da experiência de vida de representantes da grande maioria dos negros neste país, falo, neste trabalho, da questão racial, da construção do discurso sobre o psiquismo do negro brasileiro e de sua subjetividade. Parto do estudo de cinco casos de sujeitos pobres, tomando a psicanálise como referência teórica. As condições de existência das pessoas pobres, marcadas pela escassez de seus bens materiais e a luta pela sobrevivência, são traços constitutivos da subjetividade destes sujeitos. O enfrentamento dessa situação vai além da militância política.[60]

Observamos que a pesquisa do psicanalista já investigava a intersecção de raça e classe junto à constituição psíquica da(o) negra(o), e a pesquisa da médica apontava possíveis diferenças, da psiquiatria tradicional e das terapias populares afro-brasileiras em torno da compreensão e do manejo da depressão.

Segundo algumas das pesquisadoras e ativistas da saúde mental e da saúde da população negra entrevistadas, a discussão de saúde mental ganha maior espaço quando Luiza Helena de Bairros passa a compor o Programa das Nações Unidas para o Desenvolvimento (PNUD)[61].

Cabe observar que nesse momento o campo da saúde da população negra sofria grande interferência dos setores internacionais, principalmente no que dizia respeito ao fomento para sua organização, ações, pesquisa e materiais, que em geral eram financiados e elaborados por organizações, fundações e programas estrangeiros, em parceria com as políticas de caráter redistributivas no país[62]. Entre essas organizações e fundações estão a Organização Pan-Americana da Saúde (OPAS), PNUD, DFID, Unicef, Fundação Ford, McArthur, Fundação Rockefeller. Observamos que parte dessas fundações e organizações tem em sua origem e história um passado escravagista e/ou racista colonial que "colaborou" para que elas viessem a se tornar grandes potências financeiras e políticas.

Nesse contexto, no ano de 2001 – fruto do Workshop Interagencial Saúde da População Negra, realizado nos dias 6 e 7 de dezembro de 2001, em Brasília (DF), por iniciativa do PNUD e da OPAS –, é apresentada a publicação *Política Nacional de Saúde da População Negra: Uma Questão de Equidade*. Esse caderno ofereceu bases para o que mais tarde, em 2009, se tornaria a Política Nacional de Saúde Integral da População Negra (PNSIPN).

A seguir, alguns trechos que trazem a discussão de saúde mental nessa publicação:

> transtornos mentais resultantes da exposição ao racismo e ainda transtornos derivados do abuso de substâncias psicoativas, como o alcoolismo e a toxicomania. Embora acometam todos os grupos populacionais, tais ocorrências são agravadas quando incidem sobre mulheres e homens negros em razão das desvantagens psicológicas, sociais e econômicas geradas pelo racismo a que estão expostos[63].

[...]
é importante considerar os avanços nas pesquisas psicológicas, sociológicas e antropológicas que *indicam uma firme associação entre experiências de racismo e o maior risco de manifestação ou agravamento de problemas mentais,* a exemplo do que tem sido constatado em número significativo de casos de depressão e de angústia psicológica[64].

Compuseram a elaboração dessa publicação as psicólogas Edna Roland, Maria Lúcia da Silva e Marta de Oliveira, além da psiquiatra Damiana de Miranda. A participação dessas intelectuais e ativistas se mostrou fundamental para que a pauta da saúde mental estivesse presente no documento.

No final desse ano, dezembro de 2001, houve a III Conferência Nacional de Saúde Mental, com o subtítulo "Cuidar, Sim. Excluir, Não". Como de costume, representantes dos movimentos negros estiveram presentes; novamente, as psicólogas Edna Rolland e Maria Lúcia da Silva, além da psiquiatra Damiana Miranda. As duas últimas profissionais de saúde mental citadas compuseram uma das mesas na conferência, com explanação intitulada "Saúde Mental e Racismo" (suprimida dos registros da conferência). É curioso que o Caderno Informativo dessa conferência não faz nenhuma menção à população negra; o relatório final[65], por sua vez, traz a dimensão racial em apenas seis momentos, sendo eles:

45. Garantir a inclusão de recorte de gênero, raça e etnia na elaboração, implantação e execução de diretrizes e ações nas campanhas promovidas pelos governos federal, estaduais e municipais[66].

436. Medidas de apoio e de atenção a grupos específicos. [...] Devem ser incluídos os recortes de gênero, raça e etnia na elaboração, implantação e execução de diretrizes e ações nas campanhas promovidas pelos governos federal, estaduais e municipais[67]. (Obs.: medida semelhante ao item 45 do mesmo documento.)

441. Desenvolver estudos e pesquisas que investiguem o impacto do racismo na saúde mental da população negra e da população indígena[68].

542. Apresentar os relatórios de gestão bimestral/trimestral das secretarias municipais de saúde aos conselhos municipais de saúde, com os seguintes dados: número de internações psiquiátricas geradas nos municípios (diferenciando o destino); número e nome de medicamentos distribuídos no município; número de atendimentos ambulatoriais em saúde mental; número de habitantes cadastrados no sistema de saúde mental; procedência, idade, *cor*, *raça*, sexo e escolaridade dos usuários; número de leitos psiquiátricos gerais (discriminando os respectivos custos); número de leitos desativados e redirecionamento dos recursos correspondentes[69].

567. Apoiar as deliberações da 11ª Conferência Nacional de Saúde, que fala da realização de conferências temáticas, *incorporando as questões relativas à saúde da população negra*, recursos humanos, saúde bucal, saúde da mulher e assistência farmacêutica[70].

26. Moção de apoio à realização de estudos e pesquisas relacionados ao tema Racismo e Saúde Mental.
Considerando que o racismo é um dos fatores que produz sofrimento e doença mental, reivindicamos o desenvolvimento de estudos e pesquisas sobre o impacto do racismo na produção de sofrimento e doença mental[71]. (Obs.: medida semelhante ao item 441 do mesmo documento.)

Em consonância com a moção de apoio 26 "à realização de estudos e pesquisas relacionadas ao tema Racismo e Saúde Mental"[72], no mesmo ano o governo FHC e a OPAS, por meio do trabalho da pesquisadora Fátima Oliveira, publicam a pesquisa "Saúde da População Negra: Brasil ano 2001". Essa importante pesquisa também aborda algumas dimensões da saúde mental, principalmente na crítica ao período da medicina eugenista, que utilizou o pseudossaber psicológico com vistas à inferiorização da população negra e indígena perante a população branca. O estudo também aponta a psicopatologização da população negra e traz uma pesquisa da Grã-Bretanha[73] que revela o ato racista de médicos que diagnosticavam erroneamente negras(os) como esquizofrênicas(os). Além disso, demonstrava o racismo e a xenofobia nas instituições hospitalares de saúde, gerando como efeito dessa violência o *medo* em usuárias(os) negras(os) estrangeiras(os) ao adentrarem nessas instituições de saúde. Esse dado foi retirado de um centro de pesquisa norte-americano[74], o Health Care Financing Administration, em Baltimore, no estado de Maryland, uma divisão do Health Human Services.

Destacamos aqui um trecho do estudo de Fátima Oliveira[75] que aborda a saúde mental da população negra:

> Para além dos danos objetivos ocasionados pelo racismo em nossa sociedade, comunidades negras em áreas onde a violência se expressa de maneira feroz frequentemente veem-se obrigadas, como estratégia de sobrevivência psíquica, a alterar sua atitude subjetiva diante da vida, na medida em que convivem com fatos que comprometem a possibilidade de pensar o prazer e o futuro, e por vezes são obrigadas também a alterar sua atitude subjetiva diante das mortes trágicas, por estas se tornarem banais, resultando em sofrimento psíquico.

Nessa esteira, foi possível constatar que o ano de 2001 foi de extrema importância para o debate político contra o racismo no âmbito da saúde. Todavia, essa discussão se evidenciava também fora da esfera nacional da saúde: o maior exemplo foi a realização da III Conferência Mundial Contra o Racismo, a Discriminação Racial, a Xenofobia e Intolerâncias Correlatas, em Durban, África do Sul, com participação protagonista de brasileiras(os). Na declaração de Durban e Plano de Ação, consta:

> 109. Insta os Estados, individualmente ou através da cooperação internacional, a enfatizarem a adoção de medidas para atenderem aos direitos de cada um ao gozo dos mais altos padrões alcançáveis de saúde física e mental, visando a eliminação das disparidades na condição de saúde, como indicados nos índices padrões de

saúde, os quais podem resultar de racismo, discriminação racial, xenofobia e intolerância correlata.[76]

Dois anos depois, em 2003, no governo Luiz Inácio Lula da Silva, é criada a Secretaria de Políticas de Promoção da Igualdade Racial (Seppir). Sua fundação, nas palavras da próxima presidenta, Dilma Rousseff, configurou "um marco decisivo na mobilização da estrutura do Governo Federal em favor de um Brasil mais igual e mais inclusivo"[77]. Isso permitiu que, na 1ª Conferência Nacional de Ciência, Tecnologia e Inovação (em 2003), Maria da Silva Inês Barbosa apresentasse temas que seriam prioridades de pesquisa para o Ministério da Saúde em relação à saúde da população negra. Esse ato foi fundamental para avanços em diversas áreas da saúde da população negra, inclusive na saúde mental.

Embora a Seppir tenha sido criada logo no início do primeiro governo Lula (2003-2006), Márcia Lima[78] e ativistas consideram que o avanço considerável em relação aos movimentos sociais – mais especificamente aos movimentos sociais negros – ocorreu apenas após sua reeleição (2007-2010), em especial a partir da segunda metade desse período. Não à toa, a pnsipn é implementada apenas em 2009 e até os dias de hoje demonstra dificuldade de execução/exercício pelas distintas esferas da saúde/saúde pública. Contudo, vale destacar o aspecto positivo de que, desde o início do primeiro governo Lula, as(os) representantes dos movimentos da sociedade civil compuseram cargos e espaços de representação nos postos de controle social, o que nunca havia acontecido, e com os movimentos negros e de mulheres negras não foi diferente[79].

Em 2004, nos dias 18, 19 e 20 de agosto, ocorre o 1 Seminário Nacional Saúde da População Negra, "com a dupla tarefa de avançar no diagnóstico das condições de saúde da população negra e formular propostas para combater as iniquidades em saúde que atingem esse segmento da população brasileira"[80]. Nesse seminário, a saúde mental foi abordada nas *salas de conversa* em que o Instituto

AMMA Psique e Negritude e o Instituto Ori/Aperê Psicossomática Psicanalítica: Atendimento, Estudo e Pesquisa apresentaram seus trabalhos e dialogaram com as(os) participantes do seminário. O Instituto AMMA Psique e Negritude apresentou o curso de formação "Os Efeitos Psicossociais do Racismo", localizado em São Paulo; por sua vez, o Instituto Ori/Aperê Psicossomática Psicanalítica exibiu o Projeto Mãe-Criadeira e Rede de Sustentação Coletiva, localizado no Rio de Janeiro.

Além dessa atividade (salas de conversa), houve, nos grupos de trabalho, as seguintes proposições em saúde mental:

> Educação permanente –
> Capacitar profissionais de saúde, enfocando racismo e processo saúde *versus* doença mental.
> Esclarecer os profissionais de saúde em geral e, em particular, os agentes comunitários de saúde e os trabalhadores da saúde mental, sobre as consequências do racismo existente na sociedade brasileira, incluído o racismo institucional.

> Produção de conhecimento científico –
> Disponibilizar recursos para a promoção de pesquisa nacional na área de Saúde Mental com recorte em gênero, raça e etnia.[81]

Para além do Seminário, no ano de 2004 alcançaram-se importantes conquistas institucionais: a publicação das portarias GM n. 1.678 (agosto) e GM n. 2.632 (dezembro), que auxiliaram a criação do Comitê Técnico para subsidiar o avanço da equidade na Atenção à Saúde da População Negra (CTSPN), no Ministério da Saúde, instância fundamental para acompanhar a implementação e manutenção das proposições tiradas no Seminário e publicadas no Caderno de Textos Básicos[82].

Lembramos que, em 2004, a Comissão Nacional de Direitos Humanos do Conselho Federal de Psicologia, à época coordenada por Marcus Vinícius de Oliveira Silva, realizou e publicou o IV Seminário Nacional de Psicologia e Direitos Humanos, em que os professores Kabengele Munanga, Ricardo Franklin e a psicanalista Isildinha Baptista Nogueira apresentaram a discussão "Psicologia e Racismo – Uma Autocrítica Necessária". Também houve a apresentação e publicação do IV Encontro Nacional das Comissões de Direitos Humanos do Sistema de Psicologia, em que as psicólogas Maria Lúcia da Silva, Maria de Jesus Moura e o psicólogo Leôncio Camino apresentaram e publicaram "O Preconceito Racial Humilha, a Humilhação Social Faz Sofrer", tema que se tornou uma das campanhas de combate ao racismo do Conselho Federal de Psicologia[83].

No ano seguinte, 2005, houve a publicação do "Caderno Saúde Brasil 2005", em que a variável raça/cor foi discutida, mas a saúde mental não foi considerada. No mesmo ano, inclui-se no Plano Plurianual a temática racial em nível nacional. Também nesse período conquista-se uma cadeira no Conselho Nacional da Saúde para Saúde da População Negra. As primeiras representantes foram Jurema Werneck e Fernanda Lopes.

Luiza Bairros, Fernanda Lopes, Elias Sampaio, Lindivaldo Leite Jr., Mônica Oliveira, entre outras(os), desenvolvem o Programa de Combate ao Racismo Institucional (PCRI), realizado/sistematizado pelo Instituto AMMA Psique e Negritude. Nele se "considera o combate e a prevenção ao racismo institucional condições fundamentais para a criação de um ambiente favorável à formulação e à implementação sustentada de políticas públicas racialmente equitativas"[84].

A identificação e abordagem do racismo institucional proposta por esse grupo de intelectuais e ativistas contou com ferramentas da psicologia, disponibilizadas pela coordenação geral do Instituto AMMA Psique e Negritude, com a supervisão da psicóloga Isildinha Baptista Nogueira e do psicólogo José Moura Gonçalves Filho. O processo de implementação e análise dos resultados obtidos por esse programa passou por duas etapas, que compreendem a identificação e a abordagem do racismo institucional. A primeira delas aponta que o racismo não é momentâneo ou ocasional, mas estrutural; a segunda dialoga com o que foi apresentado nesta obra: o desinteresse e a inatividade dos setores público e privado no enfrentamento ao racismo institucional, que promove a não implementação ou descontinuidade do que foi implementado como ferramenta/política de combate ao racismo institucional. Ainda nessa etapa, a análise dos resultados obtidos demonstra a existência de um largo espectro psicossocial do racismo, o que exige ações de natureza concreta – como a manutenção de um trabalho planejado e constante de combate ao racismo – em cujo percurso de implementação e desenvolvimento os processos de subjetivação sejam levados em consideração. "Tal abordagem revelou-se acertada, pois permitiu trabalhar as formas pelas quais a subjetividade influencia e é influenciada pelas práticas institucionais."[85]

Em 2006, em meio ao 2º Seminário Nacional de Saúde da População Negra, o Conselho Nacional de Saúde (CNS) aprova a PNSIPN (que ganha status legal apenas em 2009 pela Portaria n. 992, de 13 de maio do referido ano). Em seu primeiro texto, as dimensões do sofrimento psíquico e dos transtornos mentais são abordadas no texto introdutório da política, que analisa a situação da saúde da população negra no Brasil e seus determinantes sociais:

> No Brasil, existe um consenso entre os diversos estudiosos acerca das doenças e agravos prevalentes na população negra, com destaque para aqueles que podem ser agrupados nas seguintes categorias: a) geneticamente determinados [...]; b) adquiridos em condições desfavoráveis – desnutrição, anemia ferropriva, doenças do trabalho, DST/HIV/aids, mortes violentas, mortalidade infantil elevada, abortos sépticos, *sofrimento psíquico*, estresse, depressão, tuberculose, *transtornos mentais* (derivados do uso abusivo de álcool e outras drogas); e c) de evolução agravada ou tratamento dificultado [...] (PNUD et al., 2001). Essas doenças e agravos necessitam de uma abordagem específica sob pena de se inviabilizar a promoção da equidade em saúde no país.[86]

Além do trecho anterior, a saúde mental é trazida em meio aos objetivos específicos da política, com vistas ao

> · [f]ortalecimento da atenção à saúde mental das crianças, adolescentes, jovens, adultos e idosos negros, com vistas à qualificação da atenção para o acompanhamento do crescimento, desenvolvimento e envelhecimento e a prevenção dos agravos decorrentes dos efeitos da discriminação racial e exclusão social[87].
> · [f]ortalecimento da atenção à saúde mental de mulheres e homens negros, em especial aqueles com transtornos decorrentes do uso de álcool e outras drogas[88].

No ano de 2008, a Comissão Intersetorial de Saúde da População Negra é criada, com vistas a assessorar o CNS. A Resolução n. 395/2008 foi revogada e substituída pela Resolução n. 486, de 7 de agosto de 2013, vigente até o ano de 2018, quando a Coordenadora Adjunta foi a psicóloga Simone Vieira da Cruz, representante da entidade Articulação de Organizações das Mulheres Negras Brasileiras (AMNB). A psicologia se faz representada também em uma das entidades suplentes, por meio da Articulação Nacional de Psicólogas(os) Negras(os) e Pesquisadoras(es) das Relações Raciais e Subjetividades (ANPSINEP)[89].

Conforme dito, em 2009 foi instituída a PNSIPN, por meio da Portaria n. 992, de 13 de maio de 2009, do Ministério da Saúde, momento de extrema importância para o avanço dos direitos em saúde/saúde mental da população negra.

No ano seguinte, 2010, é aprovado e publicado em 20 de julho o Estatuto da Igualdade Racial (Lei n. 12.288), que inclui em seu texto a PNSIPN.

Ainda em 2010, acontece um dos maiores encontros sobre saúde mental da população negra. Nos dias 13, 14 e 15 de outubro, na Universidade de São Paulo (USP), foi realizado o 1 Encontro Nacional de Psicólogos(as) Negros(as) e Pesquisadores(as) sobre Relações Interraciais e Subjetividade no Brasil (1 PSINEP), com participação ativa, na organização, das psicólogas Jussara Dias, Maria Lúcia da Silva, Clélia Prestes, Elisângela Silva, Maria Aparecida Miranda, Maria Jesus Moura, entre outras. Nesse encontro foi criada a ANPSINEP.

Uma vez que "o enfrentamento das iniquidades raciais requer, também, uma leitura psicossocial dos determinantes das desigualdades, a categoria de psicólogos(as) brasileiros(as) não poderia ficar alheia às políticas públicas de promoção da igualdade racial"[90]. O I PSINEP contou com a parceria do Conselho Federal de Psicologia, dos Conselhos Regionais da Bahia, do Rio de Janeiro e de São Paulo, além do Departamento de Psicologia Social e do Trabalho da USP.

Destacamos aqui o Eixo Dois (2) desse encontro: "Racismo e Sofrimento Psíquico", coordenado pela psicóloga Maria de Jesus Moura, com exposições na mesa da psicóloga e professora Adriana Soares Sampaio e do psicólogo e professor José Moura Gonçalves Filho. A professora apontou a colaboração do racismo para o sofrimento psíquico:

> Reconhecer o racismo como favorecedor do adoecimento, seja psíquico ou físico, é compreendê-lo como uma chaga que não mina apenas as pessoas de cor preta ou parda, mina o conjunto da sociedade, na medida em que ela deixa de se engrandecer com o talento da diversidade.[91]

O professor, por sua vez, apontou a promoção da amizade[92] como direção do cuidado em saúde mental para esse possível sofrimento:

> Onde e quando começou o projeto de um grupo subordinar um outro grupo? Qual a motivação? O que levou os europeus a subordinarem e escravizarem milhares de africanos? O que estava em jogo? Essa pergunta precisa ser respondida para que haja uma cura psicológica de uma angústia, ligada à humilhação de longa duração. Posso estar livre hoje, mas os meus antepassados não estiveram. Há uma humilhação política nisso.

Nessa direção, o bom psicólogo é capaz de promover uma relação de amizade. Capaz de criar condições para que as pessoas possam perceber a gênesis política e histórica de alguns sentimentos.[93]

Em 2012, na cidade de Florianópolis aconteceu o VII Congresso Brasileiro de Pesquisadores(as) Negros(as) (Copene), intitulado "Os Desafios da Luta Antirracista no Século XXI". Nesse evento, Paulino Jesus, que ocupava o posto de presidente do evento, repetiu a histórica solicitação dos movimentos negros às instâncias governamentais de saúde mental: a atenção do cuidado em saúde mental da população negra. Contudo, o fez de modo diferente: elaborou um chamamento/convocação da Coordenação-Geral de Saúde Mental, Álcool e Outras Drogas (CGMAD) do Ministério da Saúde, por meio da elaboração de uma carta/ofício em que exigia não apenas o comparecimento da CGMAD, mas, acima de tudo, o diálogo com as entidades dos movimentos negros que discutiam a temática – saúde/saúde mental –, articulado com a PNSIPN. Observamos que essa solicitação só foi respondida dois anos depois, com a criação do Grupo de Trabalho Racismo e Saúde Mental (GTRSM). Ainda no VII Copene, a psicóloga Maria Lúcia da Silva e o psicólogo Valter da Mata Filho implementaram um Grupo de Trabalho sobre Saúde Mental dentro da ABPN.

Além do ofício elaborado no VII Copene, outro movimento importante dos membros da sociedade civil (como ANPSINEP, Instituto AMMA Psique e Negritude, ABPN, CFP, CRP-SP) foi a elaboração e a assinatura da carta em meio ao I Encontro Nacional de Rede de Atenção Psicossocial, realizado na cidade de Curitiba, nos dias 4, 5 e 6 de dezembro de 2013. Novamente, ela denunciava que a saúde/saúde mental da população negra é pouco debatida e parcamente implementada na Rede de Atenção Psicossocial, iniquidade produzida pelo racismo e sexismo no âmbito da saúde/saúde mental, e exigia sensibilização das(os) gestoras(es) e trabalhadoras(es), formação continuada, implementação da temática e reformulação dos serviços[94].

No ano seguinte (2014) ocorreu a instituição do segundo plano operativo da PNSIPN, no bojo da redefinição do Comitê Intersetorial de Políticas de Promoção da Equidade, conforme Resolução n. 513, de 6 de maio de 2016. A discussão em saúde mental esteve contemplada, oferecendo debate sobre a população em situação de rua, com a presença de grande parte do corpo de trabalhadoras(es) do campo da saúde mental: Sônia Barros, Clélia Prestes, Valter da Mata Filho, Damiana Miranda, dentre outras(os).

É importante salientarmos que apenas em 2014, no segundo mandato do governo Dilma Rousseff, tematizou-se racismo e saúde mental de modo direto e institucional, mesmo após inúmeras manifestações (oficiais) dos movimentos negros.

Assim, destacamos a criação do Grupo de Trabalho Racismo e Saúde Mental (GTRSM), criado em parceria entre a CGMAD e o Departamento de Gestão Estratégica e Participativa (Dagep) no Ministério da Saúde, com a colaboração de representantes da sociedade civil e dos movimentos negros, como o Instituto AMMA Psique e Negritude e a ABPN.

O psicólogo Marcus Vinícius de Oliveira Silva (Marcus Matraga) e a psicóloga Maria Lúcia da Silva, ao lado das(os) profissionais da Dagep e da Seppir, sensibilizaram a CGMAD, à época coordenada pelo professor e médico psiquiatra Roberto Tykanori Kinoshita, a pautar a saúde mental da população negra em sua agenda.

> Um marco, pois as entrevistas dos participantes daquele processo mostram pujantes debates sobre uma gama de problemas e dificuldades que abarcavam a temática. Houve a constatação de problemas com relação à formação de recursos humanos na Saúde Mental e de estruturação da política de saúde mental. Tais problemas abordaram as desigualdades raciais observadas nas institucionalizações psiquiátricas, alta mortalidade da população negra por transtornos mentais/comportamentais, falta de sensibilidade étnico-racial na RAPS [Rede de Atenção Psicossocial] e a necessidade de acolhimento do sofrimento psíquico atravessado pelo racismo.[95]

O GTRSM teve tempo curto de duração, pois em 2016 foi extinto do Ministério da Saúde. Contudo, as demandas interseccionadas em saúde mental e saúde da população negra não se extinguiram ou foram solucionadas.

O GTRSM teve como uma de suas principais ações o Webinário Racismo e Saúde Mental[96], realizado em 11 de novembro de 2014, que contou com a participação de Sônia Barros (professora da Escola de Enfermagem da USP e integrante da Associação Brasileira de Saúde Mental [Abrasme]), Felipe Dias (Seppir), Emiliano de Camargo David (membro do Instituto AMMA Psique e Negritude e trabalhador da Rede de Atenção Psicossocial do Município de São Paulo naquele momento), Maria Lúcia da Silva (fundadora do Instituto AMMA Psique e Negritude e Integrante da ANPSINEP), Marcus Vinícius de Oliveira (professor da Universidade Federal da Bahia) e Roberto Tykanori Kinoshita (coordenador da CGMAD naquele momento). A pesquisa de mestrado de Marcos Ignácio[97] resgata que, "[s]egundo Roberto Tykanori, o WebSeminário foi considerado a primeira intervenção concreta em relação ao tema do racismo e saúde mental [no âmbito da CGMAD], fruto de discussões do Grupo de Trabalho Saúde Mental e Racismo".

Outro aspecto que Ignácio destaca é o fruto de um espaço político de livre circulação e composto por representantes dos movimentos negros e da sociedade civil, que permitiu, pela primeira vez, o reconhecimento do racismo como um possível promotor de sofrimento psíquico e de transtornos mentais por parte de um coordenador da política de saúde mental, naquele momento cargo/função ocupado por Roberto Tykanori[98].

Entretanto, as(os) representantes dos movimentos negros e das instituições da sociedade civil não queriam apenas o reconhecimento daquilo que elas(es) já apontavam havia décadas. Eles também traziam propostas, como a produção de conteúdo e materiais sobre a saúde mental da população negra; incentivo a pesquisas e educação permanente nesse contexto; e, por fim, a criação e o fortalecimento de políticas de saúde mental da população negra no âmbito da saúde coletiva, atenção psicossocial e reforma psiquiátrica.

Além do webinário, em 2014 houve um estudo considerado pioneiro sobre manicomialização da população negra, por trazer a perspectiva racial na análise: o "Censo Psicossocial dos Moradores em Hospitais Psiquiátricos do Estado de São Paulo: Um Olhar Sob a Perspectiva Racial", desenvolvido por Sônia Barros, Luís Eduardo Batista, Mirsa Elizabeth Dellosi e Maria Mercedes L. Escuder[99]. Nele se constata a maior presença de moradoras(es) negras(os) em hospitais psiquiátricos em comparação à população geral no estado de São Paulo.

Em abril de 2016, é publicado pelo Ministério da Saúde (Secretaria de Gestão Estratégica e Participativa) o Painel de Indicadores do SUS n. 10 – Temático Saúde da População Negra – volume VII. No capítulo "Saúde Mental e Desigualdades Raciais", dois gráficos merecem destaque.

O gráfico 1 apresenta uma comparação entre as taxas de internação (por 10 mil habitantes) e de mortalidade (por 100 mil habitantes) por transtornos mentais e comportamentais em razão do uso de álcool segundo raça/cor, no Brasil, em 2012.

As taxas de internação e de mortalidade por transtornos em razão do uso de outras substâncias psicoativas (exceto álcool), segundo raça/cor[100], destacam o predomínio de negros (pretos somados a pardos) internados. O percentual de brancos é de 2,4, e o de negros é de 3,7. Quando o tema é a taxa de mortalidade pelo uso de drogas, a situação se agrava, sendo "duas vezes maior entre pretos (0,4) do que brancos (0,2) e pardos (0,2)"[101], totalizando 0,6 para negros (somatória de pretos e pardos).

O gráfico 2, por sua vez, apresenta uma comparação entre as taxas de internação e de mortalidade por transtornos em razão do uso de outras substâncias psicoativas (exceto álcool), segundo raça/cor, no Brasil, em 2012.

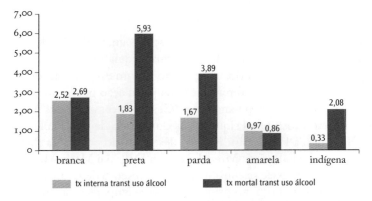

Comparação entre as taxas de internação (por 10 mil habitantes) e de mortalidade (por 100 mil habitantes) por transtornos mentais e comportamentais em razão do uso de álcool segundo raça/cor, no Brasil, em 2012.
[Fonte: Brasil, Ministério da Saúde, Secretaria de Gestão Estratégica e Participativa, Departamento de Articulação Interfederativa. Painel de Indicadores do SUS, v. VII, n. 10.]

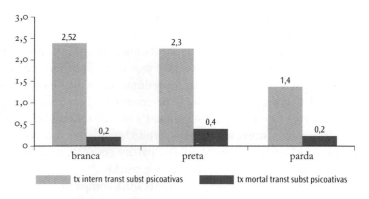

Comparação entre as taxas de internação e de mortalidade por transtornos em razão do uso de outras substâncias psicoativas (exceto álcool), segundo raça/cor, no Brasil, em 2012.
[Fonte: Brasil, Ministério da Saúde, Secretaria de Gestão Estratégica e Participativa, Departamento de Articulação Interfederativa. Painel de Indicadores do SUS, v. VII, n. 10.]

Segundo Duarte, "essa lógica assistencial, pseudocientífica, em vez de cuidar, afirmava *quem deve morrer*"[102]. Cinco anos depois da publicação desses dados, a lógica não mudou, pois ela se reatualiza nas comunidades terapêuticas ao longo do Brasil, ancoradas na manicomialização racial.

> A população negra sofre historicamente processos ininterruptos de abandono e apartamento social. O lugar por excelência do abandono e exclusão social é o manicômio, assim como outras instituições totais. Os dados consolidados comprovaram que à população negra cabe a injusta posição de prioritária no *ranking* da exclusão social nos hospitais psiquiátricos do estado de São Paulo.[103]

Em 2017, o Ministério da Saúde lança a campanha "O sus Está de Braços Abertos Para a Saúde da População Negra". Essa campanha aborda dimensões territoriais, doenças prevalentes, saúde da mulher negra, violência, gestão participativa, educação permanente, racismo e traz portarias e documentos em seus anexos; porém, não dá luz à saúde mental. É curioso que, pouco antes do lançamento da mencionada campanha, o Ministério da Saúde estava coletando e analisando dados sobre óbitos por suicídio entre adolescentes e jovens negros (dados dos períodos/anos entre 2012 e 2016), material que foi publicado dois anos mais tarde (2018), mostrando que, em média, "a cada 10 suicídios em adolescentes e jovens seis ocorreram em negros"[104].

Importante observar que os dois materiais do Ministério da Saúde (cartilhas e campanha) supracitados foram publicados pós-golpe parlamentar de 30 de agosto de 2016, que impediu a presidenta Dilma Rousseff de dar continuidade ao seu mandato. Tais publicações só foram possíveis devido aos processos de discussão e assunção da temática racial (e de saúde) pelo Estado brasileiro enquanto Dilma foi a presidenta. Embora reconheçamos que o processo de esvaziamento da Seppir viesse acontecendo antes mesmo do golpe parlamentar, após o *impeachment* essa discussão foi paulatinamente sendo extinta em níveis institucionais.

A coleta desses dados (ou o aumento de sua qualidade) se deve à instituição de obrigatoriedade e padronização da coleta da raça/cor no SUS, o que ocorreu em 2017, conforme Portaria n. 344, de 1º de fevereiro. Nessa esteira, na pesquisa de mestrado anteriormente mencionada[105] asseverou-se que, para a saúde e em especial a saúde mental, esse dado deve transpor a importância quantitativa que dá base para estudos e dados epidemiológicos e alcançar dinâmicas qualitativas, o que foi chamado de Quesito Raça/Cor Analítico:

> [A] pergunta "Qual é a cor dele?" causou um movimento. A criança literalmente se deslocou ao escutá-la, atitude que não aconteceu no questionamento e no registro de outras informações. Sabe-se que os dados coletados na recepção não devem servir apenas para a alimentação dos Sistemas de Informação da Saúde. Esses mesmos indicadores permitem o planejamento, o gerenciamento e a avaliação dos equipamentos de saúde e dos Projetos Terapêuticos dos usuários, permitindo que as equipes de saúde/saúde mental tomem o Quesito Raça/Cor como analítico. A reação da criança perante a pergunta, se percebida, poderia ser rico material na continuidade do acolhimento.[106]

David[107] sustenta o Quesito Raça/Cor Analítico a partir do seguinte referencial teórico:

> conforme elaborou Neusa Santos Souza, a experiência de ser negro em uma sociedade branca exige um discurso sobre si. Esse discurso pode sofrer transformações ao longo da vida, afinal, para a autora, as pessoas tornam-se negras: "uma das formas de exercer autonomia é possuir um discurso sobre si mesmo. Discurso que se faz muito mais significativo quanto mais fundamentado no conhecimento concreto da realidade"[108].
>
> Com base nessa teoria, afirma-se que faz sentido terapêutico colher o quesito cor ao longo do cuidado em saúde, pois esse discurso pode mudar ao longo do tempo, exigindo da equipe novas

análises e, possivelmente, transformações nos projetos terapêuticos institucionais e singulares[109].

Não apenas pela ausência da discussão no âmbito institucional federal, em 2017 foi criado o Grupo de Trabalho Racismo e Saúde da Associação Brasileira de Saúde Coletiva. A proposta de criação desse grupo de trabalho surgiu no 7º Congresso Brasileiro de Saúde Coletiva, realizado em 2003 em Brasília. Esse GT abarca uma série de pesquisadoras(es), gestoras(es), profissionais de saúde e lideranças de movimentos sociais. Na impossibilidade de citarmos todas(os) devido ao limite de espaço, lembramos algumas(ns) de suas(seus) representantes: Edna Maria de Araújo, Elaine Soares, Alexandre da Silva, Emanuelle Goes, Fernanda Souza de Bairros, Jorge Luis Riscado (em memória), Leny Trad, Luís Eduardo Batista, Jaqueline Oliveira Soares, Ana Paula Nogueira Nunes, Diana Anunciação Santos, Hilton Pereira da Silva, entre muitas(os) outras(os). A discussão de saúde mental nesse GT é representada pelo Instituto AMMA Psique e Negritude[110].

Em 2019, primeiro ano do governo de Jair Messias Bolsonaro, houve a mudança de gestão da PNSIPN no Ministério da Saúde, deixando de ser da Secretaria de Gestão Estratégica e Participativa (SGEP – extinta) e passando a ser gerida pela Secretaria de Atenção Primária em Saúde (SAPS). Perante uma série de mudanças e retrocessos ocorridos nos últimos anos (2017, 2018 e 2019), a ANPSINEP, entre agosto e setembro de 2020, promoveu a campanha "Saúde Mental da População Negra Importa!", em que reconheceu o agravo da morbimortalidade e do genocídio da população negra por parte do Estado, que se dá inclusive pela morte em vida – estado de melancolia, ausência de força vital, burocratização da vida, produto do racismo colonial brasileiro.

A campanha se deu em meio à pandemia no novo coronavírus. Por isso, sua estratégia de veiculação ocorreu de modo virtual e contou com o apoio de 260 instituições, entre elas universidades públicas e privadas, entidades de distintos movimentos sociais, programas de pós-graduados, conselhos de classe, sindicatos, serviços de saúde pública, coletivos independentes, organizações culturais e religiosas, dentre outras.

Já que a *saúde mental da população negra importa*, o Conselho Nacional de Saúde, a partir da Recomendação n. 29, de 27 de abril de 2020, indica que a mitigação do contágio e da mortandade promovida pelo novo coronavírus exige combate ao racismo institucional nos equipamentos e sistemas de saúde públicos e privados. Assíduo a esse debate, o Grupo Temático Racismo e Saúde da Associação Brasileira de Saúde Coletiva publica o *e-book População Negra e Covid-19*, em que um dos capítulos abarca a temática da saúde mental:

> À vista disso, focalizar a saúde mental, em meio à pandemia no país com a maior quantidade de pessoas que se autodeclaram pretas ou pardas fora do continente africano, exige a compreensão do que o psiquiatra Frantz Fanon apontou e o filósofo Achille Mbembe assevera: a colonialidade propõe uma dinâmica psicológica de morte em vida, na qual a vida estaria submetida ao poder da morte.
>
> Essa dinâmica genocida está em curso no Brasil virulento, pois a população negra, além de sofrer com os maiores índices de morte por covid-19, é o grupo racial com maior exposição às formas de contágio, devido ao acesso precário a saneamento básico; trabalhadores(as) uberizados, moradias precárias, dificultadores de distanciamento social, entre outros. Tudo isso tem interferência direta na saúde mental dessa população, provocando medo, ansiedade, desânimo, exigindo processos de luto, entre outros efeitos/demandas psicossociais.[III]

Perante a maior crise sanitária da história do Brasil, a pandemia do novo coronavírus contabilizou mais de 700 mil mortes e 37 milhões de casos[112]. Conforme dito, esses dados impactam principalmente a população negra e têm efeitos na saúde mental. Sendo assim, "[p]ara que possamos alcançar equidade racial no cuidado em saúde mental, é necessário o fortalecimento das bandeiras do movimento de luta antimanicomial e da reforma psiquiátrica brasileira"[113].

Voltamos a afirmar que desde o golpe parlamentar de 2016, que retira Dilma Rousseff da presidência, até o final do governo de Jair Messias Bolsonaro, em 2022, não houve avanços (ou mesmo manutenção) de políticas nessa temática – saúde/saúde mental da população negra –, pois as gestões de Michel Temer e, em seguida, Jair Bolsonaro implementaram uma política que visou à manicomialização e o genocídio, seja na modalidade subjetiva (morte em vida), seja na modalidade concreta.

> Estes tempos de recrudescimento incontidos do conservadorismo, de recessão de direitos e investidas contra todos/as trabalhadores/as, nos demandam reagir. Este contra-ataque deve estar balizado na direção ética e política do horizonte estratégico de superação do capital e na construção de uma sociedade livre. Logo, a luta antimanicomial e a luta antirracista devem seguir conjuntamente visando caminhos que nos levem a transformação e não na inclusão dos negros/as em uma sociedade racista e que valoriza mais o lucro do que os seres humanos.[114]

Nessa direção, com ampla votação da população negra, nordestina, pobre e periferizada, Luiz Inácio Lula da Silva foi eleito pela terceira vez, de forma não consecutiva, presidente do Brasil, assumindo em 1º de janeiro de 2023 o comando do poder executivo.

Nesse governo, a Coordenação-Geral de Saúde Mental, Álcool e Outras Drogas é alçada ao patamar de Departamento de Saúde Mental, no Ministério da Saúde, e sua direção, pela primeira vez, é ocupada por uma mulher negra: dra. Sônia Barros.

Além dessa grande conquista, com ampla colaboração dos movimentos negros do campo antimanicomial (antimanicolonial), ressaltamos a criação da Assessoria Técnica Especializada em Raça, Gênero e Etnia, na qual também foi nomeada uma mulher negra para seu posto, a dra. Rachel Gouveia Passos.

Embora nem tudo sejam flores, pois no terceiro governo Lula houve a inaceitável criação do Departamento de Apoio a Comunidades Terapêuticas, publicada em 20 de janeiro de 2023, espaços de pseudotratamento contra o abuso de álcool e outras drogas, em exercício contrário às lógicas territoriais de cuidado em saúde/saúde mental e que são comumente denunciados pelo alto recebimento de recursos públicos e pouca fiscalização.

Ainda assim, consideramos que a saúde mental, numa retomada de plataforma democrática, pode estar mais próxima da utopia aquilombada de liberdade que exigimos do Estado.

A seguir, a linha do tempo terá como foco o estado e o município de São Paulo.

Itinerâncias do Cenário Estadual Paulista e Municipal Paulistano

Em 1990, a partir de pressão e de uma proposta apresentada por organizações dos movimentos negros, a Secretaria Municipal de Saúde, por meio da Portaria n. 696, de 30 de março, introduz o quesito raça/cor em seu sistema de informação. São Paulo torna-se, então, o primeiro município do país a introduzir o quesito raça/cor nos equipamentos de saúde.

Conforme apontado, o traço falciforme e outras doenças consideradas genéticas ou biológicas tiveram maior alcance nas esferas públicas. Na cidade de São Paulo não foi diferente: em 1997 foi publicada a Lei n. 12.352, que instituiu o Programa Municipal de Assistência e Prevenção da Anemia (ou Traço) Falciforme, uma iniciativa importante para uma parcela da população negra paulista.

Em 2003, ocorreu a 12ª Conferência Municipal de Saúde, que, pela primeira vez, cita a saúde da população negra em suas resoluções. Também houve a 1ª Conferência Municipal de Saúde da População Negra (São Paulo – sms). Esse ano foi de ampla importância, pois a Área Temática Saúde da População Negra (com direção de Elizabeth Pinto) foi criada no bojo das duas Conferências Municipais, muito em atendimento às proposições da 1ª Conferência Municipal de Saúde da População Negra. A enfermeira Valdete Ferreira dos Santos está à frente dessa área técnica há catorze anos (desde 2009).

No contexto estadual, a dimensão racial, em meio à saúde, também começava a ser debatida institucionalmente. Luís Eduardo Batista, Suzana Kalckmann, entre outras(os), estavam, em 2003, discutindo a implementação de ações e políticas de saúde para a população negra no Estado, discussão que fomentou no ano seguinte, 2004, a realização do 1º Seminário Estadual de Saúde da População Negra.

Nesse seminário, a temática da saúde mental foi trabalhada com a apresentação da mesa "Racismo e os Efeitos na Saúde Mental", por Maria Lúcia da Silva[115], que asseverava: "Sem medo de errar é possível dizer que, no país, uma grande maioria de brasileiros, em que se inclui um enorme contingente de negros, vive em constante sofrimento mental, devido às precárias condições de subsistência e à falta de perspectivas futuras", e alerta para aquilo que ainda é dito nos dias recentes: "No Brasil não existem dados precisos sobre a prevalência dos transtornos mentais na população negra"[116], o que, segundo a psicóloga, se deve a dois fatores: a não coleta do quesito raça/cor pelos profissionais de saúde/saúde mental e a ausência de análise dos poucos dados coletados.

Além da mesa citada, destacamos outros dois feitos do seminário. O primeiro deles: a abertura de portas para a criação do Comitê Técnico Sobre Saúde da População Negra do Estado de São Paulo (que se institui em 2006 por meio da Resolução ss n. 004, de 13 de janeiro de 2006); o segundo: a *Carta Aberta de São Paulo* – um manifesto aos gestores e às gestoras do sus do Estado de São Paulo –, lida ao final do evento, que denunciava as iniquidades raciais no direito à saúde:

> A instituição da saúde como um direito de todos e dever do Estado, efetivado mediante políticas sociais e econômicas que visem à redução do risco de doença e de outros agravos, o acesso universal e igualitário às ações e serviços, não tem garantido aos negros e negras, brancos e brancas, iguais condições de saúde.
>
> [...] A redução das iniquidades pode ser alcançada por processos, atitudes e comportamentos antidiscriminatórios, humanizados e efetivamente inclusivos. É necessário um novo pensamento na saúde, pautado no respeito às diferenças.[117]

Ainda em 2004, é publicada a Portaria da SMS n. 545/2004, que regulamenta a coleta do quesito raça/cor e o preenchimento do campo nos Sistemas de Informação da Saúde no Município de São Paulo. Observamos a regulamentação tardia, quatorze anos depois de os movimentos negros terem exigido a introdução do mesmo quesito em tais sistemas de informação.

Em 2005, mais especificamente no dia 8 de novembro, foi publicada a Portaria n. 706/2005, que constitui e designa a Comissão Municipal de Saúde da População Negra em São Paulo, vinculada ao Conselho Municipal de Saúde.

Nesse ano, o tema de saúde mental ganhava relativo espaço nas discussões de saúde da população negra no estado de São Paulo, pois desde os primeiros anos do Comitê Técnico Estadual Sobre Saúde da População Negra a psicóloga Maria Lúcia da Silva o compôs, afiançando o compromisso com a saúde mental da população negra, embora seja sabido da resistência encontrada à época, o que configurava a saúde mental como um tema tangencial e não central.

No ano seguinte, 2006, um projeto piloto de humanização no SUS é realizado no Hospital Geral de São Mateus. O Comitê Técnico Sobre Saúde da População Negra do estado de São Paulo e o Instituto AMMA Psique e Negritude apresentaram uma proposta de intervenção, nomeada "Humanização do Parto e Puerpério: Questões Étnico/Raciais e de Gênero". Esse projeto teve apoio da Área

Técnica Saúde da Mulher do Ministério da Saúde, do Conselho Nacional de Saúde, com a palestra de abertura feita pela sua representante, dra. Jurema Werneck, e do gabinete do Secretário de Saúde do estado de São Paulo, na palestra da professora Sônia Barros (coordenadora, em 2007, do Grupo Técnico de Ações Estratégicas, vinculado à Coordenadoria de Planejamento em Saúde [GTAE] – ligada ao Gabinete do Secretário Adjunto de Saúde do estado de São Paulo). A saúde mental esteve presente de modo transversal nesse projeto, considerando os aspectos emocionais do puerpério. O projeto também transversalizou a coleta do quesito raça/cor no hospital, algo inédito para a época. Foi instituída a seguinte prática:

> [P]ara a "implantação da coleta do quesito cor nos sistemas de informação do hospital". Como nos cadastros de clientes das diversas áreas do hospital não tinham o quesito cor, foi produzido um carimbo com a pergunta, e iniciada a coleta. Deste modo o projeto ganhou em qualidade, pois os profissionais começaram a conviver/vivenciar os conflitos com os usuários, a ver a reação de alguns colegas que manifestavam seus preconceitos. Surgiram inclusive cartas anônimas de denúncia de racismo.
>
> Isso provocou um movimento interno, as resistências internas começam a dialogar com os dados epidemiológicos [...] tirou da clandestinidade um problema real e neste caso os dados epidemiológicos começaram a dialogar com o desconforto vivenciado pela instituição[118].

Ainda em 2006, foi realizada a III Conferência Municipal de Saúde da População Negra, além da criação do grupo de trabalho Anemia Falciforme. Em 2008, houve a inclusão da temática racial no Plano Municipal de Saúde, que estabeleceu ações, estratégias e metas para a saúde da população negra. Movimento semelhante ocorria no Estado, que trabalhava articuladamente sobre o plano de saúde 2007-2008 (gestão José Serra), quando Sônia Barros – assessora de gabinete do Secretário Adjunto de Saúde (Renilson Rehem de Souza) – traz o pesquisador Luís Eduardo Batista para compor sua equipe, e a estratégia de saúde da população negra se amplia de modo intersetorial – esse aspecto será abordado mais à frente.

Em 2008, a Imprensa Oficial do Estado de São Paulo edita o livro do Instituto AMMA Psique e Negritude, *Os Efeitos Psicossociais do Racismo*, considerado uma importante publicação que subsidia muitas(os) trabalhadoras(es) dos serviços de saúde mental do SUS no estado de São Paulo (livro que posteriormente alcança leitoras(es) fora do estado de São Paulo). O efeito dessa publicação, entre outras ações, colabora para que o Instituto AMMA Psique e Negritude execute o "Projeto Questão Étnico Racial e o Direito à Saúde – Qualificando Práticas", formação voltada para todos os gabinetes das secretarias e das coordenadorias de saúde do município de São Paulo (todas as áreas de gestão da secretaria – das áreas administrativas ao setor técnico).

A formação mencionada foi de responsabilidade da Escola Municipal de Saúde, da Coordenação de Epidemiologia e Informação (CEinfo) e da Área Técnica de Saúde da População Negra. É considerada até então o mais abrangente formativo sobre saúde/saúde mental da população negra (na qualidade de quantitativo presencial de servidoras[es] e trabalhadoras[es] do SUS no município).

Em 2011, o Centro Formador de Pessoal para a Saúde (Cefor) publica o caderno "Questão Étnico Racial e Direito à Saúde: Qualificando Práticas", em que algumas das legislações existentes até então no município e nacionalmente chegavam até as mãos das(os) trabalhadoras(es) da rede de saúde do SUS na cidade de São Paulo. A publicação trazia três portarias e uma lei: Lei n. 12.288, de 20 de julho de 2010 – Estatuto da Igualdade Racial; Portaria n. 992, do Ministério da Saúde, de 13 de maio de 2009 – Política Nacional de Saúde da População Negra; Portaria n. 696, de 30 de março de 1990 – Introdução do Quesito Raça/Cor; e Portaria n. 545/2004 – Regulamentação do Quesito raça/cor, ambas da SMS de São Paulo.

Dois anos depois, São Paulo volta a realizar as Conferências Municipais de Saúde da População Negra, dessa vez a terceira edição.

Curiosamente, a III Conferência Municipal de Saúde Mental acontecia na mesma data (de 2 a 5 de outubro de 2013) e no mesmo local (o Centro de Convenções do Anhembi). Segundo as entrevistas, esse choque de datas promoveu a diminuição da presença de integrantes dos movimentos negros na III Conferência Municipal de Saúde Mental, uma vez que grande parte delas(es) estava participante da Conferência que tinha a Saúde da População Negra como tema focal.

Três anos após a conferência, em 2016, o Secretário Municipal de Saúde, José Padilha, institui a Portaria Municipal de Saúde da População Negra n. 2.283/2016. Quatro anos depois, em 2020, o então prefeito Bruno Covas, com a Lei n. 17.406, institui o Programa Municipal de Saúde Integral da População Negra da Cidade de São Paulo.

Ainda em 2020, a Área Técnica de Saúde da População Negra promove uma transmissão *on-line* (*live*) com o tema *Saúde Mental da População Negra*[119], parte da Série de Educação Permanente, com cinco tópicos: O Impacto da Covid-19 na Hipertensão e Diabetes; A Violência Contra o Jovem Negro; Saúde do Idoso Negro; Saúde da Mulher Negra; Saúde Mental da População Negra, que contou com a exposição deste autor e mediação de Maria do Carmo Salles Monteiro.

Dois anos depois (2022), a temática da saúde mental da população negra volta a figurar entre os espaços de debate das políticas de saúde mental do município paulistano, dessa vez na VI Conferência Municipal de Saúde Mental, em que pela primeira vez dois pesquisadores e trabalhadores de saúde mental negros compuseram juntos a mesa magna da Conferência Municipal. Nos dias 25, 26 e 27 de março de 2022, Fernanda Almeida e Emiliano de Camargo David chamaram a atenção para a saúde da população negra (dentre outras demandas da saúde mental) em suas falas:

> desestruturar a Rede de Atenção Psicossocial, substituindo-a por serviços baseados em modelos asilares e manicomiais, é acentuar ainda mais a violência e controle de corpos negros submetidos desde sempre à lógica eugenista e manicomial. Os usuários do

CAPS-AD têm cor, o povo de rua tem cor, os pacientes dos manicômios têm cor, a raiz desse fenômeno está no âmago do racismo estrutural e colonial.

A luta antimanicomial, em intersecção com a luta antirracista, vem produzindo um importante acúmulo discursivo sobre a necessidade de desvelar essa chaga secular. Com a proposta de *aquilombamento* dos serviços de saúde mental, o que se propõe é racializar a escuta terapêutica, compreendendo que esse país é profundamente racista e desigual e que, portanto, a determinação do processo saúde-doença tem um componente racial estruturante[120].

O resgate desse percurso histórico nos convida a trazer os aspectos analíticos/relacionais desses períodos, as tensões e os acontecimentos intensivos de parte dessa linha do tempo, não nos limitando à sua cronologia.

A Radicalidade da Reforma Psiquiátrica Exige a Aquilombação da Luta Antimanicomial

Viu-se até aqui como a saúde/saúde mental da população negra vem sendo debatida há bastante tempo à luz das relações raciais, dentro e fora do espectro institucional. Entretanto, no âmbito das políticas públicas, tais discussões não têm reverberado em implementação transversal, investimento e ações de aprofundamento e continuidade.

A apoucada efetividade e aderência das políticas e ações voltadas à saúde mental da população negra é sintoma do racismo que se institucionaliza nas distintas esferas da saúde pública brasileira: "há que se pensar sobre os limites da atuação das políticas públicas e do Estado brasileiro não apenas com a temática das relações raciais, mas também os limites institucionais dessa esfera de atuação"[121].

Tal constatação nos leva a ecoar a pergunta das pesquisadoras: "Os dilemas em torno do racismo e dos outros problemas que afetam a população negra brasileira serão resolvidos meramente dentro da esfera institucional?"[122] Buscando a resposta para a própria pergunta, as autoras reconhecem que o Estado é responsável direto pelo estabelecimento de leis que visem às garantias dos direitos humanos; entretanto, reconhecem os limites práticos dessa instância, o que impõe ampliação de agentes no envolvimento da implementação da PNSIPN. Essa compreensão ampliada de implicação política pela efetividade das ações e políticas de saúde/saúde mental da população negra se configura como uma das matrizes da luta antimani*colonial*.

> São muitos os desafios para uma efetiva implementação da PNSIPN. O primeiro deles corresponde ao modo como deverá atingir o cotidiano das unidades de saúde, já que o enfrentamento ao racismo precisa ser junto aos profissionais, gestores e sociedade civil de uma nação "racialmente democrática". Além disso, é preciso que a política de SPN ganhe os espaços das ruas, das praças, que ela esteja além dos meandros restritos da dimensão do poder político estatal, ou não seja apenas uma questão de negros, da militância negra, necessitando se expandir entre outros movimentos sociais.[123]

Nesse bojo de compreensão, em que ganhar as ruas, as praças e outros movimentos sociais visa ultrapassar os muros do Estado, lembramos do que afirmou Jurema Werneck, Maisa Mendonça e Evelyn C. White[124]: "nossos passos vêm de longe". Nessa chave ético-política, a superação do modelo manicomial asilar (inclusive do pensamento) exige a compreensão de que, se o conservadorismo manicomial se reedita ao longo do tempo, em contrapartida a ética/força libertária quilombola também emerge em reedições constantes.

Ainda recorrendo à metodologia de linha do tempo, que orientou parte deste capítulo, retornamos a 1989, quando na cidade de São Paulo uma mulher paraibana, assistente social, foi eleita prefeita – Luiza Erundina de Souza. Nesse governo, buscou-se promover um modo de fazer política de saúde mental que, embora não tivesse o vocabulário antirracista contemporâneo, demonstrava grandes possibilidades de compreensão da ética aquilombada dos movimentos negros ao longo da história.

O projeto de saúde mental do governo Erundina se denominava *por uma sociedade sem manicômios, justa, igualitária e socialista*. A diferença que consideramos central desse processo é que se formulava uma estratégia de atuação que visava a uma transformação social, e não apenas a questão institucional e de política de serviços.

Para a população negra e indígena, esse modo de compreensão é fundamental, pois, além da manicomialização nos/dos sistemas asilares, característica do racismo institucional, há a manicomialização promovida pelo racismo estrutural, que entranha as formas de constituir as relações diversas e exige transformação antimanicomial antirracista no tecido social profundo.

Para isso, é imprescindível uma transformação radical na busca de uma sociedade sem manicômios e, como aqui compreendemos manicômios como uma herança colonial do pensamento (colonialidade), a nossa reforma psiquiátrica tem que ser antimanicolonial, como os movimentos negros têm exigido ao longo dos anos.

No governo citado, a estratégia de atuação vem a partir da escuta das vozes organizadas dos diversos segmentos que a manicomialização mais afetava e compreende que a(o) dita(o) louca(o) não eram as pessoas desses segmentos, mas sim produtos dessa afetação manicomial (promovida pela ausência de direitos diversos a essas pessoas). Assim, procurou-se escutar as vozes de representantes dos movimentos de mulheres, negras(os), indígenas, LGBTQIA+, população de rua, trabalhadoras(es), dentre outras(os) sufocadas(os) por essa lógica.

Essa proposta de saúde/saúde mental inverte a lógica institucional manicomial, em que o usuário recebe o que o serviço/equipamento oferta. Na interface com os movimentos sociais, buscava-se então identificar as demandas desses grupos, sobretudo o que eles já constituíam de antimanicomial em seus modos de vida e seu cotidiano.

> Há uma diferença abismal entre dizer que o movimento anti-manicomial tem que fazer uma luta junto com os movimentos sociais e a visão que nós tínhamos, de que os movimentos sociais deveriam construir uma perspectiva antimanicomial. Então para nós, pegando a questão racial, não éramos nós que iríamos construir uma política antimanicomial para o movimento negro, era o movimento negro que iria pensar, na sua raiz, o que significa a luta antimanicomial.
>
> Nós não construímos uma estratégia específica de construção de uma política específica de saúde mental com o movimento negro, mas nós interagíamos com o movimento negro para que o movimento entendesse a luta antimanicomial como intrínseca ao movimento negro![125]

Nessa esteira, a área de saúde mental do referido governo dialogou com os movimentos negros e buscou saber como era feita a promoção de saúde mental. As vozes em diálogo foram Edna Roland, Edna Muniz, Flávio Jorge Rodrigues da Silva, Milton Barbosa (Miltão), além de grupos institucionalizados, como o Movimento Negro Unificado, Soweto e Geledés.

Reconhecemos, nesse modo de compreender e fazer saúde mental, a radicalidade da luta antimanicomial anticolonialista que não pretende fazer "por" ou "para" negras(os), mas sustentar o entre. Essa abrangência, que, na acepção de Achille Mbembe[126], dá "possibilidade de construção de uma consciência comum do Mundo" sustentando a proposta de *aquilombação*, exigiria

> abandonar os paradigmas da saúde/doença, normal/anormal, sanidade/loucura, quilombar-se é sair do paradigma racista, trabalhando pela desinstitucionalização do racismo como relação de poder. Tal processo põe em jogo, como colocou em relação à loucura, duas ações: sustentar o desejo da diferença, mas trabalhar também pela produção do comum[127].

Desse modo, a produção do comum acolhe o desejo da diferença e reconhece que as políticas de saúde/saúde mental precisarão (na contemporaneidade) trabalhar com as identidades, enquanto as desigualdades (produtoras de loucura – manicomialização) estiverem relacionadas a algumas identidades[128]. Contudo, o modo de cuidado não se dará sem a escuta e o protagonismo daquelas(es) que vivem o pressuposto dessas identidades.

Reconhecemos que esse movimento ético-político não foi/é exclusivo dos governos paulistas de 1989 a 1992. Na contemporaneidade, é perceptível um aumento das ações, ainda encabeçadas por ativistas e intelectuais negras(os), que adentraram nos conselhos de classe, nas universidades e nos coletivos independentes, fazendo com que nos últimos anos a discussão de saúde mental da população negra ganhasse maior visibilidade em diversos fóruns, com (re)publicações de livros[129], oferta de cursos de formação[130], prêmios[131], homenagens, entre outras ações. Contudo, reconhecemos que esses trabalhos (por vezes) têm pouca penetração nas esferas macropolíticas da saúde/saúde mental, fazendo com que o racismo de Estado perpetue a manicomialização da população negra.

Iniciamos este capítulo apontando que *o crioulo doido* e a *nega maluca* foram reeditados ao longo da história nacional conforme o interesse manicomial e racista de cada período do tempo/história. Encerramos alertando que essa dinâmica manicomial vislumbra afastar a(o) negra(o) não apenas da sociedade, mas também, acima de tudo, da possibilidade de se identificar racialmente com a positividade de sua(s) história(s), do(s) seu(s) território(s)[132].

Sendo assim, vale ratificar que as estratégias políticas de poder e de controle que manicomializam principalmente a população negra e indígena continuam em exercício, pois

> as paredes das grandes prisões manicomiais têm sido derrubadas na contemporaneidade; contudo, para a população negra novas tecnologias manicomiais têm sido estrategicamente reinventadas: o sistema judiciário, que interna na maioria negros compulsoriamente; as instituições de segurança pública, ainda militarizadas, que promovem o genocídio da população preta, sendo em sua

maior parte jovens, homens e pobres; a medicina psiquiátrica com contemporâneos diagnósticos que rotulam crianças e adolescentes em situação de vulnerabilidade social, em sua maior parte, negros periféricos. Diagnósticos de transtornos de conduta, hiperatividade e transtorno desafiador-opositor, por exemplo, fazem de crianças e adolescentes negros cobaias experimentais de psicotrópicos e das instituições farmacológicas. Há, ainda, as comunidades terapêuticas, que imperativamente aplicam preceitos religiosos (na sua maioria neopentecostais e católicos) como pseudotratamentos, atingindo diretamente a cultura afro-brasileira e reconhecendo manifestações espirituais características das religiões de matriz africanas ou afro-brasileiras como demanda de "tratamento"[133].

No combate a essa lógica, finalizamos com a ética libertária que rege a aquilombação, mantendo seus passos libertários, que vêm de longe e exigem o direito à saúde de qualidade, pública e coletiva.

4

A AQUILOMBAÇÃO DA REDE DE ATENÇÃO PSICOSSOCIAL

Três Experiências Desnorteadas e Antimanicoloniais

Neste capítulo, apresentamos fragmentos (dimensões analíticas) resultantes dos acompanhamentos de três experiências, possíveis práxis das três ideias-força[1] centrais desta obra: desnorteamento, aquilombação e antimanicolonial.

O trabalho de campo é fruto de aproximadamente doze meses (um ano) de relação entre essas(es) profissionais e o autor (e vice--versa), o que permitiu proximidade entre as partes, mesmo que a maioria desses encontros tenha ocorrido em ambiente virtual (*on-line*). O estudo de campo foi desenvolvido com base: 1. na observação participante[2], compreendendo-se e posicionando-se como parte do contexto vivo ali produzido, entrando em amplo contato com os afetos, as opiniões e os dilemas vivenciados, com objetivo de compreensão da dinâmica de funcionamento de cada coletivo; 2. na participação em reuniões virtuais[3] (para pactuação do trabalho e identificação de distintos modos de aquilombação ofertadas em cada coletivo); 3. em gravações de áudio e transcri-ção das trocas ocorridas nas rodas de conversa, reuniões, formação aberta (com foco na descrição e análise dos possíveis conflitos de força presentes nas relações étnico-raciais) – ressaltamos que os fragmentos escolhidos serão apresentados por numera-ção, desidentificando, assim, o informante e garantindo sigilo e confidencialidade; 4. em visitas às experiências *desnorteadas* desses projetos de saúde mental, para cartografar pistas conceituais e metodológicas.

Conforme dito, em todas as experiências acompanhadas, há uma grupalidade de trabalhadoras(es) da Rede de Atenção Psicossocial que se reúnem periodicamente para discutir as relações raciais; contudo, cada uma tem sua especificidade e proposta.

Sabendo da peculiaridade de cada experiência, destacaremos algumas falas das(os) trabalhadoras(es) que dão visibilidade aos jogos de força presentes nas relações raciais. Esses fragmentos, extraídos das reuniões/rodas de conversa, dialogarão com conceitos anteriormente apresentados – quilombagem, devir quilomba, quilombo e quilombismo –, além de outros conceitos e autoras(es) da psicologia e da saúde mental, a fim de identificarmos os modos de subjetivação racializados presentes nesses grupos que propõem um agir antirracista em seu dia a dia de trabalho, o que chamamos de aquilombação, desnorteamento ou antimanicolonialidade.

A primeira delas, Kilombrasa, é um coletivo de trabalhadoras(es) inter-racial e intersetorial da/na RAPS das zonas norte e noroeste do município de São Paulo. Esse coletivo tem seu agente germinador nas discussões e ações antirracistas que passaram a ocorrer no CAPSij da Brasilândia a partir de meados de 2010; todavia, é em 2019 que a expressiva experiência da 1ª Feira Preta de Troca de Tempo[4] promove uma grande incursão da RAPS do território da Freguesia do Ó/Brasilândia com a temática étnico-racial (figura 1). Assim, as relações raciais deixam de ser discutidas apenas no CAPSij e se ampliam, atingindo profissionais de outros serviços e extrapolando o território da Freguesia do Ó/Brasilândia.

> O CAPSij Brasilândia, baseado nas propostas do banco de tempo de Coimbra, realiza, desde 2017, sua Feira de Troca de Tempo! A proposta é simples e horizontal: tempo por tempo e todas as horas têm o mesmo valor. A intenção primeira é subverter a

FIG. 1: *Material de divulgação da 1ª Feira Preta de Troca de Tempo.*

lógica do capital, onde tudo subjetivamente (e intencionalmente!) é valorado. Na feira, a troca, a doação, as permutas ditam o caminho dos afetos, encontros e toda produção de vida.

Ao final da feira de 2018, nós pensamos em uma nova proposta, uma ideia que dialoga com as diretrizes e pensamentos sobre cuidados aqui no infantil, o tema raça/cor!!!!

Surge assim a PRIMEIRA FEIRA PRETA DE TROCA DE TEMPO!!!!!

Muito mais que um evento para o mês de novembro (Consciência Negra), a feira era e foi, além de um potente momento de trocas, um momento de significativo aumento de representatividade e ampliação do protagonismo da população negra.[5]

No ano seguinte, 2020, a pandemia do novo coronavírus impossibilitou que outra Feira Preta de Troca de Tempo fosse realizada, porém não impediu que a temática étnico-racial continuasse sendo debatida pelos profissionais de saúde/saúde mental: o diálogo ganhou formato virtual (e um encontro presencial em 2021). Por meio de um grupo de WhatsApp, trabalhadoras(es) de distintas áreas (saúde, assistência, justiça, educação [alunos/as, pesquisadoras/es e professoras/es], esporte, lazer, cultura, dentre outras) trocaram diversas informações sobre a temática (artigos científicos, notícias, aulas e debates pela internet, matérias, textos de políticas públicas, portarias, informações sobre seus locais de trabalho etc.).

Os equipamentos/serviços representados nesse grupo de Whats-App são: Centro Especializado de Reabilitação (cer), Casa de Referência da Mulher (crm), Serviço de Medida Socioeducativa em Meio Aberto (mse), Serviço Integrado de Acolhida Terapêutica (siat) e Centros de Atenção Psicossocial (caps Adulto, caps ad, capsij), Defensoria Pública, estagiárias de psicologia da Pontifícia Universidade Católica de São Paulo, Unidades Básicas de Saúde (ubs), Núcleo de Apoio à Saúde da Família (nasf), Centros de Convivências e Cooperativa (Cecco), Conselho Tutelar, dentre outros.

O grupo de WhatsApp é administrado por uma enfermeira negra do capsij da Brasilândia e tem uma dinâmica horizontal, em que as pessoas podem se expressar livremente (desde que de modo antirracista), servindo também para agendamentos do coletivo (reuniões, atividades diversas).

Aquilombamento das Margens é o nome da segunda experiência analisada. Esse projeto teve início em 2019 com foco nas(os) trabalhadoras(es) de caps da zona sul de São Paulo (nome até então: Aquilombamento da Rede Sul), visando colaborar com a ampliação das relações raciais no âmbito psicossocial. Segundo Laura Lanari e Kwame Y.P. dos Santos, esse projeto é feito a partir de uma série de oficinas sobre racismo institucional e saúde mental que Kwame Y.P. Santos fez junto às(aos) trabalhadoras(es) de diversos caps nos anos anteriores. "Observamos o desejo de transformar aquelas intervenções pontuais em algo mais sistemático que permitisse uma maior elaboração."[6]

Nesse propósito, as(os) psicanalistas convidavam as(os) trabalhadoras(es) de caps para encontros mensais em que os possíveis efeitos psicossociais do racismo seriam discutidos, assim como as possíveis formas de cuidado e intervenções. Esses encontros contavam com uma pessoa (trabalhador[a], pesquisador[a], ativista, dentre outras[os]), que faria uma reflexão inicial, disparadora da roda de conversa.

Cabe destacar que esse projeto foi submetido ao Fundo Baobá (Fundo para Equidade Racial), que estava financiando/apoiando ações de saúde da população negra, com foco na mitigação e no cuidado da Covid-19 (novo coronavírus). Vitorioso, o Aquilombamento das Margens pôde publicar em 2020 a cartilha digital *Saúde Mental, Relações Raciais e Covid-19*, organizada pelos dois psicanalistas mencionados, Laura Lanari e Kwame Y.P. dos Santos.

O próprio nome exige outro destaque. O significante *margens* indica onde e a quem o projeto está conexo, no caso, ao coletivo Margens Clínicas, "que se dedica a pensar as interfaces do sofrimento psíquico com as patologias do social, elaborando, a partir da escuta clínica, insumos para o enfrentamento à violência de Estado"[7].

Em agosto de 2020, o projeto passa por uma grande mudança. Os cuidados sanitários, que visavam à não propagação do novo coronavírus, não permitiam a realização presencial das rodas de conversa, o que impactava diretamente o formato antigo do Aquilombamento da Rede Sul. Então, a partir desse mês, iniciou-se um processo formativo com *lives* (transmissões ao vivo pelo canal digital do Margens Clínicas no YouTube), formação aberta somada a uma reunião mensal de um grupo de trabalhadoras(es) do sus e do suas, do Município e Grande São Paulo. A seleção dessas(es) trabalhadoras(es) se deu por chamamento pelas redes sociais, e em menos de um dia (24 horas) o grupo já estava montado.

As formações abertas (figura 2), até o momento da elaboração deste texto, totalizam trinta transmissões, cuja maioria encontra-se na internet[8].

As rodas de conversa, por sua vez, aconteceram em ambiente virtual (Google Meet) nas últimas sextas-feiras de cada mês. Alguns fragmentos que encontraremos mais à frente foram retirados de três desses encontros de trabalhadoras(es).

FIG. 2: *Formação aberta Aquilombamento nas Margens.*
Fonte: coletivo Margens Clínicas.

A terceira experiência leva o nome de Café Preto, um projeto que teve início em fevereiro de 2019 com trabalhadoras(es) e usuárias(os) do CAPS AD III do bairro do Belém, região localizada na zona sudeste da cidade de São Paulo. Atualmente, o projeto se expandiu para outros serviços de saúde/saúde mental da região, contando com trabalhadoras(es) do CAPS III Adulto Vila Matilde e de algumas Unidades Básicas de Saúde do território. O objetivo do Café Preto é planejar e desenvolver ações territoriais antirracistas em saúde/saúde mental que qualifiquem o cuidado da população atendida nesses equipamentos, em especial a população negra desses territórios.

Participam do Café Preto profissionais de distintas áreas da saúde, como Terapia Ocupacional, Enfermagem, Oficineiros, Medicina, Técnico Administrativo, Psicologia, dentre outras. Essas(es) profissionais se reúnem com periodicidade quinzenal para discutir suas ações, compartilhar experiências e se acolher. Regularmente, há atividades formativas, em que as(os) integrantes do Café Preto recebem convidadas(os), leem textos, discutem teorias que subsidiem suas práticas. Algumas dessas formações são abertas para todas(os) as(os) trabalhadoras(es) e usuárias(os) da RAPS do território.

FIG. 3: *Material de divulgação do Prêmio Edna Muniz – Secretaria Municipal de Saúde do Município de São Paulo.*
Fonte: Prefeitura de São Paulo.

As estratégias de cuidado são diversas, e "onde estiver uma integrante do Café o Café está", mas, para além dessa estratégia ampliada de ação, existem momentos grupais, ações psicossociais do Café Preto dentro dos CAPS Adulto e AD. Esses grupos utilizam diferentes tecnologias para trabalhar a dimensão racial: filmes, revistas, *lives*, rodas de conversa, confecção de bonecas abayomi, pinturas, músicas etc.

Em diferentes momentos houve parcerias com instituições de ensino/pesquisa (como a Liga Acadêmica de Saúde da População Negra do Santa Marcelina e a Unicamp), e o Café Preto acolheu estagiárias(os) e pesquisadoras(es) que adentraram pontualmente no projeto para fins acadêmicos e de pesquisa.

Destacamos a capilaridade dessa experiência de aquilombação, que atinge diretamente usuárias(os) e trabalhadoras(es) de diferentes posições na Rede de Atenção Psicossocial, promovendo sistemáticos encontros nos quais a dimensão racial na saúde/saúde mental é debatida, mas acima de tudo trabalhada com o intuito de promover e garantir equidade racial.

> O projeto tem encontrado alguns desafios no percurso. Instituir o Café Preto é constantemente desconstruir estereótipos negativos da identidade negra, levando em consideração as vulnerabilidades dos pacientes e as ferramentas clínicas que podemos usar e criar de forma compartilhada para dar-lhes suporte. Percebemos que a *aquilombação* precisa ser um processo longitudinal que transcenda inclusive a equipe facilitadora do projeto, abrangendo todos os demais profissionais.[9]

A potência desse projeto foi reconhecida no I Prêmio Edna Muniz (figura 3), promovido pela Secretaria Municipal de Saúde do Município de São Paulo no ano de 2019, em que o Café Preto foi um dos projetos vencedores do Eixo Cuidado.

Para cada experiência, destacamos sua relação com uma das ideias-força aqui trabalhadas, demarcando a ênfase de cada experiência em sua disposição na construção do agir antirracista.

Kilombrasa: Experiência de Aquilombação

Por que consideramos o Kilombrasa uma experiência de aquilombação? Essa pergunta nos convida a escutar aquelas(es) que integram esse coletivo:

> Acho que agora a proposta é só eu contextualizar um pouquinho para vocês de onde surge a ideia do *coletivo*. [...] O CAPS infantil aqui da Brasilândia já há uns 4 anos faz discussões, tenta aprofundar discussões raciais e de gênero, e que essas discussões possam estar compostas na nossa prática do dia a dia, do nosso estar com o usuário, com o território e com a rede, e dessas duas discussões, acho que as questões raciais foi a que mais engrenou nos últimos anos, a gente se aprofundou, fez momentos de formação mesmo da equipe. E daí *a gente vai tentando não só ficar nas discussões, mas trazer práticas, práticas para o dia a dia. Então a gente vai pensando na estética do local, a gente vai pensando em interseccionar esse assunto nos* PTS [*Projetos Terapêuticos Singulares*], *com o usuário, nos matriciamentos*[10], *a gente vai fazendo essa provocação no ato mesmo.*[11]

Nota-se que o processo de aquilombamento em um equipamento de saúde mental exige ação. A profissional deixou isso evidente ao relatar o longo período de sensibilização e formação da equipe do CAPS Infantojuvenil (quatro anos); todavia, observa que essa preparação não se furtou à prática (cuidado em saúde/saúde mental).

FIG. 4: (ALTO, À ESQUERDA) *Grafite no CAPSij (artista grafiteira Érika Gonçalves de Lima Cardoso – Nega do Leite). Fonte: Acervo pessoal.*

FIG. 5: (ALTO, À DIREITA) *Foto lambe-lambe no CAPSij (oficina com usuários). Cartola, Aqualtune, Bob Marley, Carolina Maria de Jesus, Marielle Franco, dentre outras. Fonte: Acervo pessoal.*

Aquilomba-em-ação fomenta, assim, articulações e formação continuada de/na rede (matriciamento), elaboração de projetos de cuidado sem perder a singularidade racial (racializando o Projeto Terapêutico Singular [PTS]), modificando a estética do serviço (figura 4) e, acima de tudo, com a participação da(o) usuária(o) nesse processo (figuras 5, 6 e 7).

Esse convite à ação antirracista na Rede de Atenção Psicossocial – aquilomb*ação!* – faz lembrar a célebre frase de Angela Davis: "Numa sociedade racista, não basta não ser racista. É necessário ser antirracista."[12] O que a enfermeira chamou de "provocações no ato", em nossa compreensão, reposiciona a dimensão técnico-assistencial, exigindo uma práxis antirracista, colaborando para uma posição antirracista dos serviços nos territórios.

FIG. 6: (À ESQUERDA) *Lambe-lambe no CAPSij (oficina com usuários). Romualdo Rosário da Costa – Mestre Môa do Katendê. Fonte: Acervo pessoal.*

FIG. 7a, b, c: (AO LADO) *Oficina de autorretrato no CAPSij (desenho de oficineira e usuárias). Fonte: Acervo pessoal.*

FIG. 8: (AO LADO) *Oficina de estampas de camiseta com usuários (1ª Feira Preta de Troca de Tempo). Fonte: Acervo pessoal.*

FIG. 9: (ACIMA) *Roda de samba de usuárias(os) do* CAPS AD *Brasilândia, trabalhadoras(es) da* RAPS, *familiares, dentre outras(os). "Porque samba e saúde são frutos do Axé". Fonte: Acervo pessoal. Frase proferida no lançamento do livro* O Samba Segundo as Ialodês: Mulheres Negras e Cultura Midiática *de Jurema Werneck, no ponto de cultura preta* KAZA_123, *na cidade do Rio de Janeiro, em 3 de dezembro de 2021.*

Contudo, como são feitas as ações antirracistas em saúde mental? Há um modelo? Perguntas como essas escutamos constantemente de profissionais, gestores, usuários, familiares etc. O Kilombrasa não apresenta(ou) modelos de resposta, porém aposta(ou) em ações que intervêm macro e micropoliticamente.

A seguir, fragmentos de uma das ações que compreendeu o antirracismo nos processos de subjetivação, promovidos pelas trocas de tempo pelo tempo, em meio à comida, brincadeira, conversa, penteados, estampas de camiseta com *silk screen* (figura 8), ao samba (figura 9), dentre outras.

> há três anos, a gente fazia aqui no CAPS uma feira de troca de tempo, que era uma feira onde a pessoa trocava o tempo pelo tempo. Então se eu sabia recitar poesia, o outro cantava, o outro fazia um artesanato, o outro... vinha e trocava o seu tempo com a

sua habilidade e também recebia o tempo e a habilidade de outra pessoa. E com o avanço das discussões raciais, a gente propôs em 2018 fazer essa feira de troca de tempo com o empoderamento da população negra, que a gente pudesse chamar o maior número possível de pessoas negras, representantes de todos os setores da sociedade, das profissões, e que a gente pudesse fazer um dia aqui no CAPS de encontro. Então nesse dia rolou roda de conversa, rolou feijoada, rolou samba, brincadeiras, rolou um monte de coisa, foi um dia inteiro de evento. E esse evento teve bastante repercussão na rede. As pessoas tiveram uma identificação não só com o tema, mas até no corpo, de muitos profissionais contarem para a gente o quanto era difícil eles conseguirem sustentar o cabelo crespo. E depois de ver tanta gente de cabelo crespo no mesmo espaço, com vários penteados, eles… essas pessoas falaram: *"bom, isso me deu força"*[13].

Esse relato permite identificarmos a afirmação da cultura como um elemento antimanicomial. As teóricas Angela McRobbie[14], Judith Butler[15] e Jurema Werneck[16] já apontavam a capacidade da cultura de (re)organizar a vida das pessoas e dos grupos. Segundo essas autoras, a cultura é ferramenta potente para essa revisão cotidiana perante normatividades diversas.

Compreendendo a manicomialização colonial (manicoloniali-dade) como uma das normatividades produzidas na transformação social moderna, propor intervenções psicossociais que acontecem em meio à feitura de comidas afro-brasileiras, ao samba, a brincadeiras, ao trançar de cabelo, dentre outras, como propôs o Kilombrasa na Feira Preta de Troca de Tempo, é promover *antimanicolonialização*. Afinal, se historicamente os modos de vida e as culturas negras (africanas e afro-brasileiras) foram (e são) rotulados como inferiores, sendo criminalizados, estigmatizados e vítimas de inúmeras tentativas de impedimento dos seus exercícios, propô-los psicossocialmente e operar em meio ao fruto dos encontros que ela produz é intervenção em saúde mental antirracista, pois colabora com os processos de descolonialização do saber e do poder.

Conforme afirmou Homi K. Bhabha,

> [o] "direito" de se expressar a partir da periferia do poder e do
> privilégio autorizados não depende da persistência da tradição;
> ele é alimentado pelo poder da tradição de se reinscrever através
> das condições de contingência e contraditoriedade que presidem
> sobre as vidas dos que estão na "minoria"[17].

Nessa chave de compreensão, a antimanicolonialização não se limita à oferta de intervenções em saúde mental fruto das tradições negras, mas nos contraditórios jogos de forças que a afirmação dessa cultura, como elemento simbólico, pode promover perante as normatividades que organizam fixamente o regime de inconsciente colonial-racializante-capitalístico[18].

O relato n. 3 demonstra dimensões desses jogos de força e revela que o coletivo Kilombrasa está atento à dimensão jurídico-política, pela leitura e aplicação das políticas voltadas para a saúde da população negra, assim como essa atenção volta-se para a dimensão técnico-assistencial, que passa pelo acolhimento das(os) trabalhadoras(es) de saúde/saúde mental e usuários, perante os processos de subjetivação que as relações raciais reivindicam.

> Então o grupo também tem essa expectativa, democratizar esse
> conhecimento, de se apropriar desses cadernos de saúde da
> população negra. [...] O fato de nós profissionais da saúde e
> da Assistência Social não conhecermos a lei da saúde da população
> negra é uma negligência, negligência de saúde pública.
> *Bom, então acho que tem mais essa intenção de aproximar e de*
> *a gente se apropriar dessa parte mais pragmática aí da lei, dos*
> *cadernos, e aproximar essa temática com a luta antimanicomial,*
> [...] Os manicômios, eles são verdadeiros navios negreiros,
> ele não é um holocausto[19], o movimento negro tem dito isso.
> [...] *E tem uma parte mais do sentimento, que como a J. falou,*
> *não é fácil discutir as questões raciais, não é docinho, não dá para*
> *discutir as coisas, os temas raciais de uma forma fofa. A gente não*
> *precisa romper, mas não dá também para discutir de uma forma*

fofa. Então é um jeito, um processo de enegrecer ou um processo de embranquecer, são processos doloridos. O processo da população branca olhar o seu privilégio e olhar o seu lugar nesse contexto racial também não é fácil. Então o grupo também, o grupo de WhatsApp (vamos esperar que o ano que vem a pandemia se acalme e a gente possa fazer encontros presenciais), *ele também é um espaço de a gente se acolher.*

[...] Então tem essa parte mais técnica, mais pragmática, de a gente estudar mesmo, estudar a lei dessa população negra e fazer uma intersecção com a luta antimanicomial, mas tem também esse lugar que é mais de acolher mesmo, sabe? De acolher, porque se a gente se acolhe entre a gente, a gente consegue acolher o usuário.[20]

Na perspectiva da aquilombação, fica evidente que o trabalho em saúde mental exercido por esse coletivo visa transformações antirracistas na esfera da garantia dos direitos e por equidade, em saúde/saúde mental – por isso, a busca pela leitura e apropriação das políticas de saúde da população negra –, assim como nos regimes de afeto, uma vez que a profissional reconhece que o trabalho das relações raciais envolve uma gama de sentimentos e costuma ser um processo dolorido.

O exercício de saúde mental aquilombada parte do entendimento das leis e portarias específicas para a saúde da população negra. Todavia, essas políticas específicas não estão prontamente redigidas para o campo da saúde mental, o que exige articulação entre as políticas de saúde da população negra com as perspectivas e propostas da reforma psiquiátrica.

Essa articulação, por não ocorrer apenas no trabalho pragmático da conscientização de políticas e leis, aglutina-se aos regimes de afetação; nas palavras da trabalhadora, "parte mais do sentimento". Esse trabalho psicossocial antirracista "não é docinho", "não dá [...] pra discutir de forma fofa", "são processos doloridos". Essas exigentes experiências afetivas (por vezes angustiantes) são acolhidas no coletivo, e esse acolhimento é compreendido como exercício de aquilombação e princípio do cuidado antirracista, "porque *se a gente se acolhe* entre a gente, *a gente consegue acolher o usuário*" (grifo nosso).

Ainda nesse relato, a profissional verbalizou sobre o processo de "enegrecer" e "embranquecer" (embora ela tenha utilizado "enegrecer" e "embranquecer" como sinônimos, de vir a ser negro ou branco [tornar-se], ter consciência crítica da sua brancura e o que essa condição pode conferir, observamos que o termo "embranquecer" não costuma ser empregado dessa maneira). Os próximos dois fragmentos são interessantes nesse aspecto, pois se trata de uma profissional negra considerando a delicadeza desse processo subjetivo de racialização (tornar-se negro) e o tempo singular que esse processo exige – racializar para desracializar. Já o fragmento seguinte é de uma profissional branca refletindo sobre o seu posicionamento ético-político como integrante do coletivo Kilombrasa e trabalhadora que visa ser antirracista.

> o processo de enegrecer ele é um processo, o K. tem falado muito isso comigo, isso tem me ajudado, que *é um processo subjetivo, um processo delicado e que leva tempo. Não está dado, é isso. Assim como não está dado para o branco se enxergar como branco, também não quer dizer que todo negro se enxerga como negro e aquilo está dado*[21].

Neusa Santos Souza dedicou-se a estudar e acompanhar clinicamente processos de subjetivação de negras(os) brasileiras(os) em ascensão social, trabalho que resultou no célebre livro *Tornar-se Negro*. Nessa obra, a psiquiatra e psicanalista tece elaborações sobre o que ela chamou de vida emocional de negros, analisando as subjetividades de sujeitos negros em mobilidade socioeconômica ascendente. No fragmento supracitado, a profissional de RAPS fala que o enegrecer seria um processo subjetivo delicado e que não estaria dado. A percepção da trabalhadora dialoga com as concepções de Neusa Santos Souza:

> A descoberta de ser negra é mais do que a constatação do óbvio [...] Saber-se negra é viver a experiência de ter sido massacrada em sua identidade, confundida em suas perspectivas, submetida

a exigências, compelida a expectativas alienadas. Mas é também, e sobretudo, a experiência de comprometer-se a resgatar sua história e recriar-se em suas potencialidades.[22]

A psicanalista toma a experiência do tornar-se negra(o) como um *recriar-se em potencialidades*, matéria-prima indispensável para negras(os), o que ela considerou um processo subjetivo de "real libertação"[23].

O Kilombrasa demonstra estar muito atento a esse recriar-se em potencialidade, fomentando e partilhando em seu grupo de WhatsApp uma série de conteúdos que exaltam a beleza negra, que vão desde fotos das famílias das trabalhadoras, passeios, atividades culturais da cidade (ou virtuais) que abarcam a temática racial, trocas de poemas, receitas, músicas, filmes, dentre outros.

Outra psicanalista negra, Maria Lúcia da Silva, ao prefaciar a obra *Tornar-se Negro*, resgata o conceito freudiano de identificação, lembrando que a identificação é a "expressão de um laço emocional com outra pessoa"[24]. Nesse sentido, Maria Lúcia da Silva faz duas considerações: na primeira delas, reconhece que o movimento histórico sociopolítico-subjetivo do vir a ser negra(o) tem gerado, em muitas e muitos, identificação positiva com a negritude, mesmo perante o racismo estrutural, que busca aplacar esse movimento potente de identificação. A segunda consideração, ela faz para o campo "psi", no trabalho com a branquitude (que alicerça e cerceia grande parte desse campo), convocando-as(os) para "compreender que, enquanto a branquitude mantiver seus privilégios, invisibilizando tudo que é branco, também ela perde, não alargando seus horizontes"[25].

Nessa continuidade, debruçamo-nos sobre a próxima narrativa, em que uma trabalhadora branca da RAPS vai reconhecendo a sua brancura e se perguntando o que essa condição racial produz (ou pode produzir) na luta antirracista na saúde mental.

é um grande desafio e eu acho que é importante estarmos todos juntos aqui nesse sentido, de poder lidar com a racialização porque ela existe, porque nós [brancos] temos isso que é hegemônico como o normal, natural e o que não é dessa hegemonia a gente entende como desvio. [...] eu entendo que quem é branco tem e às vezes não se liga nisso, não dá lugar, não dá conta e também não se responsabiliza um tanto por isso, não é muito fácil. [...] *Então que a gente possa lidar com tudo isso, que a gente não está só para falar da questão do negro, a gente está para falar de quais são inter-relações raciais e o que elas produzem. E quem está do lado mais hegemônico, que é coprodutor mesmo que diga que não é. E o que a gente pode fazer como ações antirracistas?* [...] *Eu preciso reconhecer o que eu sou, que lugar eu ocupo, o que eu reproduzo.* Então quis falar isso porque tem bastante gente também que não tem a pele negra, mas que eu entendo que está nesse grupo porque dá passagem para essas questões[26].

Esse relato evidencia alguns jogos de força presentes nas tentativas de deslocamento da branquitude – identidade racial branca –, em meio às relações inter-raciais, em um coletivo de saúde mental antirracista. Logo de partida a profissional afirma a existência social das raças: "é importante estarmos todos juntos aqui nesse sentido, de poder lidar com a racialização porque ela existe". A partir daí, a trabalhadora pode avançar para a desconstrução da ideia manicomial que há na branquitude, a qual legitima o branco como normal e os demais grupos raciais como desviantes: "nós brancos temos isso que é hegemônico como normal, natural e o que não é dessa hegemonia a gente entende como desvio". Esse lugar (branquitude) se baseia em uma hierarquização das raças, mecanismo de manutenção de privilégios para brancas(os)[27].

Ao fazer o devido reconhecimento, a trabalhadora implica o seu grupo racial (branco) como parte atuante dos processos de descolonização do pensamento, o convoca para a análise inter-racial no/do Kilombrasa e então questiona: "E o que a gente [branco] pode fazer como ações antirracistas? [...] Eu preciso reconhecer o que eu sou, que lugar ocupo, o que eu reproduzo", lembrando que um dos sintomas da branquitude é tomar a discussão racial como uma questão exclusiva de negras(os) e para negras(os) e desconsiderar os efeitos psicossociais do racismo sobre as(os) brancas(os)[28].

Seguindo essa direção crítica, recorremos ao estudo da psicóloga social Lia Vainer Schucman, que se debruçou sobre as relações inter-raciais (embora o tenha feito com foco no universo familiar, seu trabalho é de grande valia para o contexto aqui apresentado). A autora considera que a composição inter-racial não basta se não houver um deslocamento de ambas as partes (brancas[os] e negras[os]) da negação ou da fixação racial: "é exatamente a convivência não hierarquizada que permitiu [...] se deslocarem de si e se colocarem no lugar deste outro, para depois, voltarem o olhar para si"[29].

A pesquisadora encontra nos afetos um dos aspectos fundamentais para esse deslocamento e reposicionamento subjetivo nas relações inter-raciais:

> É importante perceber que a chave não está na convivência com os negros, nem na convivência pacífica, mas sim na convivência não hierarquizada. [...] Aqui, é importante frisar que o que possibilita esta vivência não é a experiência positiva com o outro, mas sim o deslocamento de si para outra posição subjetiva, a de perceber a alteridade nem como inferior nem como superior ou mesmo com qualquer conteúdo *a priori*. É percebê-la apenas como alteridade[30].

Essa posição à qual a autora nos convida é algo que, neste livro, compreendemos como atributo da desrazão-descolonial e como uma das chaves libertárias da aquilombação que "nos fazem pensar que não estão na cor da pessoa as condições para uma postura antirracista, mas sim no reconhecimento dos privilégios da branquitude, na empatia pela dor do outro, na leitura cotidiana das práticas racializadas"[31]. Isso, obviamente, não exclui a indispensável presença negra nesse processo relacional, assim como compreende a(o) branca(o) como parte elementar, por isso, são consideradas as relações inter-raciais nos processos de aquilombação.

Todavia, há uma grande questão: como operar essa ética inter--racial da aquilombação antimanicolonial em uma sociedade que o tempo todo hierarquiza simbólica e materialmente brancos e negros como opostos, oferecendo privilégios para brancos e produzindo iniquidades para negras(os), inclusive historicamente dentro do campo da saúde mental, entre trabalhadoras(es), usuárias(os) e seus territórios?

Estudos recentes[32] demonstram que muitos dos equipamentos de saúde mental reproduzem a formação social brasileira, na qual mulheres negras (na maioria das vezes) ocupam os cargos e as funções de menor prestígio social e baixa remuneração.

A autora Rachel Gouveia Passos demonstra no artigo "'De escravas a cuidadoras': a invisibilidade e subalternidade das mulheres negras na política de saúde mental brasileira" como essa histórica hierarquia na saúde mental se deu no antes e no pós-reforma psiquiátrica e atingiu em especial mulheres negras, as quais inicialmente serviram como cuidadoras nos hospícios da terceira década do século XIX e, no pós-reforma psiquiátrica, continuam servindo como maioria das cuidadoras nos Serviços Residenciais Terapêuticos (SRT). "Essa relação está vinculada às desigualdades existentes na formação social brasileira que se encontram estruturadas nas diferenças de classe e raça"[33].

Sendo assim, alguns coletivos antirracistas na saúde mental (*vide* Kilombrasa) têm avançado na tessitura de relações político-afetivas, em que pouco operam hierarquias e as alteridades podem ser nomeadas, permitindo que brancas(os) e negras(os)/negras(os) e brancas(os) se enlacem antirracistamente. O racismo estrutural interseccionado à classe e gênero continua promovendo de modo incessante lógicas hierárquicas, ratificando desigualdades e opressões, o que, por si só, seria motivo suficiente para seguirmos ampliando na saúde mental a ética da aquilombação, na direção que Rachel Gouveia Passos e Achille Mbembe têm apontado: "à utopia que nos direciona na busca por uma transformação societária que esteja pautada no fim da propriedade privada!"[34], e na junção de estratégias de luta macro e micropolíticas, pois, "[n]o fundo, esse pensar deve ser uma mistura de utopia e de pragmatismo. Ele deve ser, necessariamente, um pensar daquilo que virá, da emergência e da revolta"[35].

Seguimos ao próximo relato:

> no campo da saúde mental é totalmente diferente, porque eu consigo aprofundar sobre questões, estou aprendendo sobre questões da branquitude, a questão dos nossos privilégios e de compreender o impacto estrutural que tem isso nas narrativas e nos corpos, e nas peles das pessoas. Então, como trabalhador da saúde mental, o CAPS me ofertou muito, *eu acho que esse campo agora do Kilombrasa, ele pode se expandir,* [...] *esses convites muito afetuosos, muito calorosos e energizantes, podem ajudar a gente muito mais enquanto todos que estão aqui no território que a gente já se conhece, sabem que a gente está trabalhando no limite,* [...] estou no limite do sofrimento psíquico da acumulação. E a gente conseguir fazer essas lutas e essas estratégias. *Então quando proposto o Kilombrasa, eu vejo como uma estratégia, como uma luta, como um movimento.* E eu acho que a gente pode muito construir. Eu acho que a gente precisa sustentar esse campo, sabe? Ele faz sim parte da política nacional e integral da saúde da população negra, assim como outros dispositivos também. *E eu acho que a gente tem que fazer o possível para manter essa luta*[36].

Na análise das possíveis transformações subjetivas, provindas das afecções políticas, o fragmento n. 6 traz os infrutuosos efeitos da lógica da privatização dos serviços de saúde/saúde mental e do produtivismo característico do capitalismo neoliberal; nele, o psicólogo fala (inclusive) sobre estar trabalhando no limite: "estou no limite do sofrimento psíquico da acumulação". Contudo, em resposta libertária aos efeitos desérticos da lógica de acumulação neoliberal, o trabalhador recebe os "convites muito afetuosos, muito calorosos e energizantes" à aquilombação, o que o reposiciona em luta. Essa experiência subjetiva de luta aquilombada permitiu ao psicólogo (branco) pôr-se em movimento subjetivo antimanicolonial, prática que lhe faz desejar que esse dispositivo de liberdade possa se expandir.

Achille Mbembe[37] considera esse movimento "uma reviravolta espetacular". O filósofo enaltece a contradição, pois, se o capitalismo moderno precisou criar e manter o *negro* como significado e sinônimo de exclusão, impossibilidade, degradação e embrutecimento, fazendo dele, "na ordem da modernidade, o único de todos os humanos cuja carne foi transformada em coisa e o espírito em mercadoria − a cripta viva do capital"[38], nessa contraditória reviravolta, é o devir negro[39] que promove a experiência de vida! No caso, o convite afetuoso, caloroso, energizante ao devir negro (à aquilombação), que subjetivamente deslocou o psicólogo branco da morbidade da acumulação capitalista e o pôs em movimento.

Nessa perspectiva, o negro "tornou-se o símbolo de um desejo consciente de vida, força pujante, flutuante e plástica, plenamente engajada no ato de criação e até mesmo no ato de viver em vários tempos e várias histórias simultaneamente"[40]. Por fim, o trabalhador faz gesto de compromisso e continuidade: "a gente tem que fazer o possível para manter essa luta".

A manutenção em luta(s) de aquilombação, como já exposto anteriormente, está para além do(s) CAPS. Ela acontece (ou pode acontecer) em toda a RAPS, ou, ainda melhor, em toda a luta antimanicomial. O fragmento n. 7 demonstra isso, uma vez que se ergue da voz de um trabalhador de equipamento da assistência social junto aos usuários, mais especificamente o Núcleo de Proteção Jurídico Social e Apoio Psicológico (NPJ)/Centro de Referência Especializado de Assistência Social (CREAS): "a gente tem caminhado, a passos lentos, mas em alguma medida caminhar. *Então a gente está levando alguns textos para ler com os usuários, para estudar com eles também algumas coisas do Lima Barreto, do Solano Trindade, a gente pegou trechos de alguns textos do Clóvis Moura*"[41].

O trabalhador reconhece o contínuo deslocamento: "em passos lentos, mas em alguma medida caminhar". Nesse caso, o deslocar-se ocorre por meio da leitura, junto dos usuários, de autores/escritores negros, o que chamamos de desnorteamento[42]. O que vale destacar é que o deslocamento na aquilombação não ocorre sem as(os) usuárias(os), as(os) familiares, a comunidade (ou distante delas(es). Conforme apontou Abdias Nascimento[43], o quilombismo tem uma lógica associativa.

Os autores Eduardo Mourão Vasconcelos e Jeferson Rodrigues, ao apresentarem possíveis contribuições para a IV Conferência Nacional de Saúde Mental, consideraram um dos desafios políticos da reforma psiquiátrica brasileira a organização de usuários e familiares que fazem parte da luta antimanicomial[44].

Conforme apontado antes neste texto, a aquilombação não ocorre desassociada dos usuários e familiares, mas surge deles – de seus corpos, de suas posições subjetivas no mundo, da demanda pela desconstrução do *crioulo doido* e da *nega maluca*. Segundo Vasconcelos, na saúde mental, os usuários e familiares costumam se organizar em associações mistas (usuários, familiares e trabalhadores) e/ou nos movimentos sociais de luta antimanicomial (como o Movimento Nacional de Luta Antimanicomial [MNLA] e a Rede Nacional Internúcleos da Luta Antimanicomial [Renila])[45]. Resgatando o princípio associativo que Abdias Nascimento (1980-2019) apontou no *Quilombismo*, afirmamos que a aquilombação é um dispositivo que traz em sua essência aspectos de fortalecimento dessas associações, movimentos e espaços coletivos de usuários e familiares.

Reconhecemos que nos últimos anos as associações de usuários e familiares e o próprio movimento antimanicomial têm encontrado grandes dificuldades de sustentação e atuação devido a vários aspectos que vão na contramão da aquilombação, como a hierarquização entre técnicos e usuários; a centralização dos espaços de debate e decisão aos aparelhos institucionais; o produtivismo neoliberal característico da privatização dos serviços da RAPS; o afastamento da lógica comunitária e territorial no cuidado em saúde mental; o enfraquecimento/esvaziamento de espaços colegiados e deliberativos como assembleias, fóruns de usuários e trabalhadores, conselhos gestores, dentre outros espaços de fiscalização, acompanhamento e monitoramento das políticas públicas de saúde etc.

Todavia, o reconhecimento da fragilidade a que os segmentos de familiares e usuários estão submetidos (por meio do Estado, que burocratiza e busca destituir suas atuações) não pode impedir que escutemos o que esses sujeitos historicamente trazem e comunicam em seus corpos e em suas peles. A majoritária presença negra e de mulheres nessas associações e movimentos tem anunciado que a radicalização da luta antimanicomial se dá na retomada da perspectiva ético-comunitária, territorial e com ampla participação das(os) usuárias(os), de modo antirracista e interseccional. Afinal, essa não seria a aquilombação? Um dispositivo clínico-político que reconhece, acolhe e intervém por meio daquilo que o antirracismo apresentou como saber e saber-fazer psicossocial.

Indicação aquilombada faz parte do próximo relato, quando o gerente do CAPSij assevera: "que a gente possa entender que esse aquilombamento já acontece entre eles [usuários/as]. [...] E é isso, não é nada novo, a gente não está inventando coisas da nossa cabeça":

> *a ideia é que a gente possa se conceitualizar, que a gente possa ter conceitos alinhados a partir do que a gente vai fazer no território... com proposta de cuidado, de trabalho, tanto da rede da saúde quanto da educação, quanto da assistência. E que a gente possa estar mais alinhado com relação ao público que a gente atende, acho que é isso, o* CAPS, *ele tem essa premissa, de ser um serviço de base territorial, de atender a sua comunidade, ele está estabelecido para comunidade local, de estar no território.* E do território poder transitar também no CAPS de uma forma onde possa sentir cuidado, legitimado, identificado. Então a gente vai, de fato, construindo essas propostas de cuidado e esse grupo trazendo essa discussão [racial], para que a gente possa atender melhor os nossos usuários, *que a gente possa entender que esse aquilombamento já acontece entre eles* [usuários]. [...] *E é isso, não é nada novo, a gente não está inventando coisas da nossa cabeça* [...] Proponho também que os outros serviços façam essa discussão,

a gente iniciou, que é com relação à política nacional de atenção à saúde da população negra. [...] Então a gente não está inventando nada, a gente fez uma discussão aqui importante, seria inclusive negligência a gente não abordar esse assunto na nossa maneira de cuidar, nossa maneira de atuar. *E que é importante a gente sim, trazer isso. E é uma obrigatoriedade sim, previsto pelo Ministério da Saúde, a gente precisa colocar um foco, assim como a gente tem as políticas nacionais de humanização,* [...] Então vamos aí, gente, fazer aquilombamento, assim, se alinhar nessas discussões, se conceitualizar[46].

Destacamos desse fragmento dois aspectos fundamentais para a aquilombação, em que o gerente de CAPSij e integrante do Kilombrasa aponta o alinhamento intersetorial e o alinhamento em relação ao território e público atendido: "que a gente possa ter conceitos alinhados a partir do que a gente vai fazer no território... com proposta de cuidado, de trabalho, tanto da rede da saúde quanto da educação, quanto da assistência. E que a gente possa estar mais alinhado com relação ao público que a gente atende".

Na direção do caráter associativo do quilombismo, enfatizado por Abdias Nascimento[47], não há dúvida de que a aquilombação exige alinhamento antirracista, intersetorial e territorial.

> os profissionais de saúde mental devem explorar o território com a finalidade de expandir e integrar a RAPS com os demais dispositivos sociais e construir parcerias por meio de ações que visem ao enfrentamento do estigma social, do racismo, [pois] O racismo cria barreiras de acesso a direitos e atinge as subjetividades de distintas formas, entender como o racismo atravessa a compreensão do mundo, assim como o racismo atravessa os territórios de vida das pessoas, é fundamental para enfrentar e transformar a crença da democracia racial, que tem reforçado obstáculos[48].

Em relação à especificidade racial do território e do público atendido, asseveramos os rigorosos aspectos da territorialização no cuidado em saúde mental. O fragmento traz essa demanda:

essa premissa, de ser um serviço de base territorial, de atender a sua comunidade, ele está estabelecido para comunidade local, de estar no território. E do território poder transitar também no CAPS de uma forma onde possa sentir cuidado, legitimado, identificado. Então a gente vai, de fato, construindo essas propostas de cuidado e esse grupo trazendo essa discussão [racial], para que a gente possa atender melhor os nossos usuários[49].

Para isso, os autores[50] partem da definição do conceito de território, compreendido à luz dos ensinamentos do professor Milton Santos[51]: "O território não é apenas um conjunto de sistemas naturais e de sistema de coisas superpostas. O território tem que ser entendido como o território usado, não o território em si". Sendo assim, a relação que as pessoas, instituições e associações fazem com o espaço geográfico é o que pode transformá-lo em um território[52].

A aquilombação da RAPS se dá nesse movimento de dentro e fora (por vezes no entre), em que os serviços de saúde mental estão no território afrodiaspórico e são territórios afrodiaspóricos (se tornam). Esse ir e vir (vaivém), esse deslocamento que dá sentido racial, faz função de pertencimento e transforma o espaço geográfico em território vivo, é o que, em diálogo com Gilroy[53], identificamos como atlântico, esse transitar que identifica, ressignifica positivamente a(o) louca(o), a(o) negra(o) em um território subjetivo afro-atlântico.

Conforme alertou o trabalhador: "um serviço de base territorial […] de estar no território. E do território poder transitar também no CAPS de uma forma onde possa [se] sentir cuidado, legitimado, identificado". Beatriz Nascimento reconheceu que essas relações de cuidado, legitimação e identificação promovem processos de subjetivação em que o quilombo se torna corpo subjetivo, podendo vir a ser quilombo aquelas(es) que viverem uma relação de identidade positiva com os territórios que afirmam a negritude – um processo de territorialidade aquilombada[54].

Contudo, o alcance do trabalho de rede e territorial não é apenas micropolítico, ele deve também penetrar nas camadas macropolíticas; nessas instâncias, inclusive, temos encontrado grande resistência. No fragmento destacado, o trabalhador comenta: "é importante a gente sim, trazer isso. E é uma obrigatoriedade sim, previsto pelo Ministério da Saúde, a gente precisa colocar um foco, assim como a gente tem as políticas nacionais de humanização". A menção à Política Nacional de Humanização (PNH) não é à toa, pois em seus princípios norteadores o combate às iniquidades raciais, por meio do respeito as diferenças, é destacado:

> Valorização da dimensão subjetiva e social em todas as práticas de atenção e gestão no SUS, fortalecendo o compromisso com os direitos do cidadão, destacando-se o respeito às questões de gênero, etnia, raça, orientação sexual e às populações específicas (índios, quilombolas, ribeirinhos, assentados, etc.).[55]

Destacamos a resistência na esfera macropolítica, uma vez que, embora reconheçamos que a PNH e a PNSIPN sejam grandes avanços para a saúde da população negra, o âmbito da saúde mental da população negra teve pouca aderência dentro de ambas as políticas, conforme asseverou Maria Lúcia da Silva em entrevista oferecida a Clélia Prestes e Deivison Faustino[56]:

> Acho que é interessante a gente ter participado do campo de construção da saúde da população negra, mas é importante, também dizer o quanto a questão psicológica era marginal. Ela sempre foi marginal. Embora não só eu, mas algumas pessoas (Jesus[57], Cida[58]), algumas poucas pessoas nacionalmente traziam o debate. Mas no campo da política, o que ela tratava mesmo da saúde mental era o alcoolismo e mais alguma outra coisa, não eram os efeitos psíquicos ou emocionais do racismo. Então eu acho que a política deve isso ainda.

As dívidas são diversas, e o não pagamento – reparação – continua afetando as condições de nascer, viver e morrer da população negra[59], inclusive com importantes impactos na saúde mental. Por isso, é

Tempo de Nos Aquilombar[60]
É tempo de caminhar em fingido silêncio,
e buscar o momento certo do grito,
aparentar fechar um olho evitando o cisco
e abrir escancaradamente o outro.

É tempo de fazer os ouvidos moucos
para os vazios lero-leros,
e cuidar dos passos assuntando as vias
ir se vigiando atento, que o buraco é fundo.

É tempo de ninguém se soltar de ninguém,
mas olhar fundo na palma aberta
a alma de quem lhe oferece o gesto.
O laçar de mãos não pode ser algema
e sim acertada tática, necessário esquema.

É tempo de formar novos quilombos,
em qualquer lugar que estejamos,
e que venham os dias futuros, salve 2021,
a mística quilombola persiste afirmando:
"a liberdade é uma luta constante".

Aquilombamento das Margens: Experiência Desnorteada

Como destacado em outra passagem deste texto, ao longo da minha carreira como psicólogo, trabalhador do SUS e acompanhante terapêutico, a palavra "desnorteado" foi a mim relatada como sinônimo de desorientação, perda de rumo e de direção, confusão, desvario, insegurança e, principalmente, loucura, o que supostamente exigiria um cuidado de saúde mental que visasse retomar ou retornar "ao norte", "à normalidade", "à razão". Neste livro, temos identificado que essa conjugação se ancora em ligações coloniais que, em alguma medida, direcionam ou fixam a saúde mental brasileira em uma orientação norteada, distanciando-se dos paradigmas do sul (em especial da América Latina) e inclusive da loucura, efeito colonial danoso para o campo da saúde mental brasileira.

Sabemos que a criação tanto do louco quanto do negro visou a lógicas de exclusão sobre determinados corpos e subjetividades. Michel Foucault, em seu livro *História da Loucura na Idade Clássica*, assim como Achille Mbembe, em *Crítica da Razão Negra*, não se interessaram em decifrar o excluído (o louco, no caso de Foucault, e o negro em Mbembe), mas ambos os filósofos se dedicaram a pensar as tecnologias e a lógica dessas exclusões e, acima de tudo, as sensibilidades e os dispositivos que poderiam permitir o abandono e a mudança dessas lógicas de exclusão.

Importante ressaltar que essas invenções – o louco e o negro (vice-versa) – não foram criadas desassociadamente. No Brasil, foram costuradas pela afirmação da loucura e da criminalidade (perigo) como atributo da raça negra, na forma de exclusão e separação/morte: o racismo manicomial – mani*colonização*.

> Ao reduzir o corpo e o ser vivo a uma questão de aparência, de pele e de cor, outorgando à pele e à cor o estatuto de uma ficção de cariz biológico, os mundos euro-americanos em particular fizeram do negro e da raça duas versões de uma única e mesma figura: a da loucura codificada.[61]

> Se a criminalidade foi pensada em termos de racismo, foi igualmente a partir do momento em que era preciso tornar possível, num mecanismo de biopoder, a condenação à morte de um criminoso ou seu isolamento. Mesma coisa com a loucura, mesma coisa com as anomalias diversas.
>
> Em linhas gerais, o racismo, eu acho, assegura a função de morte na economia do biopoder, segundo o princípio de que a

morte dos outros é o fortalecimento biológico da própria pessoa na medida em que ela é membro de uma raça ou de uma população[62].

Negro e louco são criações que visaram (e visam) excluir, aprisionando e matando esses corpos/subjetividades (de pretos e loucos), e, em contrapartida, afirmando o branco e a razão como normas. Em contraponto a essa construção histórica, convidamos ao desnorteamento, na afirmação da loucura e da negritude, afirmação essa que não estabelece fixação; pelo contrário, tem desorientação afro-atlântica, logo movimento. Nesse convite ao desnorteamento, a saúde mental brasileira não deve temer afirmar a loucura e a raça, uma vez que essa afirmação colabora com a desabilitação do caráter eurocêntrico e racista da manicomialidade.

Assim como fizeram Félix Guattari[63], Jean-Claude Polack e Danielle Sivadon[64] ao não temerem a psicose, estabelecendo uma íntima relação com a loucura, também fez Lélia Gonzalez[65] com a identidade racial – negritude – na América Latina, estabelecendo relação política e cultural implicada com a amefricanidade, sem temer a negra latinidade.

Guattari[66] considerou que "a psicose revela um motor essencial do ser no mundo" e apontava que não basta significá-la; é necessário ir além, topar a vertigem caótica da loucura. Encontramos essa posição nas experiências e nos processos analíticos de Polack e Sivadon[67], que destacam a importância da liberdade não apenas para aquela(e) que é atendida(o), mas também para quem cuida/atende, que pode estar em uma posição livre (desnorteada), inclusive das possíveis amarras na fixa filiação em abordagens e linhas teóricas "para abrir, às vezes de modo iconoclasta, novos espaços de liberdade: pensar melhor, a um só tempo, os avatares da História e os impasses da Razão".

Para isso, o autor e a autora reconhecem a potência do desnorteamento epistemológico, que fomenta a liberdade conceitual, desorientando a fixidez nessa ou naquela abordagem ou naquela(e) autora(or); a fluida episteme enquanto linha acessória do viver, dos processos de subjetivação "que considerássemos uma experiência, sem nos converter a uma religião ou prestar contas de nossas filiações"[68].

Lélia Gonzalez[69], por sua vez, propõe um feminismo afro-ladino-americano, não apenas por causa de suas incursões pelos diferentes territórios da América Latina, mas acima de tudo com base na sua experiência de vida como mulher negra latina: "quando falo de experiência, quero dizer um processo de aprendizado difícil na busca de minha identidade como mulher negra dentro de uma sociedade que me oprime e me discrimina justamente por isso". Todavia, a autora seguiu interessada e sensível às iniciativas de solidariedade, aproximação e respeito às diferenças. Nessa direção, a autora identificou e propôs a categoria de amefricanidade, reconhecendo que ela já se manifestava na presença negra na América Latina ao longo de séculos como forma de resistência cultural e de organização social livre, que pode ser identificada nas revoltas negras, nos quilombos e em outras formas de organização social negra. Segundo ela, "reconhecê-la é, em última instância, reconhecer um gigantesco trabalho de dinâmica cultural que não nos leva para o outro lado do Atlântico, mas que nos traz de lá e nos transforma no que somos hoje: *amefricanos*"[70].

Essas experiências de vida, que desencadearam processos de subjetivação (que ressignificam a loucura e a negritude de modo positivado, a partir do deslocamento e da intimidade), posteriormente retratados em obras conceituais[71], consideramos mostras do desnorteamento que rompem com a manicolonialidade.

Neste subcapítulo, perguntamos se a experiência do Aquilombamento das Margens traz aspectos semelhantes e onde/quando a troca das experiências antirracistas vivenciadas nos serviços da RAPS, junto às formações (aulas abertas – pela internet), subsidiaram novas ecologias de saberes e fazeres a partir dos processos de subjetivação frutos do desnorteamento (da loucura, da descolonização).

Seguimos para o diálogo com as narrativas desse aquilombamento.

No fragmento n. 9, duas perguntas desnorteadoras são apresentadas: "Como é que a gente fez desse aquilombamento um letramento racial? Como é que ele vai sendo produzido?"[72] A primeira pergunta parte da aposta de que ali existe um letramento racial, o que permitiu à psicanalista perguntar como ele aconteceu/foi feito. Para definirmos letramento racial, recorremos ao trabalho de Lia Vainer Schucman[73] e, consequentemente, ao diálogo que essa autora fez com a antropóloga afro-americana France Winddance Twine, que apresentou o conceito de *Racial Literacy*, termo que Schucman sugere ser traduzido como "Letramento Racial".

Schucman considera que, por meio do letramento racial, a brancura pode demover-se da branquitude, adquirindo uma consciência dos privilégios conferidos pela brancura, reconhecendo a estrutura sociopolítica do racismo e, posteriormente, se rever perante suas identidades raciais brancas, desidentificando, por fim, a brancura de branquitude.

Segundo France Winddance Twine,

> "Racial Literacy" é um conjunto de práticas que pode ser melhor caracterizado como uma "prática de leitura" – uma forma de perceber e responder individualmente às tensões das hierarquias raciais da estrutura social – que inclui o seguinte: (1) o reconhecimento do valor simbólico e material da branquitude; (2) a definição do racismo como um problema social atual, em vez de um legado histórico; (3) um entendimento de que as identidades raciais são aprendidas e um resultado de práticas sociais; (4) a posse de gramática e um vocabulário racial que facilita a discussão de raça, racismo e antirracismo; (5) a capacidade de traduzir e interpretar os códigos e práticas racializadas de nossa sociedade e (6) uma análise das formas em que o racismo é mediado por desigualdades de classe, hierarquias de gênero e heteronormatividade.[74]

Anuímos às perspectivas de Twine e Schucman, que compreendem o letramento racial como uma importante etapa para o reposicionamento de sujeitos e grupos nos quais a branquitude faz exercício, e ecoamos que esse(a) reconhecimento/definição/entendimento/ posse/capacidade/análise dos diferentes aspectos que compõem o racismo e a branquitude exige Relação[75]. Do contrário, teremos uma sociedade consciente da existência do racismo, que tomou posse de um almanaque de condutas antirracistas; contudo, não fez relação íntima, não se tornou (encarniçadamente/subjetiva-mente) antirracista. Depreendemos que é nos jogos de força das relações raciais que esse conjunto de práticas ultrapassa a esfera da leitura, em direção ao vir a ser, num desnorteamento do tor-nar-se quilombo.

Assim, encontramos a segunda pergunta da psicanalista: *como ele vai sendo produzido?* Essa pergunta será replicada, conforme cada fragmento for narrando experiências e nos (des)norteando, em busca da antimani*colonização*.

O próximo fragmento, n. 10, conta:

> Eu me lembro uma vez que eu estava num... foi meu primeiro trabalho como assistente social, eu trabalhava na Secretaria de Habitação, e a gente tinha um plantão lá no prédio Martinelli, que já é um prédio por si só bastante impactante para quem chega, porque é um prédio antigo, o plantão ficava dentro daquele prédio, eu me lembro que os usuários sempre ficavam muito constrangidos de entrar naquele conjunto de elevadores e luz e ter que ir até o centro, e não ter um plantão no seu território. Isso eu estou falando há quase 20 anos atrás. E aí eu *me lembro de uma pessoa, uma mulher negra, que estava chorando, chorando, ela chorava, chorava, chorava,* e a minha amiga, minha grande amiga, minha parceira de trabalho, foi conversar com ela. E conversa-ram ali, ela atendeu e tal, e depois a gente trocou uma ideia que eu nunca mais esqueci, e ela disse assim: "*é tanta pobreza que ela não tem nem palavra para explicar o que ela sente. E a minha grande preocupação é ficar inferindo palavras a partir do meu repertório que talvez não traduzam o que essa mulher de fato está sentindo*". Eu nunca mais esqueci isso, porque eu acho que isso é também um paradigma que a gente pode levar, [...] "Eu tenho medo de... ao mesmo tempo que eu consigo traduzir *eu tenho medo é*

*de inferir e reduzir o que esta pessoa de fato está sentindo e não con-
seguir abarcar.*" Então a sutileza também da escuta, da fala, da
inclusão, do que a gente pode construir como diálogo com as
pessoas, porque eu acho que elas conseguem de alguma maneira
comunicar. *Talvez é o tempo também da política social que não é o
tempo da escuta necessária para que essas pessoas possam conseguir
dizer o que de fato elas estão sentindo, ou aquilo que de fato carrega
muito afetamento e que o tempo dos plantões, de um atendimento para
o outro, essa coisa reificada, alienada, altamente mecanizada, a gente
fecha a escuta para essas sutilezas, para esses movimentos que às vezes
são traduzidos no corpo, nos silêncios, nos suspiros, em tantas formas
de comunicação corporal que os serviços e a política pública não dão
conta de, infelizmente, de ouvir. E eu acho que o racismo, ele também
é silenciado na medida em que ele precisa de tempo muitas vezes para
que a gente possa escutar.*[76]

Nesse relato, a assistente social conta a tentativa da trabalhadora
de não fazer induções (inferir/deduzir) sobre o sofrimento que a
usuária apresentava e, ao mesmo tempo, a ausência de repertório e
palavras que alcançassem aquela experiência de vida. Essa postura
ético-política da trabalhadora, embora angustiante, é fundamental
para sustentar o "irredutível humano da subjetividade e da sociedade e refletir sobre possibilidades de traduzi-las em categorias
analíticas e éticas, mas como fala Arendt (*A Condição Humana*)
'sem se eliminar a faculdade humana de agir, de criar processo
novo, cujo resultado é incerto'"[77].

A mesma autora, Bader Burihan Sawaia[78], reflete sobre a tentação em que o campo das ciências humanas (no âmbito seja da
inclusão social, da cidadania, dos direitos humanos ou mesmo da
saúde) tende a cair, a tentação de "fixar em palavras a essência viva
das pessoas", embora esta seja sempre uma missão perdida, pois tal
nomeação é impossível. Para a autora, o que nos cabe seria "evitar
a 'fetichização', o binarismo e as cisões promovidas pelas teorias,
à luz de ideias reguladoras que apontam a positividade ética e
questionam a ideia de renúncia e de subjetividade como cópia

do social"[79]. Nessa esteira, Sawaia dialoga com Fanon e identifica nas lutas e nos movimentos de transformação sociais os processos de subjetivação: "cabe-nos demonstrar que a concepção de subjetividade e de sujeito é área de luta e disputa social e política"[80].

Se o rigor com a não inferência sobre os movimentos de vida das(os) usuárias(os) é fundamental, essa conduta não deve se tornar impossibilidade de escuta clínica ou silenciamento, neutralidade e/ou ausência (desafetação) perante a demanda apresentada, muitas vezes fruto do racismo estrutural e institucional que atravessa os cuidados em saúde/saúde mental.

> a gente fecha a escuta para essas sutilezas, para esses movimentos que às vezes são traduzidos no corpo, nos silêncios, nos suspiros, em tantas formas de comunicação corporal que os serviços e a política pública não dão conta de, infelizmente, de ouvir. E eu acho que o racismo, ele também é silenciado na medida em que ele precisa de tempo muitas vezes para que a gente possa escutar[81].

A psicanalista Isildinha Baptista Nogueira[82], em seus estudos sobre a significação social do corpo negro, reconhece que, na dinâmica das relações raciais, ao negro instauram-se as dimensões do distante, do afastamento, enquanto ao branco instauram-se gestos de proximidade, de adesão. Sabemos que esse afastamento do corpo negro não se limita às relações interpessoais, pois as instituições também protagonizam esse distanciamento – de espaço e tempo –, lógica de separação fruto do racismo estrutural[83], uma dinâmica brutal para os cuidados em saúde mental que, por sua vez, dependem de proximidade – afetação. Romper com essa lógica de distanciamento e desafetação que o racismo promove para com negras(os) é, portanto, demanda descolonial na saúde mental.

Outra psicanalista, Cristina Rocha Dias[84], em seu texto sobre as marcas coloniais na escuta clínica, aponta que não basta reconhecer a distância como fruto da estrangeiridade presente nos (des)encontros do fazer clínico e alerta sobre a posição do *escuta-dor* nas relações raciais. A autora compreende que uma clínica descolonial, por vezes, impõe o oposto do lugar de saber – que tanto combina com o mito da democracia racial – e convida o *escuta-dor* à posição de estranheza e ignorância, que contraditoriamente permite o interesse, a inclinação ao encontro com a(o) negra(o). Nessa direção, para romper com a estrangeiridade colonial, que promove afastamento, seria necessário não apenas o reconhecimento social e histórico do projeto escravista colonial brasileiro, mas, acima de tudo, o reconhecimento das heranças coloniais nas relações sociais, o que, segundo Dias, ressoa na escuta clínica e na posição da(o) profissional de saúde mental, interferindo na direção do cuidado em saúde/saúde mental. Perante o exposto, como fazer?

Kwame Yonatan Poli dos Santos[85] propõe o aquilombamento da clínica[86]. Em diálogo com David[87], ele compreende o aquilombamento como uma reorientação ética no cuidado em saúde mental e reconhece a colonialidade como insígnia presente na clínica. Kwame Santos[88] considera que o "[a]quilombamento da clínica é a sua descolonização, isto é, a avaliação dos atravessamentos da colonialidade nas suas bases teóricas"; todavia, o autor reconhece que não basta apenas a revisão conceitual, então distingue que "a descolonização da clínica é um banho do Real[89] a partir de um duplo agenciamento: ampliação das bases teóricas-ético-política e, a partir disso, a construção de outros dispositivos clínicos à altura do que nos acontece"[90].

Nessa importante chave de ampliação das bases teórico-ético-políticas, que visam à criação e ao fortalecimento de dispositivos de cuidado em saúde mental descolonizados, ratificamos que o Aquilombamento das Margens propôs uma interessante metodologia: transmissões via internet (*lives*) mensais, que compõem uma formação aberta concomitante às rodas de conversas das(os) trabalhadoras(es) da RAPS, que trocavam e debatiam as diversas experiências vividas em seus serviços e equipes, buscando a aquilombação. Os próximos dois fragmentos (11 e 12) destacam o desnorteamento vivido pelas(os) trabalhadoras(es) e suas equipes nos processos de ampliação teórico-ético-política, apoiadas(os) nos conteúdos das *lives* e suas retransmissões.

> mas falando especificamente daqui, da minha vinda aqui, das *lives*, assim, acho que nossa, *muito interessante, eu consigo pensar com mais tranquilidade, sabe? Acho que poder entender a minha raça, essa invenção, essa invenção é uma invenção que existe, então a gente não pode não olhar para ela.* E acho que tem me ajudado bastante, e aí entre as colegas, *e aí eu também disseminei alguns vídeos para as colegas e fui fazendo...* até coloquei do Emiliano [Margens Clínicas sobre aquilombamento] no início, mas fui colocando mesmo o da Lia Vainer [Margens Clínicas sobre branquitude], *fui passando para umas colegas, para ajudar a gente a pensar esse lugar. Então acho que a gente está tendo um momento bem tenso no trabalho sobre essa discussão [branquitude e aquilombamento]*[91].

Nesse fragmento, a trabalhadora do CER relata o desnorteamento afetivo das relações raciais em um equipamento que visa aquilombar-se. Paradoxalmente, enquanto ela pôde "pensar com mais tranquilidade" ao se identificar racialmente – tomar consciência da sua brancura –, no serviço de saúde o clima tensionou: "Então acho que a gente está tendo um momento bem tenso no trabalho sobre essa discussão [branquitude e aquilombamento]."

A demanda afetiva supracitada é gerada e trabalhada, inclusive, a partir das transmissões via internet. Esse material formativo é compreendido como ferramenta de revisão epistemológica e também como recurso fomentador de processos de subjetivação antirracista. Nessa esteira, o conteúdo formativo é substância para a tessitura antirracista nas relações de força, dentro do serviço e na equipe de saúde mental.

Porém, Maria Lúcia da Silva nos lembra de que muitas das ciências que compõem a saúde mental, em especial a psicologia, "não forma[m] pessoas para atuar de acordo com a realidade do país"[92]. Essa falha formativa, fruto do racismo estrutural e institucional, recai sobre as instituições e os coletivos negros de saúde mental, que historicamente tentam reparar esse vácuo formativo: "há uma compreensão que você tem que mobilizar o outro (o branco, o Estado, as instituições) para que ele incorpore as ações de enfrentamento do racismo"[93]. Todavia, no aquilombamento esse processo antirracista é realizado coletivamente e visa a uma real transformação estrutural, conjuntural e subjetiva.

> O aquilombamento é nomeado como uma ética, porque interroga o modo como produzimos a clínica, de tal maneira que a troca coletiva, o compartilhamento de saberes que nos restituiu o saber-fazer, pode constituí-lo enquanto dispositivo clínico para pessoas de todas as raças. Aquilombar-se é sair da lógica da universalidade abstrata, calcada na branquitude que, enquanto permanecer, impedirá a construção de uma ideia de humano universal na sua radicalidade. É nesse sentido que o aquilombamento não almeja um bastar-se em si mesmo, mas a construção do comum na diferença.[94]

Ainda no fragmento n. ii, é trazido pela trabalhadora outro aspecto paradoxal do desnorteamento: a raça como "invenção[95] que existe". Acolher essa perspectiva exige posição subjetiva desnorteada/louca, pois é necessário loucamente[96] acreditar na raça (uma invenção[97]) para podermos desacreditá-la em seguida. Essa louca compreensão rompe com o estatuto da razão, que forjou a raça de modo fixo; por sua vez, a desnorteada/louca compreensão da raça faz relação e significação de modo atlântico, fluido, em deslocamentos subjetivos – acreditar para desacreditar em seguida, como se fosse uma pseudo alucinação: "Acho que poder entender a minha raça, essa invenção, essa invenção é uma invenção que existe, então a gente não pode não olhar para ela." Segundo a trabalhadora, o efeito desse louco movimento atlântico de "olhar para essa invenção que existe" contraditoriamente lhe ofereceu tranquilidade; já ao equipamento de saúde, gerou tensão (como apontado antes neste texto).

Faz-se necessário acolher essas distintas afetações na perspectiva da desrazão descolonial; do contrário, corremos o risco de invalidar dominantemente essas contradições afetivas (considerar que a tranquilidade é ilegítima – "coisa de branco privilegiado/colonizador" – e, equivocadamente, compreender que o tensionamento deve ser "estabilizado – dominado pela razão"), afastando-nos, assim, do trabalho na desrazão descolonial.

Na contramão, nós, profissionais de saúde mental, sabemos que os efeitos psicossociais do desnorteamento são singulares e tornam-se importantes analisadores no processo de aquilombação. Nessa toada, recorremos ao ensinamento de Beatriz Nascimento[98] de que a "paz quilombola" é motor da organização comunitária como "força de singularização", aquilo que a profissional chamou de sensação de *tranquilidade* ao identificar-se racialmente.

Não é diferente da tensão vivida na/pela equipe, o que compreendemos também como o processo de subjetivação/"força de singularização"; no entanto, recorremos aos ensinamentos de Clóvis Moura[99], que reconhece nos sentimentos de força extrema e de grande intensidade o motor da organização comunitária chamada quilombo.

Partamos, então, para o próximo fragmento (n. 12):

> *veio como uma construção de um diálogo que foi tão bacana que houve uma troca entre a equipe, de forma muito... [foram] narrativas de processos de experiências de racismo, que foi muito potente e que implicou no comprometimento dessa mesma equipe em fazer isso algo permanente no nosso trabalho, na nossa prática, que a gente possa olhar isso de fato. Teve um fórum municipal esse mês, no qual nós fomos, o* CAPS *referência assim, para estar organizando, e a equipe escolheu colocar como temática desse fórum aquilombamento e* CAPS, *dentro de uma proposta muito da própria reflexão da equipe, e isso foi muito legal porque gerou uma intervenção.* [...] Então a gente pôde, nessa conversa de falar desse lugar, a gente pôde também resgatar como que são os trabalhadores dessa equipe, desse CAPS de 10 anos. *Foi muito emocionante, porque eu fui a primeira técnica negra nessa unidade. Hoje essa unidade compõe com mais outros profissionais, e a gente não tinha essa liberdade, esse tema nunca foi interesse, nunca*

foi demanda para se conversar, e depois dessa nossa introdução, dessa narrativa, desse depoimento sobre a experiência sobre racismo, deu para perceber a dimensão mesmo de se imbricar nisso, de poder falar mais sobre isso, vamos discutir, e no nosso planejamento isso entrou como pauta para a gente construir mesmo. Enquanto ir lá e pensar a possibilidade de olhar esse cuidado não só com o usuário, mas a nossa própria prática e como que a gente vai abordando esse tema e como que isso é para a gente, porque a gente percebe muito desconforto também em falar sobre isso, até identifica, mas fica até em silêncio, não se fala, não questiona através desse lugar. Então para a gente nomear mesmo o que é racismo, não é *bullying*, que é preconceito, então a gente... *houve toda uma implicação da equipe de começar a olhar a partir daí e isso foi muito interessante, porque a partir de todo o material que é divulgado e compartilhado aqui neste grupo, a intenção é também compartilhar com a equipe e fazer disso a partir desse processo de educação permanente, a gente compartilhar e fazer essas discussões. A gente começou com o mestrado do Emiliano, porque você vai falando também de uma prática no CAPSij, então foi uma referência, fomos usando a partir disso também; a divulgação também das lives que foram feitas, que foram ótimas, foram muito boas, gente, o material ficou excelente, penso que é isso, agora a gente consegue dar continuidade para falas a partir de outros materiais produzidos*[100].

Esse fragmento narrativo traz o exercício vivo do repensar o racismo na saúde mental, mais especificamente na RAPS. De acordo com Rocha, Torrenté e Coelho, o (re)pensar do racismo realizado pelas(os) trabalhadoras(es) da atenção psicossocial pressupõe sete movimentos que elas(es) consideram primordiais. Alguns serão trabalhados junto de trechos do fragmento supracitado.

Para o autor e as autoras, "é preciso reconhecer a existência do racismo na Saúde Mental e os seus decorrentes efeitos e/ou desdobramentos"[101]. Em consonância com esse primeiro movimento, a psicóloga do CAPSij reconhece que o compromisso da equipe com o trabalho das/nas relações raciais partiu da troca (diálogo) sobre diversas experiências de racismo. Outros dois movimentos seriam "revisitar as noções de clínica e de escuta qualificada frente aos sofrimentos de base social, sejam os raciais, sejam os demais aqui em diálogo, inclusive na perspectiva interseccional"[102], e "um encontro com o nosso saber-fazer, ou com o nosso não-saber-fazer, ante o fenômeno do sofrimento psíquico oriundo da experiência de sofrer racismo e os sujeitos que o manifestam em suas existências-sobrevivências"[103]. Nessa direção, a psicóloga destacou que, a partir da troca de experiências sobre racismo, a equipe pode trabalhar as relações raciais "de fato", tornando-as uma questão permanente e redirecionando as práticas no cuidado em saúde mental. Uma das estratégias dessa reconfiguração foi levar o dispositivo de aquilombamento ao Fórum de Saúde Mental, o que, segundo ela, teve caráter e efeito interventivo.

Rocha, Torrenté e Coelho[104] consideram que "é preciso reconhecer a falta de recursos tecnológicos leves em saúde mental para abordar essa questão diante da profundidade subjetiva e sócio-histórica do fenômeno". A trabalhadora que trouxe o relato reconhece a grande importância em nivelar esses recursos tecnológicos (nesse caso, recursos humanos) e se emociona ao reconhecer a capacidade de partilha com outras(os) profissionais negras(os) e antirracistas: "Hoje essa unidade compõe com mais outros profissionais, e a gente não tinha essa liberdade, esse tema nunca foi interesse", o que permite a aposta, com expectativa na criação de estratégias antirracistas de cuidado construídas no momento do planejamento[105], quando a questão se tornou pauta pela primeira vez, segundo essa trabalhadora.

Os últimos dois trechos que destacamos do fragmento n. 12 dizem respeito ao processo de formação e revisão epistemológica e às possíveis transformações subjetivas que essas revisões podem fomentar. Segundo a psicóloga, "a partir de todo o material que é divulgado e compartilhado aqui neste grupo [*lives*/transmissões, livros digitais, artigos, cursos etc.], a intenção é também compartilhar com a equipe [do serviço onde trabalha] e fazer disso a partir desse processo de educação permanente, a gente compartilhar e fazer essas discussões". No relato da trabalhadora, é possível reconhecer que o recurso conceitual sobre racismo, raça, racialidade etc. torna-se ferramenta para as discussões em equipe e dá subsídio para um cuidado em saúde mental, em que o "encontro com o outro, bem como com o seu sofrimento, [ocorra] sem formas pré-dadas, julgamentos preconcebidos ou instruções endurecidamente definidas"[106], assim como o encontro subjetivo "consigo mesmo, com o 'racista que habita em nós', voluntário ou involuntário, e que se manifesta em nossos pensamentos, paradigmas e comportamentos cotidianos"[107].

Por fim, fica evidente a importância da produção de estudos que subsidiem saberes e fazeres em saúde mental antirracistas interseccionais, aquilo que Rocha, Torrenté e Coelho[108] consideraram o movimento de "produzir novas pesquisas sobre essas correlações, de maneira a fortalecer as políticas públicas já existentes sobre o tema". A psicóloga relatou esse exercício: "A gente começou com o mestrado do Emiliano, porque você vai falando também de uma prática no CAPSij, então foi uma referência, fomos usando a partir disso também; a divulgação também das *lives* que foram feitas, que foram ótimas, foram muito boas, gente, o material ficou excelente, penso que é isso, agora a gente consegue dar continuidade para falas a partir de outros materiais produzidos", aquilo que Nilma Lino Gomes[109] reconhece como atributo da ecologia de saberes das produções intelectuais negras, as quais têm se destacado pelo caráter renovador, contestador e revolucionário em sua radicalidade política, tanto na oferta de novas práticas quanto nas políticas de conhecimento.

Assim, compreendemos que o desnorteamento da luta antimanicomial passa pela interseccionalidade da formação antirracista e feminista, pela militância coletiva e pelas políticas de saúde/saúde mental aquilombadas como terreno fértil de processos subjetivos antimani*coloniais*, conforme vimos na experiência relatada: o Aquilombamento das Margens.

Antes de adentrarmos na próxima experiência vivida, o Café Preto, deixamos a reflexão de uma trabalhadora de CAPS e integrante do Aquilombamento das Margens:

> Esta semana foi a semana do trem sujo da Leopoldina correndo e correndo. Parece dizer: "Tem gente com fome. Tem gente com fome. Tem gente com fome. Tem gente com fome". E a fome? A fome não espera. Então, são poucas pessoas que vivem com ela. Essas pessoas têm cor. Têm território específico. De qualquer forma, não poderia deixar de contribuir com esse espaço tão especial e tão transformador. Eu conhecia poucos quilombos antes de me aquilombar, hoje percebo o quanto esse movimento é indispensável, imprescindível. Resistir para existir ou existir para resistir, mas primeiro, é necessário romper o silêncio, as mordaças transvertidas de... não, as mordaças do pacto da branquitude transvestidas de lugares de fala vão caindo para dar lugar à voz e romper com o silêncio que mata, que perpetua o racismo. O silêncio da branquitude nas relações raciais. O aquilombamento é humanização. É o retorno das diferenças. É prática antirracista. É ação. É erguer a voz, é quebrar o silêncio. Se implicar, resistir, lutar, transmutar, transformar. Perder o privilégio, se sentir desconfortável e entrar em conflito. E isso só é possível através dos vínculos, pois sabiamente foi dito: os vínculos são o nada que sustenta tudo. Obrigada. Obrigada, queria agradecer a todos vocês, que fizeram parte dessa rede de confiança, de lugar de segurança, um lugar de compartilhar, e de multiplicar e de sustentar também todas essas dificuldades que a gente vai encontrando ao entrar em contato com essas dores. E enfim, eu só tenho a agradecer a todos vocês por tudo, e é isso. Que a matriz continue (riso).[110]

Café Preto:
Experiência Antimanicolonial

Em 1956, Frantz Fanon demitiu-se do Hospital Psiquiátrico da Argélia – Blida-Joinville, em Argel – e sua decisão antimanicolonial foi comunicada por meio da *Carta ao Ministro Residente*. Nela, Fanon ratificava sua posição contrária, de não pactuação com a psiquiatria colonial:

> Se a psiquiatria é a técnica médica que visa permitir ao homem não mais ser estrangeiro em seu meio, devo afirmar que o árabe, alienado permanente no próprio país, vive num estado de despersonalização absoluta. [...] A estrutura social que existe na Argélia se opõe a qualquer tentativa de recolocar o indivíduo em seu lugar.[111]

Fanon constatou que verdadeiras tentativas de reabilitação psicossociais exigem uma sociedade que esteja em radical oposição à colonialidade, e, ao denotar que a manicomialização e a psiquiatria colonial eram/são ferramentas de alienação e aprisionamento, o psiquiatra rompe com a instituição colonial e sua lógica e continua na busca e no desenvolvimento de tecnologias libertárias, desalienantes e revolucionárias de cuidado em saúde mental e de sociedade. "Essa alienação colonial extrema – esse fim da 'ideia' de indivíduo – produz, em Fanon, uma urgência incansável por uma forma conceitual apropriada para o antagonismo social da relação colonial"[112].

Essa busca ético-política, conceitual e prática encontra-se ainda em exercício, e consideramos que a experiência do Café Preto se configura como uma delas, articulando o antirracismo ao cuidado em saúde mental, como fez Frantz Fanon em sua prática na clínica pública[113]. O cuidado antirracista na saúde mental pressupõe a compreensão de que a manicomialização é transpassada pelo colonialismo e a colonialidade. Autores como Rachel Gouveia Passos[114] e Deivison Faustino[115] têm demonstrado que tanto Frantz Fanon quanto Franco Basaglia denunciaram a organização colonial e racista das/nas instituições manicomiais. "O que ambos estavam denunciando é que a relação entre médicos e pacientes, na modernidade, assumiria uma expressão colonial em suas manifestações de violência e exclusão"[116]. Por isso, ambos antimani*coloniais* propuseram uma clínica que não se abstenha da política em momento algum, e que compreenda o sofrimento psíquico como efeito da colonialidade que, por sua vez, continua desumanizando, por intermédio do racismo e de suas intersecções.

> Toda sociedade cujas estruturas se baseiem apenas em diferenciações culturais, de classe e em sistemas competitivos cria dentro de si áreas de compensação às próprias contradições, áreas nas quais pode concretizar a necessidade de negar ou de fixar, numa objetualização, uma parte da própria subjetividade.
>
> O racismo, em todas as suas facetas, é somente a expressão da necessidade dessas áreas de compensação. Da mesma forma, a existência dos manicômios – símbolo daquilo que poderíamos definir como "reservas psiquiátricas", equiparando-as ao *apartheid* do negro ou aos guetos – é a expressão de uma vontade de excluir aquilo que se teme por ser desconhecido e inacessível, vontade justificada e cientificamente confirmada por uma psiquiatria que considerou o objeto dos seus estudos "incompreensível" e, enquanto tal, relegável à fileira dos excluídos...[117]

Na contramão da manicolonização – psiquiatria colonial –, a perspectiva antimanicolonial da/na RAPS não nega ou fixa colonialmente os processos de subjetivação no cuidado em saúde mental; pelo contrário, a antimanicolonialidade consiste em uma posição ético-política e práxis de combate à estrutura e aos efeitos do que Suely Rolnik chamou de inconsciente colonial-capitalístico, tornando-se ferramenta que nos auxilia a afastar a vida da cafetinagem. Todavia, "insurgir-se nesse terreno implica que se diagnostique o modo de subjetivação vigente e o regime de inconsciente que lhe é próprio, e que se investigue como e por onde se viabiliza um deslocamento qualitativo do princípio que o rege"[118]. Do contrário, propostas como a do Café Preto, embora antimanicoloniais, "não sair[ão] do laboratório das ideias, correndo o risco de permanecer[em] confinada[s] no plano imaginário e suas belas ilusões alentadoras"[119], e elas mesmas tornar-se-ão dispositivos de captura. Nessa direção, perguntamos: quais pistas a experiência do Café Preto nos indica para possíveis insurgidos perante a histórica colonialidade na saúde mental brasileira?

No fragmento narrativo a seguir, n. 14, a médica que se autodeclara preta traz a desumanização característica da manicolonialidade e indica que o *espaço do Café* é agente de vida – lugar de existência –, que aplaca esse sintoma colonial e racista. Segundo a trabalhadora, o Café Preto promove uma dupla experiência: a primeira, política, de resistência ao racismo; a segunda, de caráter subjetivo de existência.

> para a gente talvez alcançar esse lugar não só de *resistência*, mas esse lugar de *existência*, porque é tão complexo tantas vezes ser desumanizado, e que esse espaço do Café possibilita muito isso e é o que me manteve no CAPS esse tempo inteiro. [...] Eu acho que realmente a gente está plantando uma semente muito importante com esse espaço[120].

A psicóloga Clélia Prestes[121] estabelece um diálogo conceitual entre Frantz Fanon e bell hooks a fim de demonstrar como os afetos amorosos são ferramentas potentes para ressignificar a desumanização que a colonialidade (e o colonialismo) promovem. No ensaio, a psicóloga compreende que, por vezes, nas experiências coletivas de resistência ao racismo, pode-se criar espaços e relações de cuidado, em que os afetos amorosos tenham campo para circulação, agindo como ferramenta político-social de combate às opressões e, também no enlace afetivo, promovendo autocuidado e relações ampliadas de humanidade: "no horizonte, resistência às violências, com ressignificação da humanidade e amor, em favor da saúde psíquica"[122].

Não à toa, a trabalhadora reconhece que o efeito humanizador da experiência do Café Preto foi o que permitiu sua permanência/manutenção como profissional do CAPS AD: "é tão complexo tantas vezes ser desumanizado, e que esse espaço do Café [...] é o que me manteve no CAPS esse tempo inteiro. Eu acho que realmente a gente está plantando uma semente muito importante com esse espaço".

Os frutos dessa semente à qual a médica se refere precisam ser espalhados. Nessa toada, destacaremos dois fragmentos que demonstram algumas das intencionalidades do Café, com o trabalho em equipe e na rede. No fragmento n. 15, a equipe do Café Preto discutiu a necessidade de estratégias de manutenção e ampliação do debate racial junto aos demais integrantes do CAPS; já no n. 16 (dois meses depois da reunião na qual foi recolhido o fragmento anterior), a equipe do Café começava a desenvolver uma estratégia de ampliação da temática para a RAPS do território: *Coar Café*.

> o nosso grande objetivo como Café não é aquilombar a luta antimanicomial? Não é estar nesse espaço de uma forma que a gente consiga ampliar a pauta? Então assim, eu acho que os espaços abertos com a equipe são espaços muito importantes, sabe? Então, é necessário pensar. Às vezes se for pensar de alternar, vamos fazer uma vez com o Café e outra vez com a equipe. Mas acho que perder esse lugar aí, de fazer esse debate qualificado com a equipe, com as equipes, seria dar um passo atrás, que eu acho que pode prejudicar o Café[123].

Nesse fragmento narrativo, fica evidente o trabalho da integrante do Café Preto de lembrar as(os) demais integrantes sobre o risco da "guetificação" desse grupo de trabalhadoras(es) antirracistas, o que (as)os levaria à cilada de discutir a questão racial apenas entre si e perder a relação nas diferenças. A médica assevera a importância do trabalho com o grande grupo de trabalhadoras(es) do serviço, não apenas aquelas(es) que compõem o Café Preto: "eu acho que os espaços abertos com a equipe são espaços muito importantes [...] acho que perder esse lugar aí, de fazer esse debate qualificado com a equipe, com as equipes, seria dar um passo atrás".

David e Silva apontam que, para as equipes de saúde/saúde mental do território estarem sensíveis e aptas para a escuta e o cuidado com os possíveis sofrimentos psíquicos advindos do racismo, faz-se necessária a permanente e continuada capacitação, mas não só, pois são fundamentais as trocas/diálogos diversos sobre a temática, não apenas nos espaços formativos e formais[124]. O autor e a autora compreendem que essas trocas se dão no território, assim como se tornam agentes racializadores do próprio território.

Consideramos atlântico o movimento de *alternar* entre os grupos/equipes que o Café Preto se propôs: "Então assim, eu acho que os espaços abertos com a equipe são espaços muito importantes, sabe? Então, é necessário pensar. *Às vezes se for pensar de alternar, vamos fazer uma vez com o Café e outra vez com a equipe.*" (Grifo nosso.)

Essa abertura ao alternar, movimento atlântico, é antimanicolonial e dialoga com a proposta de pensamento mbembiano: é necessário "um pensamento em circulação, um pensamento da travessia, um pensamento-mundo"[125], contrário ao pensamento fixo ou definido, adverso ao pensamento eterno e irrevogável, típico da colonialidade.

Com Glissant, compreendemos o risco do pensamento permanente de mundo, pois a errância colonial ocidental promoveu uma cultura de fixidez do/no território, uma imobilidade física e subjetiva[126]. Na contramão da manicolonialidade, o Café Preto, ao navegar em relação, ir e vir na diferença, põe-se no movimento de quebrar as paredes manicoloniais da raça e da psicopatologização. Assim, o Café Preto convocou a RAPS local à posição *Todo-Mundo*, essa posição subjetiva que quebra com a colonial e terrificante fixidez do território e intervém no sofrimento e na anuência desse negativo.

Sabemos que aparentemente seria mais "confortável" dialogar apenas entre os seus; contudo, o Café Preto não se limitou a esse suposto conforto colonial, afinal, tal fixidez não promove descolonização subjetiva – antimanicolonialidade. Logo, o Café Preto abriu-se para a relação na diferença, relacionando-se com as(os) demais trabalhadoras(es) do CAPS e da RAPS do território, movimento que nomearam Coar Café (fragmento n. 16).

Esse tipo de movimento, que consideramos antimanicolonial, Glissant chamou de crioulização, diferindo-o da mestiçagem. Sabemos que o antimanicolonial é efeito da Relação, e o Café foi ao seu encontro crioulamente: "a mestiçagem é o determinismo, e em contraposição, a crioulização é produtora de imprevisibilidade. [...] Podemos prever ou determinar a mestiçagem, mas não podemos prever ou determinar a crioulização"[127].

A aquilombação da luta antimanicomial é urgente; todavia, essa luta antimanicolonial é indeterminada, pois a crioulização é rizomática, não tem uma raiz única[128]. Embora haja um protagonismo negro e de mulheres, essa luta é feita na Relação com a diferença. Como veremos à frente, o Coar Café visa ao descentramento do CAPS – sintoma da luta antimanicomial contemporânea que tem se configurado CAPS-Cêntrica[129].

A luta antimanicolonial, por sua vez, é radicalmente produzida a partir do território, compreendendo comunidade, movimentos sociais (diversos), usuárias(os), familiares, trabalhadoras(es) da RAPS, pesquisadoras(es) etc., conforme a integrante do Café Preto disse: "demais parceiros que não estão dentro da rede pública" (fragmento n. 16).

Vejamos a enunciação desse movimento de abertura antimanicolonial no fragmento a seguir:

> a nossa ideia é manter esse espaço aberto uma vez por mês. Então nós vamos ter três reuniões do Café por mês, e uma vez por mês nós vamos fazer uma reunião aberta do Café. Que é esse Coar Café. [...] a nossa ideia é que, daqui para frente, a gente abra tanto para os parceiros da rede da RAPS, incluindo até a Atenção Primária à Saúde, quanto os serviços da assistência e demais parceiros que não estão dentro da rede pública[130].

O Coar Café, em nosso entendimento, configura-se como uma dessas "diásporas imaginadas", pois contribui para reflexão, debate e estabelecimento de políticas públicas para a comunidade negra, ancorados na construção e manutenção de solidariedades e lutas antirracistas, como projeto político radical de cidadania, direitos humanos e transformação subjetiva e social[131]. Nessa esteira, o trabalho, à luz das relações raciais no SUS e mais especificamente na saúde mental, consegue ultrapassar a questão do signo e trabalhar na experiência. O Coar Café convida ao ato, à práxis e, para isso, é necessário fazer jus à metáfora, à imagem escolhida pelo coletivo de trabalhadoras(es) antimanicoloniais.

Que possamos ter recipientes que sustentem a água aquecida, mantendo sua alta temperatura, afinal, trabalhar as relações raciais em rede não é matéria fria ou morna. Que possamos ter filtro para remover o gosto amargo no lento processo de cocção; sem ele, não conseguiríamos digerir, sentir, saborear, pois iríamos lidar com a matéria bruta do grão ou do pó, e no dia a dia das relações raciais filtros são necessários, tanto na escuta quanto na fala e até mesmo no olhar. Que possamos aguardar, porém de perto e ativamente, afinal, a conscientização e a transformação em torno dos processos de racialização, racismo e branquitude exigem paciência. Segundo Mônica Mendes Gonçalves[132], "os sistemas raciais vêm sendo construídos e (re)elaborados há cinco séculos. A tarefa de combatê-los envolve esforços transgeracionais e supranacionais"; contudo, combater o racismo exige acompanhar esse processo de transformação, assim como no coar café, que exige paciência no aguardar a ultrapassagem da água quente pelo pó e filtro. Fundamental que tenhamos olfato e paladar refinado, que permita identificar os sabores agradáveis (ou não) desse processo, a fim de podermos adicionar água ou mais pó, se necessário – e, para alguns, açúcar. As relações raciais exigem transformações estruturais, mas elas acontecerão a partir do sensível. Por fim, que não nos falte roda para de maneira compartilhada poder servir/ser servida(o), colocar os sentidos em ação e tomar/beber, sendo afetada(o) pelos sabores e efeitos do encontro – das relações.

Essa ideia de Coar Café, então, de criar um espaço que seja mais seguro e aberto, ao mesmo tempo, que não tenha a mesma periodicidade do Café, mas que seja esse lugar onde as pessoas vão entrando e a gente vai tendo a oportunidade de conhecer, sabe? […] Eu acho saudável, necessário até. A coisa é como a gente se organiza para ocupar esse protagonismo de forma que a nossa ética não seja corrompida. Entende? Então aí a ideia é Coar Café. Olha o ganho que a gente teve, enquanto Café Preto, quando entrou o [y.], que é uma pessoa que não se declara negro, quando entrou a [z.], que é uma pessoa que não se declara negra, quando a gente começou a ter mais capilaridade e a se construir como rede. *Em todos os momentos que a gente ficou inseguro, e que a gente, de certa forma, não sabia para onde a gente ir, para onde a gente ia, a gente construiu estratégia para lidar com isso, a gente cresceu. E agora é isso que a gente está vivendo, é um momento ímpar onde pode vir um crescimento muito grande, inclusive nessa coisa de ter um espaço mais permanente, até de diálogo, com esses agentes que estão na gestão, que estão próximos, estão em lugares em que a gente pode intervir, e aí sim, gerar impactos maiores na rede como um todo, sabe? Então eu olho, de fato, com muita curiosidade e com esperança para esse momento. […] é criar uma forma... por isso Coar Café, por isso ampliar de uma forma que seja estruturada, que seja organizada, que seja aberta à rede, daqui a pouco possam vir integrantes de outras OSs também, e que a gente construa uma forma de aquilombamento em rede, que é algo que me despertou muito, e que eu vi que sustentou o Café em seus momentos mais difíceis,* foi a coisa de não ter ficado só na Penha. O tempo inteiro nosso olhar foi para: como a gente vai crescer sem destruir nossas próprias pernas, sabe? Então, eu vejo com muita esperança esse processo. […] Talvez, daqui a pouco, a gente crie algo mais... uma transição desse coar para essa coordenação do Café que está num lugar de aquilombamento talvez um pouco mais dado, em que os princípios, a ética já estão mais consolidados, e aí passar a algo quinzenal. Mas eu acho que as duas coisas são importantes, entendeu? Como

> acolher e como pensar na nossa expansão de uma forma segura, que não desvirtue princípios e valores. É isso.[133]

O coletivo Café Preto busca salvaguardar os princípios e valores antirracistas dos movimentos negros e feminista negro, o que permite buscar, com afinco, equidade racial no campo psicossocial. Para isso, compreende que a necessária abertura para as(os) demais da RAPS (ação que nomearam Coar Café) dialoga com o que a autora Patricia Hill Collins[134] chamou de "espaços seguros". Ao mesmo tempo que essa abertura permite um processo paradigmático de emancipação descolonial com as(os) demais usuárias(os) e trabalhadoras(es) da RAPS, ela não deve ferir a capacidade do coletivo Café Preto de se autodefinir. Essa autodefinição comunitária e individual, que ocorre nos espaços seguros, Collins considera fundamental nos processos de subjetivação de mulheres negras.

Conforme anunciado, resgatamos a importância dos espaços seguros no *Devir Quilomba*, de Mariléa de Almeida: "Essas mulheres, ao se conectarem com os afetos potentes construídos na relação que estabelecem consigo e com os outros, tal como o cuidado, a ternura e a capacidade de criar espaços seguros, têm buscado uma reconciliação com seus lugares, com suas histórias, seus corpos, seus saberes."[135]

Assim como foi dado destaque à importância do(s) espaço(s) seguro(s) para o exercício antimanicolonial, o que via de regra é criado e mantido pela comunidade, usuários, familiares e trabalhadoras(es), o coletivo Café Preto também apontou a necessidade de que as instâncias administrativas/estratégicas que coordenam a saúde/saúde mental (funções de gestão e até mesmo as organizações sociais) se impliquem e passem a compor esse processo de transformação antimanicolonial.

Perguntamos: seria possível dialogar com as instâncias administrativas e de gestão, bem como as(os) representantes das

Organizações Sociais (OSS), mantendo essa perspectiva aquilombada de lugar seguro? Esta obra, possivelmente, não responde a pergunta. Lembremos do que asseverou Kabengele Munanga: "não podemos ficar simplesmente numa relação sectária. Em uma sociedade como a nossa, precisamos negociar com quem está no poder"[136]. Sabemos, porém, que essa negociação não é qualquer tratativa, pois a liberdade não está à venda.

> Eis a convocação e seu porquê: abordar a raça, o que é uma necessidade, pois ainda é preciso lidar com os efeitos materiais, concretos e simbólicos que ela produz. Seus desdobramentos, nessa dimensão social que ela mesma conjuga e da qual emerge, são reais e demonstram que segue altamente eficaz: diferenciando sujeitos, (re)produzindo e justificando desigualdades, reforçando estereótipos e privilégios (A.S.F. Guimarães, *Racismo e Antirracismo no Brasil*). Nesse sentido, todos os que estão no campo da saúde – gestores, pensadores, pesquisadores e trabalhadores, assim como sociedade civil – devem atribuir para si responsabilidade pela manutenção desse sistema, ainda que pela omissão no combate ao racismo, que faz reproduzir e criar novas hierarquias raciais e não enfrenta a disposição e a oferta diferenciadas de serviços e cuidados para as pessoas negras e brancas. É diante dessa assunção também que deve advir a tarefa de atuar crítica e contundentemente para seu fim. Logo, tanto mais importante do que se posicionar como sujeito histórico diante desse quadro, é comprometer-se sujeito da transformação dele.[137]

Os movimentos de abertura, que visam à implicação e à transformação de todas as partes envolvidas na saúde/saúde mental antimanicolonial, precisam ser compreendidos à luz da perspectiva mbembiana de luta por descolonização. O filósofo, em diálogo com Fanon, compreende que as lutas africanas, no contexto colonial, tinham como projeto central o ganho (ou resgate) de humanidade, "o que consiste na transferência do colonizado, por conta própria, para um lugar mais elevado em relação àquele que lhe foi atribuído em função de sua raça ou em consequência da subjugação"[138]. Apontamos novamente que na saúde mental esse resgate de humanidade compreende cuidado em saúde/saúde mental com radical liberdade.

Para isso, Mbembe resgata a pergunta fanoniana: "Como cuidar [...] dos que foram feridos, dados por mortos, abandonados à beira do caminho [?]. O problema era [e ainda é] como reconstruir, com urgência, algo que havia sido destruído ao longo de tanto tempo."[139] Essa pergunta (des)norteia a luta antimanicolonial; afinal, essas ideias-força que estamos apresentando colaboram para essa luta que visa à liberdade e humanização daquelas(es) que são historicamente as vítimas focais do racismo e da colonialidade manicomial?

O próprio Mbembe nos ajuda a respondê-la; em nosso entendimento, o autor oferece o tom. A ética antimanicolonial está na possibilidade criativa de imaginarmos diásporas de vida, aspecto fundamental de uma democracia:

> A tarefa hoje consiste em inscrever a ideia da greve moral em atos culturais suscetíveis de preparar o terreno para práticas políticas diretas, sem as quais o futuro estará fechado.
>
> A invenção de um imaginário alternativo da vida, do poder e da cidade exige uma atualização das solidariedades transversais, as que ultrapassam as afiliações a clãs e etnias; a mobilização dessas jazidas religiosas que são as espiritualidades da libertação; a consolidação e a transnacionalização das instituições da sociedade civil; um renascimento da militância jurídica; o desenvolvimento de uma capacidade de proliferação especialmente na direção das diásporas; uma ideia de vida e das artes que será a fundamentação do pensamento democrático.[140]

Nesse (des)norteamento da reforma psiquiátrica, a práxis da aquilombação ganha espaço e ampliação, no vaivém da diáspora atlântica, radicalizando a ética libertária em luta antimanicolonial.

No próximo subcapítulo veremos alguns desnorteados registros da aquilombação na Rede de Atenção Psicossocial do Município e Grande São Paulo, em meio ao processo político de transformação subjetiva antimanicolonial.

Desnorteados Registros das Experiências de Aquilombação na Luta Antimanicolonial

As figuras 10, 11, 12, 13 e 14 dizem respeito à práxis da aquilombação nos serviços de saúde mental de diferentes regiões do Município de São Paulo. Com elas, destacamos que a luta antimanicolonial está em curso em alguns territórios e serviços de saúde mental do município.

A figura 15 retrata a importância da questão racial debatida nos espaços de controle social, onde se reúnem diversos segmentos representativos da sociedade. Afinal, na luta antimanicolonial, equidade racial na saúde/saúde mental é compreendida como meta nacional.

A figura 16 retrata a participação das(os) usuárias(os) e familiares como protagonistas da luta antimanicolonial. Por isso, foi escolhida a oficina de escrevivências realizada no CAPS AD de Sapopemba, uma vez que tal oficina, a nosso ver, tem uma metodologia desnorteada. Segundo Conceição Evaristo, trata-se de "jogo que eu [Conceição Evaristo] fazia entre a palavra 'escrever' e 'viver', 'se ver' e culmina com a palavra escrevivência"[141].

FIG.10: *Material de divulgação do Kilomboeste.*
Fonte: Grupo de WhatsApp Kilomboeste.

FIG.11: *Material de divulgação do Coletivo Kilombrasa.*
Fonte: Grupo de WhatsApp Kilombrasa.

FIG.12: *Material de divulgação do Coletivo Kilombrasa.*
Fonte: Grupo de WhatsApp Kilombrasa.

FIG.13: *Material de divulgação do Coletivo Kilombosul.*
Fonte: Grupo de WhatsApp Kilombosul.

FIG.14: *Material de divulgação do Coletivo Kilomboleste.*
Fonte: Grupo de WhatsApp Kilomboleste.

FIG.15: Painel da 4a Conferência Municipal de Saúde Mental – São Paulo/SP. Fonte: Acervo pessoal.

FIG. 16: *Crônicas de Marias: escrevivências de mulheres que usam substâncias psicoativas na periferia de São Paulo* (CAPS AD II Sapopemba) – Exposto na 4a Conferência Municipal de Saúde Mental – São Paulo/SP. *Fonte: Acervo pessoal.*

FIG. 17: *Material de divulgação de atividade formativa da Secretaria Municipal de Saúde do Município de São Paulo. Fonte: Secretaria Municipal de Saúde da Cidade de São Paulo.*

FIG. 18: *Material de divulgação do Aquilombamento das Margens (Margens Clínicas). Fonte: coletivo Margens Clínicas.*

FIG. 19: (ABAIXO) *Material de divulgação do curso Ética, Práticas Intersetoriais de Cuidado e Relações Raciais (Instituto AMMA Psique e Negritude). Fonte: Instituto AMMA Psique e Negritude.*

A figura 17 aponta que as instâncias estratégicas do Estado (no caso, a Secretaria Municipal da Saúde da Cidade de São Paulo – SMS-SP) podem se envolver e colaborar com o desnorteamento da saúde/saúde mental.

A figura 18 retrata que o desnorteamento da RAPS conta com colaborações de diversos coletivos, exercício de uma compreensão ampliada de rede e de clínica.

A figura 19 demonstra que as entidades do movimento social (mais especificamente dos movimentos negros e feminista negro) compõem a aquilombação, oferecendo recursos, dos mais diversos, para a luta antimanicolonial.

A figura 20 traz um aglomerado de fotos de intervenções nas portas de uma Unidade Básica de Saúde do território da Brasilândia e demonstra que os distintos serviços da atenção básica estão envolvidos no desnorteamento de suas compreensões e práticas de saúde/saúde mental.

A figura 21 ilustra como a RAPS aquilombada se fortalece na intersetorialidade. Equipamentos da cultura, lazer, esporte, educação, assistência, entre outros, compõem a luta antimanicolonial.

Compreensão fundamental da luta antimanicolonial está expressa na figura 22, que traz a presença da comunidade local organizada antirracistamente. A relação com a comunidade é condição da aquilombação; sem ela o desnorteamento não acontece.

As figuras 23 e 24 representam a importância da produção epistemológica desnorteadora para a luta antimanicolonial. A produção científica produzida pelos movimentos sociais negros e feminista negro (no caso, o livro organizado pelo Instituto AMMA Psique e Negritude e publicado pela editora independente Dandara) e pelos grupos de pesquisas antirracistas das universidades brasileiras (no caso, a coleção Diálogos da Diáspora, produzida

FIG. 20: *Fotos de intervenções artística (perfil de mulheres negras) nas portas da Unidade Básica de Saúde no território da Brasilândia no Município de São Paulo.*

FIG. 21: *Material de divulgação da programação do Centro Cultural da Juventude, no bairro da Cachoeirinha. Fonte: Centro Cultural da Juventude Ruth Cardoso – Prefeitura de São Paulo.*

pelo grupo de pesquisa Egbé: Negritude, Clínica e Política, junto ao Projeto Canela Preta) dá aporte para o desnorteamento das práticas e registra os saberes e fazeres aquilombados.

As figuras anteriores demonstram que o aquilombamento se reedita ao longo do tempo, ideia-força de resistência e existência (subjetivação) que pulsa criativamente no vaivém do diaspórico atlântico negro. Esse movimento paradoxal de dor e prazer produz uma comunicação transformadora nas subjetividades, afinal, tal movimento criativo intervém nas culturas ao longo dos séculos[142] e promove um corpo material e subjetivo de aquilombação.

FIG. 22: (À ESQUERDA) *Foto dos tambores da Comunidade Cultural Quilombaque. Fonte: Página do Facebook Comunidade Cultural Quilombaque.*

FIG. 23: (NO CENTRO) *Material de divulgação do lançamento do livro Enfrentamento dos Efeitos do Racismo, Cissexismo e Transfobia na Saúde Mental (Instituto AMMA Psique e Negritude). Fonte: Instituto AMMA Psique e Negritude.*

FIG. 24: (À DIREITA) *Material de divulgação do pré-lançamento do livro Racismo, Subjetividade e Saúde Mental: Pioneirismo Negro (Coleção Diálogos da Diáspora). Fonte: Diálogos da Diáspora.*

Para Terminar

No célebre livro *História da Loucura na Idade Clássica*, Foucault demonstrou que o louco é um sujeito historicamente construído; sendo assim, o engenho da doença mental intencionava a exclusão de determinados corpos e modos de vida da sociedade. Com o sujeito racial não foi muito diferente. Mbembe, no livro *Crítica da Razão Negra*, afirma que a criação do negro está intrinsecamente ligada à história do capitalismo, pois, ancorado em subsídios raciais, esse sistema (em seus distintos tempos e modelos) distribui violências a determinados corpos e modos de vida, visando à manutenção e ao crescimento das "forças produtivas" do capital.

Todavia, foi por meio da colonialidade que negras(os) foram entendidas(os) como ausentes de subjetividade/humanidade. No consagrado livro *Pele Negra, Máscaras Brancas*, Frantz Fanon aponta que o resgate dessa humanidade – contra o que ele chamou de "epidermização da inferioridade"[1] – exige um processo psicológico que esteja alinhavado às consciências econômicas e sociais.

Ambas as criações, raça e loucura, se ancoraram na razão ocidental para o seu exercício de exclusão, sendo/estando o louco e o negro excluídos do domínio da verdade e ligados à desrazão – o Fora –, ideia manicolonial que, aliançada no racismo e em suas intersecções, forja o *crioulo doido* e a *nega maluca* no Brasil.

Esta obra discute as distintas maneiras de se relacionar com esse Fora, uma vez que a desrazão também é datada historicamente[2]. Nessa esteira, interessamo-nos pelos jogos de força que as experiências de alguns coletivos antimanicomiais antirracistas – antimanicoloniais – têm produzido no dia a dia dos seus trabalhos e as possíveis modalidades de subjetivação que esses encontros têm suscitado no ir e vir das relações raciais.

Esse movimento de vaivém, atlântico e diaspórico[3], permite uma constante entrada e saída na raça e na loucura – entrar e sair na/da raça e na/da loucura é como entrar e sair no/do Fora e na/da razão –, o que permite não ser louco e negro o tempo todo, sem deixar de sê-lo. Como afirmou Clarice Lispector, "[é] uma bênção estranha, como ter loucura sem ser doida"[4]. Essa perspectiva subjetiva consideramos desnorteadora, afinal, produz dobra na relação de subordinação da loucura à norma "como norte", além de criticar a ancoragem eurocêntrica dos saberes e saber-fazer da saúde mental (tradicional) brasileira, que psicopatologiza e medicaliza determinados modos de relação com o Fora, fazendo de negras(os) e indígenas vítimas primeiras e históricas da manicomialização – manicolonialização.

O acompanhamento de experiências desnorteadas em saúde mental, junto aos coletivos Kilombrasa e Café Preto, assim como da experiência formativa do Aquilombamento das Margens, evidenciou que a reforma psiquiátrica brasileira carece de um retorno à radicalidade libertária. Asseveramos que a busca por liberdade neste país não pode estar desassociada das pautas antirracistas, anticapitalistas e feministas, o que exigiria um movimento de descolonização do pensamento e do poder, entendendo que o antirracismo opera entre as mudanças subjetivas, institucionais e da própria estrutura, processo subjetivo que é fomentador de outros registros de inconsciente, que combatam o regime colonial-racializante-capitalístico[5].

Tal radicalização estaria endereçada a uma luta antimanicolonial, o que convida a reforma psiquiátrica brasileira à aquilombação cotidiana como uma práxis transversal na RAPS. Todavia, considera-se que esse saber-fazer não pode estar distante dos movimentos negros e de mulheres negras. Faz-se necessário identificar o que há de antimanicolonial nesses movimentos e nas suas comunidades e territórios, assim encontraremos na diáspora negra alguns dos elementos civilizatórios que não visam à dominação (descoloniais), além dos modos de relação e aspectos culturais desnorteados que permitem as relações na diferença, no ir e vir *comum* das relações raciais. Deslocamentos necessários para o estabelecimento das democracias e da tão vislumbrada humanidade, conforme dito por Mbembe: "para aqueles que sofreram a dominação colonial [...] a recuperação dessa parcela de humanidade muitas vezes passa pela proclamação da diferença"[6]. Sendo assim, exigimos equidade racial dentro e fora do SUS, pois sem ela não haverá democracia/democracia racial.

Na diáspora negra, nesse transnacionalismo, dão-se distintas subjetivações de liberdade. Paul Gilroy[7], Kim D. Butler & Petrônio Domingues[8] e Michael Hanchard[9] são alguns dos autores e autoras que têm demonstrado que a longínqua e permanente comunicação diaspórica subsidia as implementações de ações afirmativas e políticas antirracistas de diversas ordens, ultrapassando a compreensão limitada de diáspora apenas como um deslocamento físico de indivíduos. Nessa esteira, compreendemos as experiências de aquilombação da RAPS como efeito das comunicações diaspóricas, e a antimanicolonização da saúde mental brasileira como fruto daquilo que as comunidades diaspóricas africanas e afro-brasileiras imaginaram ao longo de atlânticos percursos visando ao resgate da humanidade roubada pela colonização, colonialidade e racismo.

Por fim, assinalamos: para que esses movimentos desnorteados sejam *comuns* ao campo da saúde mental, não podemos evitar as relações nas diferenças e, para isso, se faz necessária a quebra dos discursos de origem fixa, que visam impedir o incorporar/integrar na alteridade. A produção de equidade racial e de gênero na

PARA TERMINAR

saúde/saúde mental acontecerá nas relações raciais, sendo assim o encontro (encarniçado/conjunto) com aquela(e) que a razão colonial impichou como *crioulos doidos* e *negas malucas* é condição desse processo de ressignificação e descolonização da loucura racial a partir das experiências e do protagonismo daquelas(es) que sempre foram as maiores vítimas desse processo de manicolonização: negras(os), indígenas, mulheres, LGBTQIA+, pobres, pessoas em situação de rua, crianças, idosos, entre outras(os), em relação com todas as diferenças.

Ultrapassar a vigente psiquiatria colonial brasileira exige compreender que manicolonialidade é toda forma de colonização (do pensamento, material e/ou simbólica) que estrutura diferenças de poder por meio dos distintos modos de medicalização, asilamento, proibicionismo, encarceramento e psicopatologização. Por isso, propomos a aquilombação como práxis e dimensão ético-política da luta antimanicolonial. Resgatar os quilombos como metáfora viva é radicalizar as relações nas diferenças, visando à liberdade.

A direção para o cuidado em saúde mental antimanicolonial se dá no fomento do exercício livre e contracultural de imaginar diásporas, assim não apenas nos posicionamos contra a estrutura racista do capitalismo, mas também criamos modos de subjetivação desnorteados que criam novas estratégias de aquilombação dentro e fora da Rede de Atenção Psicossocial.

Insistimos: a memória viva dos quilombos como simbologia da diáspora negra é comunicada em/para nós brasileiros como ideia-força psicossocial. Encontrar o que há de antimanicolonial nesse vaivém diaspórico fomenta a produção de subjetividades, no desnortear dos corpos e territórios pelo sonho de liberdade.

> [...] Sonho meu, sonho meu
> Vai buscar quem mora longe
> Sonho meu
> Vai mostrar esta saudade
> Sonho meu
> Com a sua liberdade [...][10]

Posfácio:
Um Presente
Para Inconscientes Insurrectos

Suely Rolnik
Psicanalista, escritora e professora titular da
Pontifícia Universidade Católica (PUC-SP)

Este livro participa dos deslocamentos das placas tectônicas que têm sustentado o sistema colonial-racial-cis-heteropatriarcal-capitalista, em suas camadas subterrâneas, desde sua fundação no final do século XIV. Tais deslocamentos vêm sendo operados, nas últimas décadas, por certos movimentos sociais, em seus vetores mais avançados. E isso se dá num momento em que a violência intrínseca a esse sistema aproxima-se do limite de um não retorno: a violência contra a vida (não só a humana) para cafetiná-la a serviço da acumulação de capital.

Tais vetores encontram-se especialmente nos movimentos negro e indígena na América Latina, ou melhor dito, na Améfrica Ladina – nome mais adequado que foi dado a este continente por Lélia Gonzalez e que este livro, com razão, insiste em nos lembrar. Eles se caracterizam por ativar as cosmogonias de seus mundos adormecidos pela violência colonial, atualizando-os nas condições do presente. Isso agrega a resistência micropolítica a seu combate, com poder de tensionar o modo de operar este combate na tradição branco-ocidental que, desde a Revolução Francesa, recebeu o nome de "esquerda", o que, em seus diferentes matizes, limita sua percepção e, portanto, sua atuação à esfera macropolítica. O mesmo deslocamento vem se produzindo, de outras maneiras, por certos vetores dos movimentos feminista, ecologista e LGBTQIAPN+, incidindo em outras partes das referidas placas.

É entre esses vetores mais avançados dos movimentos sociais de combate ao sistema dominante que se situa este livro de Emiliano de Camargo David. Ancorado em sua rica experiência no campo da saúde mental, aliada à sua investigação de três coletivos antimanicomiais e antirracistas brasileiros – Kilombrasa, Café Preto e Aquilombamento das Margens –, o objeto deste livro são os "jogos de força que as experiências e as possíveis modalidades de subjetivação têm suscitado no ir e vir das relações raciais"[1], no campo específico da saúde mental. Focado no trabalho nesse campo, essencial para o deslocamento dessas placas tectônicas que subjazem o sistema dominante, este livro nos oferece preciosas ferramentas conceituais e pragmáticas que extrapolam o campo abordado. Para traçar um solo comum com o leitor, a partir do qual tecerei alguns comentários sobre essas ferramentas, começarei por descrever, com minhas palavras, os conceitos de macro e micropolítica, centrais neste livro.

Um sistema político-socioeconômico-cultural, seja ele qual for, não é uma abstração que se impõe sobre a realidade; ele se encarna em um modo de existência específico – uma política de produção da subjetividade, da relação com o outro e da trama social que com elas se tece. A cada sistema corresponde uma política específica de produção de mundo, que lhe provê sua consistência existencial sem a qual não se sustentaria: proponho chamar de "regime de inconsciente" a política que gere essa produção, regime que varia segundo o sistema considerado. A micropolítica é a esfera dessa produção de modos de existência; poderíamos dizer que ela é a esfera da fábrica de mundos, cuja gestão depende do regime de inconsciente dominante numa sociedade. As disputas nessa esfera têm como alvo tal gestão. Já a esfera macropolítica diz respeito à forma de organização de uma sociedade e às disputas nesse âmbito.

No caso da cultura moderna ocidental, as disputas macropolíticas têm como alvo a distribuição dos direitos de acesso aos bens materiais e imateriais, no limite ao próprio direito de existir; um combate que se dá na esfera do Estado, que legisla, julga e executa essa distribuição. Nesse contexto, as esquerdas, em seus diferentes matizes, são as que visam uma melhor distribuição de direitos, o que é, sem dúvida, indispensável. No entanto, se não agregarmos à luta política uma atuação na esfera micropolítica (agregando-a, inclusive, em nosso modo de agir na disputa macropolítica), tal regime jamais se transformará de fato; seu princípio permanecerá o mesmo, mudando apenas seu estilo e suas estratégias, como tem sido desde sua fundação. Como afirma Emiliano, em diálogo com Achille Mbembe, "o desejo de ultrapassar as condenações da raça não se limita a reparações de justiça e restituições econômicas; impõe também modificações radicais nas condutas éticas (afetivas), do laço social"[2]. Em suma, enfrentar o atual estado de coisas não se reduz a pressionar o Estado e, no limite, tomar seu comando em mãos, mas implica em pressionar igualmente o regime de inconsciente dominante, visando tomar em mãos o comando da fábrica de mundos, de maneira a transformar radicalmente sua gestão.

O tensionamento do regime de inconsciente colonial-racial--cis-heteropatriarcal-capitalista pelos movimentos acima referidos vem sendo principalmente provocado pela atualização dos regimes de inconsciente próprios dos afrodescedentes e indígenas, regimes recalcados pela colonização e a racialização desses povos. É verdade que tal tensionamento sempre existiu pelas mãos desses povos, ao longo dos mais de cinco séculos que transcorreram desde a fundação do país; assim como existiu pelas mãos de uma pequena comunidade entre os filósofos brancos-europeus que se dedicou a construir uma contracultura da modernidade ocidental, revelando as falácias do sistema vigente em sua esfera micropolítica e desenhando conceitualmente diferentes caminhos de saídas nessa esfera. Mas, nas últimas décadas, o tensionamento provocado pelos movimentos negro e indígena vem ganhando uma força exponencial, fazendo com que a voz desses povos se erga mais contundentemente na cena pública, o que tem desestabilizado a autoridade do regime de inconsciente dominante e, consequentemente, da subjetividade dos brancos deste país.

Tal movimento tem tido por efeito mobilizar um processo de subjetivação numa parcela dos brancos brasileiros, no qual se busca identificar e dissolver o racismo produzido pelo regime de inconsciente dominante. Nesse processo, tal parcela se serve, em parte, da atualização da língua da mencionada tradição filosófica contracultural, nas condições do país em nossos dias. Embora tal parcela de brancos seja mínima, é muito, se comparada à sua quase total inexistência até hoje. Esse tensionamento micropolítico da branquitude talvez seja uma contribuição específica do Brasil para a resistência ao sistema dominante que, hoje, se tornou globalitário; nele parecem esboçar-se os primeiros passos do processo de criação de uma língua comum, nem bem europeia, nem bem indígena, nem bem africana, com força para inventar, a longo prazo (para não dizer, a longuíssimo prazo), um novo pacto social, distinto do pacto que orientou a fundação colonial deste país e que segue vigente, baseado na (não-)relação entre esses diferentes povos e suas respectivas fixações identitárias.

Como escreve Emiliano, em diálogo com um de meus textos[3], de onde ele extrai uma ideia que reelabora e enriquece, "essa reinvenção supõe a reparação dos laços que foram rompidos ou se esgarçaram; e também que novas significações sejam atribuídas a vínculos originários de um caso histórico"[4]. Segundo ele,

> o reconhecimento e o entendimento dos diferentes aspectos que compõem o racismo e a branquitude exigem relação. Do contrário, teremos uma sociedade consciente da existência do racismo, que tomou posse de um almanaque de condutas antirracistas; contudo, não fez relação íntima, não se tornou (encarniçadamente/ subjetivamente) antirracista. É nos jogos de força das relações raciais que esse conjunto de práticas ultrapassa a esfera da leitura, em direção ao vir a ser[5].

Este livro traz a contribuição inestimável de incluir a esfera micropolítica na luta antimanicomial, no âmbito das políticas públicas de Saúde Mental e de Atenção Psicossocial (CAPS, RAPS etc.), o que se estende a todo o campo da Psicologia e da Psiquiatria. O livro contribui, especialmente, para os avanços recentes das práticas teóricas e clínicas nesses âmbitos, que têm levado em consideração raça, gênero e classe e a interseccionalidade entre esses marcadores micropolíticos da desigualdade intrínseca ao regime dominante, especialmente perversa na sociedade brasileira. Emiliano reconhece que o alcance do trabalho de rede e territorial não deve ser apenas micropolítico, mas deve também incidir na esfera macropolítica. E não deixa de apontar que a introdução de pautas micropolíticas nessa esfera encontra grande resistência, o que não surpreende, dado que as subjetividades que atuam na esfera macropolítica (e, nesse caso, tanto faz que sejam de direita ou de esquerda) tendem a estar sob o domínio acrítico do regime de inconsciente dominante.

Ora, agir na esfera micropolítica, aprimorando suas ferramentas, não seria esta, precisamente, a função clínica-ético-política dos que atuam no campo da saúde mental? Nesse sentido, cumprir tal função extrapola as fronteiras de seus campos de atuação profissional, já que diz respeito à vida social como um todo. É dessa perspectiva que, para além do campo institucional da saúde mental, este livro traz inestimáveis contribuições ao avanço da construção de ferramentas conceituais e pragmáticas para decifrar e agir na esfera micropolítica, face à violência do sistema vigente em todos os seus âmbitos e em suas respectivas manifestações.

Isso posto, visitemos as ferramentas conceituais criadas pelo autor, mais precisamente, suas ideias-força, como ele próprio as denomina, na esteira de Abdias Nascimento. Tais ideias não se reduzem às formas a que estão atreladas e seu respectivo conteúdo nas quais se originaram; elas são posicionamentos subjetivos a partir dos quais se conduz "o agir antirracista em seu dia a dia de trabalho em saúde mental"[6], criando novas formas que se deslocam do racismo em resposta aos impasses nesse campo. O movimento de atualização de tais ideias-força é essencial, lembrando que sua interrupção, operada desde a fundação colonial deste país, é uma das engrenagens do maquinário da fábrica de mundo sob gestão do regime de inconsciente colonial-racial-cis-heteropatriarcal-capitalista, interrupção que se faz por meio de sua racialização e/ou psicopatologização, que, no pior dos casos, leva à manicomialização dos corpos que manifestam essas ideias-força e, no limite, a seu aniquilamento.

As três principais ideias-força que Emiliano nos oferece dão nome ao subtítulo do livro: aquilombação, desnorteamento e antimanicolonialidade. Vejamos o que ele nos diz sobre cada uma delas.

Aquilombação

A designação dessa primeira ideia-força varia ao longo do livro, apontando as diferentes dimensões de que é portadora: aquilombação, aquilomba-ação, aquilomb*ação*!, aquilomba-em-ação, devir-negro. Inspirado na ideia do caráter associativo do quilombismo, enfatizada por Abdias Nascimento, Emiliano desenvolve a ideia de aquilombação para os equipamentos de saúde mental, insistindo que a aquilombação não é uma tarefa restrita aos profissionais de saúde; ela não ocorre desassociada dos usuários e familiares, mais do que isso, "ela surge deles – de seus corpos, de suas posições subjetivas no mundo, da demanda pela desconstrução do *crioulo doido* e da *nega maluca*, que esses sujeitos historicamente trazem e comunicam em seus corpos e em suas peles"[7]. É com esse fim que os usuários e seus familiares costumam organizar-se em associações mistas com familiares e trabalhadores e/ou nos movimentos sociais de luta antimanicolonial. Ou seja, a luta antimanicolonial, nesse caso, "é radicalmente produzida a partir do território, compreendendo comunidade, movimentos sociais diversos, usuárias(os), familiares, trabalhadoras(es), pesquisadoras(es), parceiros que não estão dentro da rede pública"[8], entre outros. Nesses territórios se opera um trabalho coletivo de reconhecimento e superação do trauma colonial e racista. Trata-se da construção de um aquilombamento em rede[9].

Em outras palavras, Emiliano insiste no fato de que a aquilombação é um dispositivo que traz em sua essência aspectos de fortalecimento dessas associações, movimentos e espaços coletivos de usuários e familiares. Nesse sentido é que dispomos, aqui, de um dispositivo clínico-político que reconhece o outro em sua alteridade e a acolhe, ativando perspectivas de suas ancestralidades e aquilo que o antirracismo tem apresentado como saber e saber-fazer psicossocial. Isso exige um alinhamento antirracista, intersetorial e territorial. Em diálogo com Milton Santos, trata-se, enfim, de transformar o espaço geográfico em território vivo, o que Emiliano associa com a ideia de Atlântico Negro, de Paul Gilroy[10], "esse transitar que identifica, ressignifica positivamente a(o) louca(o), a(o) negra(o) em um território subjetivo afro-atlântico"[11].

Em suma, "aquilombar-se é sair da lógica da universalidade abstrata, calcada na branquitude que, enquanto permanecer, impedirá a construção de uma ideia de humano universal na sua radicalidade"[12]. Lembremos que a referida lógica da universalidade abstrata é outra das engrenagens do maquinário da fábrica de mundos sob gestão do regime de inconsciente colonial-racial-cis-heteropatriarcal-capitalista. Sendo assim, o alvo do aquilombamento como dispositivo não se limita à população negra. Seu alvo é muito mais amplo: operar um deslocamento no regime de inconsciente dominante.

Desnorteamento

"Desnorteamento é sinônimo de desorientação, perda de rumo e de direção, confusão, desvario, insegurança e, principalmente, loucura."[13] Sob gestão do regime de inconsciente dominante, esse termo passa a subordinar-se à norma como norte, o que "o psicopatologiza e exige tratamento para retomar ou retornar ao norte". Emiliano contrapõe-se a isso no rastro da "crítica à relação de subordinação epistemológica do sul ao norte na forma de um eurocentrismo"[14]. Para isso, ele se propõe a abordar os dois sentidos de desnortear-se: "dar lugar aos saberes da loucura e trabalhar com outras geopolíticas epistemológicas (pós-colonial/decolonial)", sabendo que "tal subordinação não é apenas epistemológica e que seu combate implica a política de produção de subjetividade"[15] que dá a essas geopolíticas sua consistência existencial.

É com esse fim que Emiliano propõe sua segunda ideia-força, o "desnorteamento". Ele empreende uma limpeza do sentido dominante desse termo, apontando "uma saída da loucura psicopatologizada em direção a uma loucura de vida, uma vida desnorteada que se faz na passagem, no deslocamento, no entre" os corpos. E acrescenta: "é esse caminhar que se fez nas diásporas negras africanas (não apenas as forçadas, frutos de escravização), em uma cultura de mobilidade e mobilização que africanos exercitam historicamente [...], numa dinâmica pré-colonial dessas sociedades"[16].

Emiliano nos assinala que há uma transversalidade entre essas duas ideias-força; nos equipamentos que visam aquilombar-se acontece necessariamente um desnorteamento afetivo das relações raciais. Fica evidente que isso deve ser tomado em conta e elaborado em sua condição de analisador, disparador em potencial de processos instituintes e de subjetivação. Como ele escreve, "faz-se necessário acolher essas distintas afetações na perspectiva da desrazão descolonial; do contrário, corremos o risco de invalidar essas contradições afetivas", seja desqualificando "a tranquilidade como ilegítima, 'coisa de branco privilegiado/colonizador'", seja "considerando, equivocadamente, que [o desnorteamento deve ser] estabilizado, dominado pela razão", afastando-nos, assim, do trabalho na desrazão descolonial"[17].

Trata-se, pois, de desnortear o primado da razão em ambos os sentidos da palavra, indissociavelmente ligados: (des)orientá-la, destituindo o norte de sua suposta autoridade como portador do saber superior, outra das *fake news* que funcionam como engrenagens da fábrica de mundo sob gestão do regime de inconsciente colonial-racial-cis-heteropatriarcal-capitalista que norteia, entre outros, o projeto institucional de tratamento da saúde mental e as práticas terapêuticas que este envolve.

Antimanicolonialidade

A terceira ideia-força, "antimanicolonialidade", enfrenta a manicomialização colonial como uma das normatividades produzidas na tradição moderna ocidental e que se abate especialmente sobre os negros. É justamente a partir da constatação desse racismo manicomial que Emiliano nos propõe o conceito de manicolonização, o qual se desdobra na ideia de "antimanicolonização", que designa as práticas de resistência a esse estado de coisas.

Buscando estar à altura dessa dimensão da resistência, Emiliano afirma a importância de projetos terapêuticos em instituições públicas de saúde mental e atenção psicossocial levarem em conta o racismo entre os fatores produtores de doença, que em seu limite levam à manicomialização, sobretudo na população negra. A partir disso, ele coloca certas perguntas que busca problematizar: como reconhecer e transformar as heranças coloniais e raciais nas práticas de cuidado e nos "saberes" em saúde mental contemporâneos? O que se entende por levar em consideração o fator racismo entre os fatores produtores de doença? O racismo só deve ser levado em conta em práticas terapêuticas voltadas para a população negra? Tais perguntas, fundamentais na avaliação das práticas terapêuticas nesses campos, deram origem à ideia-força de antimanicolonialidade, que extrapola o campo da saúde mental.

Aqui, as três ideias-força que este livro nos propõe se transversalizam: a antimanicolonização implica em praticar o aquilombamento não apenas "na" saúde mental (ou seja, em seu campo institucional), mas também – e mais amplamente–, "da" saúde mental na sociedade brasileira (ou seja, do modo de subjetivação colonial-racial-cis-heteropatriarcal-capitalista que nela prevalece). O aquilombamento da segunda depende do aquilombamento da primeira: desnortear o projeto institucional de tratamento da saúde mental e as práticas terapêuticas que dele decorrem é condição para desnortear a submissão ao modo de subjetivação dominante.

Importante assinalar que as três ferramentas conceituais que Emiliano nos oferece não emergem do exercício do espírito reduzido à razão, uma das causas da doença intrínseca a esse regime que separa o espírito dos afetos-efeitos no corpo das forças que compõem o ecossistema ambiental, social e mental. Suas ferramentas emergem, ao contrário, de um exercício ativo do espírito, que podemos chamar de intuição e que se caracteriza pela conexão com os afetos e sua decifração, gerando ideias adequadas para aquilo que eles nos indicam: os mundos que estão por vir, gerados na fecundação de nossos corpos pelas forças do ecossistema e que desestabilizam o mundo vigente e, junto com ele, nos desestabilizam. Ao orientar o desejo em suas ações, tais ideias viabilizam a materialização desses mundos virtuais. É isso o que define uma ideia-força, que Emiliano retoma de Abdias Nascimento e amplia.

É com esse exercício ativo do espírito que se dá a imersão de Emiliano em sua experiência de onze anos no campo da saúde mental pública, durante os quais procurou manter-se atento às forças que o compõem, tais como se apresentam em seus efeitos em seu corpo. Um corpo marcado pelo signo do racismo, que busca decifrar os afetos traumáticos dessa marca e encontrar palavras portadoras de sua pulsação e, sobretudo, palavras portadoras da pulsação de sua travessia, condição para que estas possam chegar ao corpo de seus leitores e contribuir para a ativação de sua própria força de resistência.

No entanto, partir dos afetos para decifrar as exigências da vida face aos impasses do presente e, com isso, criar seus conceitos, não significa, para Emiliano, dispensar a leitura de inúmeros autores que trabalharam sobre o racismo, a colonialidade e a condição manicomial e, mais amplamente, autores que, de diferentes maneiras, trabalharam sobre a política de subjetivação colonial--racial-cis-heteropatriarcal-capitalista. Pelo contrário, é notório que ele pesquisou exaustivamente essa bibliografia, fazendo uma leitura rigorosa das diferentes ideias nela contida. O rigor aqui assinalado nada tem a ver com o manejo racional bem composto do conjunto de conceitos estudados. Trata-se de um rigor ético que diz respeito ao modo como Emiliano relaciona-se com esses conceitos: orientado por aquilo que a vida lhe demanda, ele busca em suas leituras ressonâncias para adensar sua própria decifração dos afetos que impulsionam essa exigência pulsional.

Sempre a partir desses afetos, Emiliano coloca esses distintos autores em diálogo, o que vai criando um território singular, composto pelas ferramentas conceituais que ele constrói nesse processo e que generosamente nos oferece. Os diálogos que estabelece entre os autores são atravessados por outros tantos diálogos já estabelecidos entre alguns deles, como é o caso de três gerações de autoras negras que ele cita, Lélia Gonzalez, Maria Beatriz Nascimento e Mariléa de Almeida, as quais se empenharam em traçar uma micropolítica do racismo e tecnologias de sua cura, que foi se ampliando pelas ressonâncias que cada uma delas encontrou nas duas outras. Ou as ressonâncias que Achille Mbembe, por exemplo, encontra em Lélia Gonzalez, o que leva o pensador camaronês ao desdobramento de alguns de seus conceitos e ao surgimento de outros. Não é mero acaso que assim operem os autores escolhidos por Emiliano, cuja obra ele atravessa com impressionante fôlego: tais autores fazem parte da aludida prática contracultural no interior da filosofia ocidental, que de diferentes modos desloca-se da mísera redução do pensamento à razão. Emiliano nomeia esse exercício ativo do pensamento de "estratégia aquilombada do comum". É essa estratégia que deve orientar as ações nos diferentes âmbitos das formações do inconsciente no campo social, promovendo deslocamentos no regime de inconsciente dominante.

É assim que o autor participa da construção coletiva que busca destituir de sua autoridade a gestão da produção de mundos sob esse regime de inconsciente. Regime que estabelece o modo de existência das elites europeias coloniais (hoje elites do capitalismo financeirizado transnacional) como modelo máximo do suposto desenvolvimento linear de uma suposta universalidade genérica da espécie humana. Essas são três das *fake news* mais tóxicas que, junto com a aplicação da noção de raça à espécie humana, introduzida no século XVII (outra das *fake news* inventadas pela Europa colonial), têm se imposto desde então sobre a espécie humana, instituindo uma suposta classificação hierárquica dos diferentes grupos que a constituem e excluindo da condição humana aqueles colocados em seus escalões inferiores. Com esse conjunto de *fake news*, mantém-se a reprodução de mundos produzidos sob a gestão do regime de inconsciente dominante, o poder desse regime na esfera micropolítica, sem o qual seu poder na esfera macropolítica não se sustentaria. A essas quatro *fake news* Emiliano acrescenta a própria invenção da loucura, no século XVIII, essa interpretação falaciosa da desrazão (tal como sugerido por Foucault), à qual ele associa a invenção da noção de raça, associação que, no Brasil, foi costurada "pela afirmação da loucura e da criminalidade (perigo) como atributo da raça negra, na forma de exclusão e separação/ morte, estabelecendo o branco e a (redução à) razão como normas"[18].

Se meu trabalho se situa entre as interlocutoras escolhidas por Emiliano, por nelas ter encontrado alguma das mencionadas ressonâncias (o que me traz a alegria de saber que meu trabalho participa dessa construção coletiva com os limites daquilo que posso), confesso que as ressonâncias que encontro na leitura de seu livro ampliam significativamente aquilo que meu corpo logrou alcançar até agora. A leitura do livro me proporcionou um contato mais denso com autores que eu já conhecia e me fez descobrir outros tantos, que eu desconhecia. O contato com essa miríade de autores e, sobretudo, com aquilo que Emiliano constrói a partir da interlocução com eles e entre eles me lança em vários caminhos que mobilizam o desejo de neles trilhar meus próximos passos, esperando expandir aquilo que, por ora, fui capaz de decifrar e dizer. Só tenho a agradecer e imagino que, de distintos modos e abrindo outros caminhos, o mesmo ocorrerá com seus leitores que, espero, serão muitos.

Para finalizar, insisto que este livro traz uma inestimável contribuição para as práticas clínicas, ao introduzir a dimensão micropolítica ao ideário da Reforma Psiquiátrica, essencial para que esta venha a ter um poder efetivo de transformação da psiquiatria colonial vigente no país (e fora dele). Insisto igualmente no fato de que tal psiquiatria participa micropoliticamente da inequidade de distribuição de direitos, intrínseca ao sistema vigente na esfera macropolítica, por meio de seus distintos modos de "medicalização, asilamento, proibicionismo, encarceramento e psicopatologização"[19], de tudo aquilo que desvia da norma. Nesse sentido, este livro contribui, mais amplamente, para o combate micropolítico ao sistema colonial-racial-cis-heteropatriarcal-capitalista. É isso o que torna sua leitura indispensável para todos aqueles que se dedicam a desenvolver instrumentos de combate nessa esfera, seja qual for seu campo de atuação. Um belo presente para os inconscientes insurrectos.

Notas

PREFÁCIO

1. Disponível em: <https://g1.globo.com/rj/rio-de-janeiro/noticia/2024/03/18/justica-inocenta-pms-acusados-de-matar-e-arrastar-claudia-ferreira-em-viatura-ha-dez-anos-no-rio.ghtml>. Acesso em: mar. 2024.
2. Silvia Ramos et al., *Pele Alvo: A Bala Não Erra o Negro*, Rio de Janeiro: CESeC, 2023, p. 9.
3. Ver *Holocausto Brasileiro*, São Paulo: Geração, 2013.

INTRODUÇÃO

1. Ver R.G. Passos, Frantz Fanon, Reforma Psiquiátrica e Luta Antimanicomial no Brasil, *Sociedade em Debate*, v. 25, n. 3; Holocausto ou Navio Negreiro?, *Argumentum*, v. 10, n. 3; A.O. Santos, Saúde Mental da População Negra, *Revista da ABPN*, v. 10, n. 24; F.X. Leal, A Reforma Psiquiátrica Brasileira e a Questão Étnico-Racial, *Argumentum*, v. 10, n. 3; E.C. David, *Saúde Mental e Racismo*. Dissertação (Mestrado em Psicologia), Pontifícia Universidade Católica de São Paulo.
2. R.G. Passos; M.O. Pereira, Luta Antimanicomial, Feminismos e Interseccionalidades, em M.O. Pereira; R.G. Passos. M.O. Pereira et al. (orgs.), *Luta Antimanicomial e Feminismos*.
3. Segundo Mônica Mendes Gonçalves (Raça, Ra-

cismo e Saúde: Entendendo Velhos Conceitos, Construindo Novos Mundos, em M. Lima et al. (org.), *Pensar Junto/Fazer Com*, p. 337), "raça é uma ideia social e historicamente elaborada, uma construção ideológica cujo cerne está na afirmação da existência de divisões e hierarquias entre os humanos. A raça é, primordialmente, a ideia de que os humanos se dividem em grandes grupos, fato que se verificaria por diferentes características externas que os distinguiriam. Mas ela não se encerra nessa ideia, abarca também o conjunto de formulações, crenças, pensamentos, ideias e estereótipos relacionados ao conjunto aparente de características físicas desses sujeitos e grupos. Portanto, integra o pensamento racial a noção de que diferentes fenótipos observados nos humanos se relacionariam a tendências comportamentais".

4. Ver R.G. Passos, Frantz Fanon, Reforma Psiquiátrica e Luta Antimanicomial no Brasil, op. cit.
5. Ver M.J.O. Duarte, Racismo, Subjetivação e Saúde Mental, em E.C. David et al. (org.), *Racismo, Subjetividade e Saúde Mental*.
6. Ver F. Lima, O Trauma Colonial e as Experiências Subjetivas de Mulheres Negras, em M.O. Pereira; R.G. Passos; M.O. Pereira et al. (orgs.), *Luta Antimanicomial e Feminismos*.
7. Ver Ibidem, p. 90.
8. Ver A. Mbembe, *O Fardo da Raça*.

9. Ver Idem, *Crítica da Razão Negra*.
10. Ver P. Gilroy, *O Atlântico Negro*.
11. Ver A. Mbembe, *Crítica da Razão Negra*.
12. Neologismo que (des)orientará esta obra, demonstrando que é impossível desarticular manicomialização e colonialidade.
13. R.G. Passos; M.O. Pereira, Luta Antimanicomial, Feminismos e Interseccionalidades, op. cit., p. 14.
14. "Por uma sociedade sem manicômios" é o lema do Movimento de Luta Antimanicomial estabelecido no Brasil em 1987 durante o II Encontro Nacional de Trabalhadores em Saúde Mental (Bauru/SP), fruto da indignação de familiares, trabalhadoras(es), estudantes, militantes, pesquisadoras(es) e pessoas manicomializadas ao longo da vida, nas instituições asilares/psiquiátricas, que desde 1841 (data do primeiro "abrigo" psiquiátrico na cidade do Rio de Janeiro) foram se multiplicando por décadas.
15. B. Bezerra Jr., Desafios da Reforma Psiquiátrica no Brasil, *Physis*, v. 17, n. 2, p. 243.
16. Lei n. 10.216, de 5 de abril de 2001 – Dispõe sobre a proteção e os direitos das pessoas portadoras de transtornos mentais e redireciona o modelo assistencial em saúde mental à luz da perspectiva complexa da reforma psiquiátrica.
17. Ver R.G. Passos; M.O. Pereira, Luta Antimanicomial, Feminismos e Interseccionalidades, op. cit.
18. Carta de Bauru 1987 – Em meio ao II Congresso Nacional de Trabalhadores de Saúde Mental, manifestaram-se contrários aos manicômios (em suas diferentes formas) usuários, familiares, trabalhadoras(es), pesquisadoras(es), militantes; dentre outras(os), o que marca, em manifesto organizado e público, uma perspectiva libertária antimanicomial para a saúde mental brasileira.
19. Destacam as autoras (R.G. Passos; M.O. Pereira, Luta Antimanicomial, Feminismos e Interseccionalidades, op. cit., p. 39): lei "fortemente inspirada no Projeto de Lei do Deputado Paulo Delgado (PT/MG), que tramitou por doze anos no Congresso Nacional".
20. Em março de 2022, o Ministério da Saúde lançou um edital para financiamento de projetos de hospitais psiquiátricos. Segundo matéria do jornal *Folha de S.Paulo*, publicada em 17 de abril de 2022, os incentivos chegam a 10 milhões. Ver mais em: <https://www1.folha.uol.com.br/equilibrioesaude/2022/04/portaria-da-saude-e--edital-da-cidadania-esvaziam-lei-antimanicomial-dizem-entidades.shtml>.
21. B. Bezerra Jr., Desafios da Reforma Psiquiátrica no Brasil, op. cit., p. 250.
22. Termo utilizado pelo autor e comum aos movimentos negros brasileiros.
23. R.G. Passos; M.O. Pereira, Luta Antimanicomial, Feminismos e Interseccionalidades, op. cit., p. 45.
24. Ver P. Amarante (org.), *Loucos Pela Vida*.
25. Ver S. Yasui, *Rupturas e Encontros*.
26. E. Nicacio, Rupturas e Encontros (Resenhas Book Reviews), *Cadernos de Saúde Pública*, v. 27, n. 3, p. 612.
27. Ibidem.
28. Ibidem, p. 613.
29. Ibidem.
30. R.G. Passos; M.O. Pereira, Luta Antimanicomial, Feminismos e Interseccionalidades, op. cit., p. 10.
31. A.O. Santos, Saúde Mental da População Negra, op. cit., p. 244.
32. Ver D.C.S. Scholz; M.I.C.M. Silveira; P.R. Silveira, As Práticas Racistas no Espaço Escolar, *Identidade!*, v. 19, n. 2.
33. A.O. Santos, Saúde Mental da População Negra, op. cit., p. 243.
34. Ver B.S. Santos; M.P. Meneses (orgs.), Introdução, *Epistemologias do Sul*.
35. Brasil, Ministério da Saúde, Anexo D – Portaria n. 344, de 10 de fevereiro de 2017 (DOU Seção 1 – n. 24, 2 de Fevereiro de 2017, p. 62), em *Política Nacional de Saúde Integral da População Negra*, p. 31.
36. Ver S. Rolnik, *Esferas da Insurreição*.
37. A.O. Santos, Saúde Mental da População Negra, op. cit., p. 247 (grifo nosso). Na última década, temos identificado um aumento de produção teórica sobre o racismo como determinante social em saúde e como fator fundante de iniquidades em todo o mundo. Houve também um crescimento do corpo de evidências epidemiológicas que mostram fortes associações entre desigualdades raciais e piores condições de saúde da população negra, além do aumento no interesse de pesquisadoras(es) em examinar o impacto da discriminação racial na saúde

e no bem-estar de crianças e adolescentes (ver L.E. Batista; S. Barros, Enfrentando o Racismo nos Serviços de Saúde, *Cadernos de Saúde Pública*, n. 33, supl. 1). Os estudos sobre racismo no campo da saúde mental, mais especificamente na psicologia, também demonstram um tímido aumento, considerado incipiente perante a urgente demanda de investigação dos possíveis efeitos psicossociais do racismo e, acima de tudo, a desmanicomialização e despsiquiatrização racial (ver M.G. Damasceno; V.M.L. Zanello, Saúde Mental e Racismo Contra Negros, *Revista Psicologia*, v. 38, n. 3).

38. A.O. Santos, Saúde Mental da População Negra, op. cit., p. 246. Essa pergunta será retomada mais à frente, em diálogo com a perspectiva gilroydiana de diáspora.

39. Ver S. Rolnik, *Esferas da Insurreição*.

40. L.C.M. Feuerwerker (org.), *Micropolítica e Saúde*, p. 37.

41. Faz-se necessário recorrer à definição de micropolítica reativa decorrente do inconsciente colonial-capitalístico em Suely Rolnik (*A Hora da Micropolítica*, p. 16): "Esta se define precisamente pela desativação da potência que o corpo tem para decifrar o mundo a partir de sua condição de vivente – ou seja, o saber-do-corpo, neste caso, encontra-se inacessível. Por estar bloqueado da experiência fora-do-sujeito – composta pelos efeitos do mundo no corpo –, esse tipo de subjetividade vive o mundo como se estivesse fora dela e passa a existir e a se orientar somente a partir de sua experiência como sujeito. Constitui-se assim uma subjetividade 'antropo-falo-ego-logocêntrica' [...], cujo horizonte começa e termina no próprio sujeito: um si-mesmo concebido e vivido como indivíduo – um contorno cristalizado formando uma suposta unidade separada das demais supostas unidades que constituem um mundo, este igualmente concebido como uma suposta totalidade." Em diálogo com a definição de Rolnik (*A Hora da Micropolítica*), novamente trazemos Feuerwerker (*Micropolítica e Saúde*, p. 37), ao considerar que "[p] or isso mesmo estudar o cotidiano da produção do mundo é uma opção forte – que possibilita ir para o campo mais em aberto, com menos *a priori*, mapeando a quente como, em cada território, vão se

fabricando as relações, seus limites, suas possibilidades. Esse olhar investigativo aplica-se a todas as áreas. No campo da saúde, por ser este um processo que se produz em ato, essa opção torna-se mais importante ainda".

42. Ver S. Rolnik, *Esferas da Insurreição*.

43. "Concepção de humanidade segundo a qual a população do mundo diferencia-se em inferiores e superiores, irracionais e racionais, primitivos e civilizados, tradicionais e modernos" (A. Quijano, Colonialidade do Poder e Classificação Social, em B.S. Santos; M.P. Meneses (orgs.). *Epistemologias do Sul*, p. 86).

44. W.L.A. Praxedes, A Questão Racial e a Superação do Eurocentrismo na Educação Escolar, em L.G. Costa (org.), *História e Cultura Afro-Brasileira*, p. 39.

45. Ibidem, p. 45.

46. Ver S. Rolnik, *Esferas da Insurreição*.

47. Ver I. Carone; M.A.S. Bento (orgs.), *Psicologia Social do Racismo*.

48. Segundo Bento (Branqueamento e Branquitude no Brasil, em I. Carone; M.A.S. Bento (orgs.), op. cit.) e Schucman (*Entre o Encardido, o Branco e o Branquíssimo*), branquitude – identidade racial branca – refere-se a um lugar (existencial e político) de privilégios materiais e simbólicos direcionados às pessoas brancas, ancorados em pseudociências que desde o século XIX afirmavam uma suposta superioridade racial branca perante os demais grupos racialmente construídos.

49. A.P.M. Braga; M.D. Rosa, Articulações entre Psicanálise e Negritude, *Revista da ABPN*, v. 10, n. 24, p. 90.

50. Ver P. Amarante, Reforma Psiquiátrica e Epistemologia, *Cadernos Brasileiros de Saúde Mental*, v. 1, n. 1.

51. Brasil, Ministério da Saúde, Secretaria de Gestão Estratégica e Participativa, Departamento de Apoio à Gestão Participativa e ao Controle Social, *O SUS Está de Braços Abertos Para a Saúde da População Negra* (Material da campanha), p. 27.

52. Importante ressaltar que o emprego do termo "abolição" na definição de *aquilombar-se/aquilombação* se dá devido à constatação de que o Brasil vive uma abolição inconclusa. Afinal, o 13 de maio de 1888, data em que, por meio da Lei Áurea, foi determinada a abolição da escravatura (sendo o último país das Américas a determinar o fim do regime de

escravidão colonial), não possibilitou à população negra real inclusão na sociedade, servindo mais aos interesses econômicos do período do que aos interesses das(os) africanas(os) e negras(os) brasileiras(os) até então escravizadas(os). Anuímos ao coro dos movimentos negros, que compreendem por abolição reais garantias de direitos e equidade racial (em todas as esferas).

53. E.C. David, *Saúde Mental e Racismo*, p. 122.

54. Movimentos negros; feminista negro; feminista; antiproibicionista; de rua; por moradia; LGBTQIA+; indígena; de trabalhadoras(es); abolicionista penal, dentre outros.

55. O Programa de Educação pelo Trabalho em Saúde (PET-Saúde) tem como "objetivo apoiar a formação de grupos de aprendizagem tutorial em áreas estratégicas para o SUS, caracterizando-se como instrumento para qualificação em serviço dos profissionais da saúde, bem como de iniciação ao trabalho e a vivências. [...] [tem] como fio condutor a integração ensino-serviço-comunidade" (R.O. Campos et al., O PET-Saúde Como Instrumento Para a Articulação da Saúde Mental e Coletiva, *Cadernos Brasileiros de Saúde Mental*, p. 178).

56. As entrevistas e a cartografia foram realizadas após aceite, dos coletivos e sujeitos envolvidos, de um modo de participação voluntária da pesquisa, permissão concedida pelo Termo de Consentimento Livre e Esclarecido, instrumento que trazia informações suficientes a respeito do estudo que subsidiou esse livro.

57. E. Passos; V. Kastrup; S. Tedesco (orgs.), *Pistas do Método da Cartografia*, p. 16.

58. V. Kastrup; E. Passos, Cartografar é Traçar um Plano Comum, *Fractal: Revista de Psicologia*, v. 25, n. 2, p. 266.

59. Ver S. Rolnik, *Esferas da Insurreição*.

60. "O projeto de pesquisa e extensão universitária Pedagogia do Encantamento e Ekonomia do Afeto: Cartografia Subjetiva em Território Feminino Kilombola, realizado pelo Coletivo de Pesquisadoras e Pesquisadores Kilombolas OKARAN formado por kilombolas moradores da Comunidade Kilombola Ecológica Morada da Paz, Território de Mãe Preta (COMPAZ) e pesquisadores da Universidade Federal do Rio Grande do Sul (UFRGS) [...] tem como

objetivo elaborar uma cartografia subjetiva, para mapear, descrever e refletir sobre os saberes e fazeres da COMPAZ para salvaguardar o patrimônio material e imaterial kilombla, por intermédio das narrativas sobre a experiência social dos sujeitos que compõem a comunidade." (Organização Coletivo de Pesquisadoras e Pesquisadores Kilombolas Okaran, *Um Jeito de Viver e Ser no Kilombo da Mãe Preta*, p. 35.)

61. Organização Coletivo de Pesquisadoras e Pesquisadores Kilombolas Okaran, *Um Jeito de Viver e Ser no Kilombo da Mãe Preta*, op. cit., p. 41. (Grifo nosso.)

62. Ver A. Mbembe, Afropolitanismo, *Áskesis*, São Carlos, v. 4, n. 2, jul.-dez. 2015.

63. Ver F. Fanon, *Medicina e Colonialismo*.

64. Ver B.S. Gomes, *Encontros Antimanicoloniais nas Trilhas Desformativas*.

65. Ver C. Veloso, Milagres do Povo, *Certeza da Beleza*.

I DESNORTEAMENTO

1. M. Farias, Formação do Povo Brasileiro e a Questão Negra, em M.L. Silva et al. (orgs.), *Violência e Sociedade*, p. 62.

2. A. Lancetti, Loucura Metódica, em A. Lancetti (org.), *Saúde Loucura: Número 2*, p. 144.

3. Ibidem, p. 145.

4. W.L.A. Praxedes, A Questão Racial e a Superação do Eurocentrismo na Educação Escolar, em L.G. Costa (org.), *História e Cultura Afro-Brasileira*, p. 39.

5. A. Lancetti, Loucura Metódica, em A. Lancetti (org.), *Saúde Loucura: Número 2*, op. cit., p. 147.

6. Ver E.C. David; M.C.G. Vicentin, Nem Crioulo Doido Nem Negra Maluca, *Saúde Debate*, v. 44, n. spe 3; R.G. Passos, Holocausto ou Navio Negreiro?, *Argumentum*, v. 10, n. 3.

7. Ver M.C.P. Cunha, *O Espelho do Mundo*.

8. J.F. Costa, *História da Psiquiatria no Brasil*, p. 113.

9. Ver K. Munanga, Apresentação, em K. Munanga (org.), *Superando o Racismo na Escola*.

10. Ver N.L. Gomes, *O Movimento Negro Educador*.

11. Ver F.P. Silva, Por Que Estudar Intelectuais Negros?, *Revista da ABPN*, v. 10, n. 24.

12. Ver A.A.P. Laborne, Branquitude e Colonialidade do Saber, *Revista da Associação Brasileira de Pes-

quisadores/as Negros/as (ABPN), v. 6, n. 13; T.M.P. Müller; L. Cardoso, Apresentação, *Branquitude*.

13. F.P. Silva, Por Que Estudar Intelectuais Negros?, op. cit., p. 273.

14. Em diálogo com o que C.A. Hasenbalg chamou de "acordo tácito" e com o conceito de "pactos narcísicos" do psicanalista René Kaës, a psicóloga Maria Aparecida Silva Bento (Branqueamento e Branquitude no Brasil, em I. Carone; M.A.S. Bento (orgs.), *Psicologia Social do Racismo*, p. 30) compreende os *pactos narcísicos da branquitude*: "O silêncio, a omissão, a distorção do lugar do branco na situação das desigualdades raciais no Brasil têm um forte componente narcísico, de autopreservação, porque vem acompanhado de um pesado investimento na colocação desse grupo como grupo de referência da condição humana."

15. Ver M.A.S. Bento, Branqueamento e Branquitude no Brasil, op. cit.

16. F.P. Silva, Por Que Estudar Intelectuais Negros?, op. cit., p. 266.

17. Ver S. Rolnik, *Esferas da Insurreição*.

18. Ver T.P. Souza; J.G. Damico; E.C. David, Paradoxos das Políticas Identitárias, *Acta Scientiarum*, v. 42, n. 3.

19. Ibidem.

20. F.P. Silva, Por Que Estudar Intelectuais Negros?, op. cit., p. 272.

21. Ver T.P. Souza; J.G. Damico; E.C. David, Paradoxos das Políticas Identitárias, op. cit.

22. Ver A.F. Pierucci, *Cilada da Diferença*.

23. Ver T.P. Souza; J.G. Damico; E.C. David, Paradoxos das Políticas Identitárias, op. cit.

24. Ver D.M. Faustino, *Frantz Fanon: Um Revolucionário, Particularmente Negro*.

25. Ver mais em E.C. David et al. (orgs.), *Racismo, Subjetividade e Saúde Mental*.

26. Ver Y.L. Santos, Crítica à Degenerescência Racial e Reforma Psiquiátrica de Juliano Moreira, em E.C. David et al. (orgs.), *Racismo, Subjetividade e Saúde Mental*, op. cit.

27. Alguns pequenos trechos deste subcapítulo foram publicados no capítulo "Psicanálise e Reforma Psiquiátrica Antirracista" do livro *Provocações Para a Psicanálise no Brasil*. Observamos que tal publicação ocorreu em meio à escrita desta pesquisa e, por isso, recorreu a pequenas partes do seu conteúdo.

28. F. Fanon, *Os Condenados da Terra*, p. 173.

29. Idem, *Pele Negra, Máscaras Brancas*, p. 103.

30. Ver A. Giddens, *Modernidade e Identidade*.

31. F. Fanon, *Os Condenados da Terra*, p. 798.

32. Perspectiva e conceito que adensaremos mais à frente.

33. A. Mbembe, *Crítica da Razão Negra*, p. 265.

34. Ibidem, p. 7.

35. Ver P. Gilroy, *O Atlântico Negro*.

36. "Encruzilhada entendida aqui não apenas como lugar de impasse, mas como lugar de possibilidades, de tensão criativa que pode suportar a contradição e a alteridade, um lugar que permite o surgimento do inesperado, do inacabado e, nessa medida, se opõe à universalidade e à totalidade que marca o domínio colonial." (E.C. David; G. Assuar, Apresentação, em E.C. David; G. Assuar (orgs.), *A Psicanálise na Encruzilhada*, p. 19.)

37. D.M. Faustino, Às Vezes, a Crítica à Crítica da Crítica É Apenas Ausência de Autocrítica, disponível em: <deivisonnkosi.com.br>, p. 2.

38. Ver K. Munanga, É Preciso Unir as Lutas, Sem Abrir Mão das Especificidades, em T. Mendonça, Entrevista.

39. A. Mbembe, *Crítica da Razão Negra*, p. 296. (Grifo nosso.)

40. Ibidem, p. 297.

41. Ibidem, p. 305.

42. Ver S. Rolnik, *Esferas da Insurreição*.

43. A. Mbembe, *Políticas da Inimizade*, p. 190.

44. D.M. Faustino, Às Vezes, a Crítica à Crítica da Crítica É Apenas Ausência de Autocrítica, p. 3.

45. Ibidem.

46. F. Fanon, *Os Condenados da Terra*, p. 181.

47. Conforme dito, tomamos gênero como uma das categorias de análise, na intersecção com raça e classe.

48. Idem, *Pele Negra, Máscaras Brancas*, p. 28.

49. Ibidem.

50. A. Mbembe, *Políticas da Inimizade*, p. 116.

51. Ver S. Hall, Raça, o Significante Flutuante, *Revista Z Cultural*, ano VIII, n. 02.

52. A. Mbembe, *O Fardo da Raça*, p. 22.

53. Utilizar o termo "raça-etnia" exige que explicitemos a compreensão de etnia aqui aplicada. Etnia é compreendida no âmbito cultural de determinado grupo étnico: afinidades linguísticas, hábitos

ou mesmo afinidades genéticas. As comunidades étnicas também são identificadas por um território e estrutura social comuns.

54. Ver F. Lima, Bio-Necropolítica, *Arquivos Brasileiros de Psicologia*, v. 70, n. especial.

55. Ibidem.

56. Ibidem, p. 23.

57. K. Munanga, As Ambiguidades do Racismo à Brasileira, em N.M. Kon; C.C. Abud; M.L. Silva (orgs.), *O Racismo e o Negro no Brasil*, p. 40.

58. R. Noguera, A Democracia É Possível?, *Revista Cult*, n. 240.

59. A. Mbembe, *Sair da Grande Noite*, p. 229.

60. Período de Guerra da Independência na Argélia.

61. F. Fanon, *Medicina e Colonialismo*, p. 11.

62. F. Tosquelles, Frantz Fanon em Saint-Alban, *Teoría y Crítica de la Psicologia*, n. 9, p. 224.

63. F. Fanon, *Medicina e Colonialismo*, p. 10.

64. Ibidem, p. 11.

65. Ibidem.

66. Ver C.R. Monteiro; P.O. Sousa; L.E. Batista (orgs.), *Religiões Afro-Brasileiras, Políticas de Saúde e a Resposta à Epidemia de* AIDS.

67. Ver E. Gomberg, *Hospital de Orixás*.

68. Ver E.C. David; L.A.A. Silva, Territórios Racializados, em M.L. Silva et al. (orgs.), *Violência e Sociedade*.

69. F. Fanon, *Medicina e Colonialismo*, p. 13.

70. Ibidem.

71. Ver I.B. Nogueira, *A Cor do Inconsciente*.

72. J. Damico; T. Ohnmacht; T.P. Souza, Antinarciso e o Devir Revolucionário de Frantz Fanon em D. David; G. Assuar (orgs.), *A Psicanálise na Encruzilhada*, p. 164.

73. Ver F. Fanon, *Pele Negra, Máscaras Brancas*.

74. Ibidem, p. 165.

75. Idem, *Medicina e Colonialismo*, p. 15.

76. Ibidem, p. 18.

77. Ibidem, p. 18.

78. Ibidem, p. 19.

79. Ibidem, p. 20.

80. Ibidem, p. 20-21.

81. Ibidem, p. 35.

82. Ibidem, p. 34.

83. Ibidem, p. 35.

84. Ibidem, p. 34.

85. Ibidem, p. 36.

86. Ver S. Rolnik, *Esferas da Insurreição*.

87. F. Fanon, *Medicina e Colonialismo*, p. 39.

88. A. Mbembe, *Sair da Grande Noite*, p. 25.

89. Ibidem, p. 18.

90. Ibidem, p. 19.

91. Ibidem, p. 18.

92. Ibidem.

93. Ibidem.

94. Ibidem.

95. Ibidem, p. 19.

96. Ibidem, p. 24.

97. Ibidem, p. 25.

98. Ibidem, p. 31.

99. Ibidem, p. 31.

100. Ver R.G. Passos, Frantz Fanon, Reforma Psiquiátrica e Luta Antimanicomial no Brasil, *Sociedade em Debate*, v. 25, n. 3.

101. A. Mbembe, *Sair da Grande Noite*, p. 31.

102. Ibidem.

103. Ibidem, p. 54.

104. Ibidem.

105. F. Fanon, *Pele Negra, Máscaras Brancas*, p. 23.

106. A. Mbembe, *Sair da Grande Noite*, p. 55.

107. Ver S. Rolnik, *Esferas da Insurreição*.

108. A. Mbembe, *Sair da Grande Noite*, p. 55.

109. Ibidem.

110. F. Fanon, *Pele Negra, Máscaras Brancas*, p. 31.

111. A. Mbembe, *Sair da Grande Noite*, p. 55.

112. Ibidem.

113. Ibidem, p. 56.

114. Ibidem, p. 226.

115. A. Mbembe, O Desejo de Plenitude de Humanidade é Algo Que Compartilhamos, em M.A. Bordas (org.), *Caderno Sesc Videobrasil 09: Geografias em Movimento*, p. 9.

116. Ibidem.

117. Ibidem.

118. Ibidem, p. 49.

119. Ibidem, p. 51.

120. Léopold Sédar Senghor (1906-2001), poeta, escritor e político senegalês.

121. A. Mbembe, Existe um Único Mundo Apenas, op. cit., p. 51.

122. Ver mais em E.C. David; M.C.G. Vicentin, Nem Crioulo Doido nem Negra Maluca, op. cit.

123. A. Mbembe, Existe um Único Mundo Apenas, op.

cit., p. 51.
124. Ver Idem, *Políticas da Inimizade*.
125. Idem, *Sair da Grande Noite*, p. 233.
126. Ver É. Glissant, *Introdução a uma Poética da Diversidade*.
127. Ibidem.
128. A. Ratts; F. Rios, *Lélia Gonzalez*, p. 144.
129. L. Gonzalez, A Categoria Político-Cultural de Amefricanidade, em F. Rios; M. Lima (orgs.), *Lélia Gonzalez, Por um Feminismo Afro-Latino--Americano*, p. 127.
130. M.C. Alves; T. Paula; J. Damico, Amefricana, em E.C. David et al. (orgs.), *Racismo, Subjetividade e Saúde Mental*, p. 88.
131. Ver P. Gilroy, *O Atlântico Negro*.
132. Ver M.B. Nascimento, A Luta dos Quilombos, *Uma História Feita Por Mãos Negras*.
133. Ver L. Gonzalez, A Categoria Político-Cultural de Amefricanidade, op. cit.
134. M.B. Nascimento, A Luta dos Quilombos, op. cit., p. 241.
135. Ibidem, p. 241. (Grifo nosso.)
136. Ver P. Gilroy, *O Atlântico Negro*.
137. Ibidem, p. 59.
138. Ver L. Gonzalez, A Categoria Político-Cultural de Amefricanidade, op. cit.
139. Ibidem, p. 134-135.
140. Ver Kant, *Observações Sobre o Sentimento do Belo e do Sublime*; idem, *Crítica da Faculdade do Juízo*.
141. Ver Hegel (*Filosofia da História*) e Faustino (A Emoção É Negra, a Razão É Helênica?, *Revista Tecnologia e Sociedade*, v. 9, n. 18).
142. Ver D.M. Faustino, A Emoção É Negra, a Razão É Helênica?
143. M.B. Nascimento, A Mulher Negra e o Amor, *Uma História Feita Por Mãos Negras*, p. 232.
144. Ibidem, p. 232.
145. F. Basaglia, O Homem do Pelourinho, *Educação e Sociedade*, n. 25, p. 3.
146. M. Foucault, Prefácio (Folie et Déraison), *Ditos & Escritos*, p. 141.
147. C.E. Estellita-Lins, Notas Sobre Criação e Desrazão em uma Certa Experiência Trágica da Loucura, em P. Amarante (org.), *Ensaios*, p. 54.
148. Ver M. Foucault, *História da Loucura na Idade Clássica*; C.E. Estellita-Lins, Notas Sobre Cria-

ção e Desrazão em uma Certa Experiência Trágica da Loucura, op. cit.; P.P. Pelbart, *A Nau do Tempo-Rei*.
149. Ver M. Foucault, *História da Loucura na Idade Clássica*.
150. Ver G.G.D. Providello; S. Yasui, A Loucura em Foucault, *História, Ciências, Saúde*, v. 20, n. 4.
151. Ibidem, p. 1523.
152. Ver M. Foucault, Loucura, Literatura, Sociedade, em M.B. Motta (org.), *Problematização do Sujeito*.
153. Ver P.P. Pelbart, *Da Clausura do Fora ao Fora da Clausura*.
154. Ver G.G.D. Providello; S. Yasui, A Loucura em Foucault, op. cit.
155. P.P. Pelbart, *A Nau do Tempo-Rei*, p. 96.
156. Idem, *Da Clausura do Fora ao Fora da Clausura*, p. 175.
157. Ibidem, *Da Clausura do Fora ao Fora da Clausura*.
158. Ver É. Glissant, *Poética da Relação*.
159. P.P. Pelbart, *Da Clausura do Fora ao Fora da Clausura*, p. 180 apud G.G.D. Providello; S. Yasui, A Loucura em Foucault, op. cit., p. 1527.
160. Ver T.P. Souza; J.G. Damico; E.C. David, Paradoxos das Políticas Identitárias, op. cit.
161. Ver J.A. Nunes; R. Siqueira-Silva, Dos "Abismos do Inconsciente" às Razões da Diferença, *Sociologias*, v. 18, n. 43.
162. Ver B.S. Santos, Para Além do Pensamento Abissal, em B.S. Santos; M.P. Meneses (orgs.), *Epistemologias do Sul*.
163. Ibidem, p. 32.
164. Ver J.A. Nunes; R. Siqueira-Silva, Dos "Abismos do Inconsciente" às Razões da Diferença, op. cit.
165. Ver P. Gilroy, *O Atlântico Negro*.
166. Ver É. Glissant, *Poética da Relação*.
167. J.A. Nunes; R. Siqueira-Silva, Dos "Abismos do Inconsciente" às Razões da Diferença, op. cit.
168. P. Gilroy, *O Atlântico Negro*, p. 168.
169. Aquelas(es) que são compreendidas(os) como "as(os) de Fora": negras(os), indígenas, pobres, LGBTQIA+, mulheres, loucas(os), crianças e adolescentes, população de rua, dentre outras(os).
170. "[A] história do Atlântico negro, constantemente ziguezagueando [vaivém] pelos movimentos de povos negros – não só como mercadorias, mas engajados em várias lutas de emancipação, autonomia e

cidadania –, propicia um meio para reexaminar os problemas de nacionalidade, posicionamento (*location*), identidade e memória histórica" (P. Gilroy, *O Atlântico Negro*, p. 59. [Grifo nosso.])

171. T.P. Souza; J.G. Damico; E.C. David, Paradoxos das Políticas Identitárias, op. cit., p. 2.

172. Ver F. Fanon, *Pele Negra, Máscaras Brancas*.

173. Ver T.P. Souza; J.G. Damico; E.C. David, Paradoxos das Políticas Identitárias, op. cit.

174. Ver A. Nascimento, *O Quilombismo*.

175. T.P. Souza; J.G. Damico; E.C. David, Paradoxos das Políticas Identitárias, op. cit., p. 8.

2. AQUILOMBAÇÃO

1. Aportado em Lourau (*Análise Institucional e Prática de Pesquisa*, p. 11): "Para nós, todavia, da Análise Institucional, instituição não é uma coisa observável, mas uma dinâmica contraditória construindo-se *na* (e *em*) história, ou tempo." Por isso, o *racismo e a manicomialização* são compreendidos como instituições, lógicas de produção e reprodução de relações sociais.

2. F. Basaglia, O Homem do Pelourinho, *Educação e Sociedade*, n. 25, p. 13.

3. Às vezes não se compreendem, mas ao seu corpo a ideia de norma é atribuída pelo outro.

4. K. Munanga, À Guisa de Prefácio, em A. Nascimento, *O Quilombismo*, p. 20.

5. A. Nascimento, *O Quilombismo*, p. 271.

6. Ibidem, p. 282.

7. Ibidem.

8. Ibidem, p. 287.

9. Ibidem, p. 290.

10. Ibidem, p. 291.

11. Ibidem, p. 288.

12. C. Moura, *História do Negro Brasileiro*, p. 31.

13. Márcio Farias escreveu uma das mais recentes biografias sobre Clóvis Moura, intitulada *Clóvis Moura e o Brasil*, publicada pela editora Dandara em 2019.

14. M. Farias, *Quilombismo e Quilombagem*, p. 3.

15. C. Moura, *História do Negro Brasileiro*, p. 22.

16. Ibidem, p. 23.

17. Ibidem, p. 24.

18. Ibidem, p. 31.

19. Ver E.C. David, *Saúde Mental e Racismo*.

20. Ibidem, p. 122.

21. M.B. Nascimento, Quilombo, *Beatriz Nascimento, Quilombola e Intelectual*, p. 190.

22. Idem, Kilombo, em M.B. Nascimento, *Uma História Feita Por Mãos Negras*, p. 247. (Grifo nosso.)

23. Ibidem, p. 249.

24. Ver Idem, Historiografia do Quilombo, *Beatriz Nascimento, Quilombola e Intelectual*.

25. Idem, "Quilombos", *Beatriz Nascimento, Quilombola e Intelectual*, p. 76.

26. Idem, Historiografia do Quilombo, op. cit.

27. Ibidem, p. 138.

28. Ibidem.

29. Idem, Transcrição do Documentário *Orí*, op. cit.; *Beatriz Nascimento, Quilombola e Intelectual*, op. cit., p. 337.

30. Idem, A Luta dos Quilombos, *Beatriz Nascimento, Quilombola e Intelectual*.

31. Idem, Transcrição do Documentário *Orí*, op. cit., p. 334.

32. Idem, Historiografia do Quilombo, op. cit., p. 126.

33. Ibidem.

34. Idem, Kilombo, p. 251.

35. Ibidem.

36. Idem, Transcrição do Documentário *Orí*, op. cit., p. 337.

37. Idem, Fragmentos, *Beatriz Nascimento, Quilombola e Intelectual*, p. 407.

38. M. Almeida, *Devir Quilomba*, p. 30.

39. Ibidem, p. 30.

40. Ver T.P. Souza; J.G. Damico; E.C. David, Paradoxos das Políticas Identitárias, *Acta Scientiarum*, v. 42, n. 3.

41. M. Almeida, *Devir Quilomba*, p. 44.

42. Ibidem, p. 78.

43. Ibidem, p. 39.

44. Ibidem, p. 83.

45. Ibidem, p. 41.

46. Ibidem, p. 281.

47. Ver P.H. Collins, *Pensamento Feminista Negro*.

48. O *território de afeto* é "entendido como um campo de ação política que se exprime pela manutenção, criação ou redefinição de espaços potencializados para aqueles que vivem nas comunidades quilombolas. Territórios de afetos não são definidos pela identidade jurídica quilombola, mas pela relação que se estabelece com o lugar e com aqueles que

nele vivem. Trata-se de uma atitude política, que privilegia o uso de saberes como uma forma de ampliar espaços de subjetivação" (M. Almeida, *Devir Quilomba*, p. 39.).

49. Ibidem, p. 347.

50. Ver P. Freire, *Educação Como Prática da Liberdade*.

51. M. Almeida, *Devir Quilomba*, p. 287.

52. L. Xavier, Prefácio, em R.G. Passos; M.O. Pereira et al. (orgs.), *Luta Antimanicomial e Feminismos*, p. 27.

3 ANTIMANICOLONIALIDADE

1. Ver E.C. David, Itinerários da Saúde Mental da População Negra, em Conselho Federal de Psicologia (org.), *Psicologia Brasileira na Luta Antirracista*.

2. Ver mais em E.C. David; M.C.G. Vicentin, Nem Crioulo Doido Nem Negra Maluca, *Saúde Debate*, v. 44, n. spe 3.

3. Observamos desde já a impossibilidade de abarcarmos outros estados e municípios da federação devido ao limite do próprio estudo em curso. Asseveram Trad et al. (Apresentação, em L.A.B. Trad et al. (orgs.), *Saúde–Doença–Cuidado de Pessoas Negras*, p. 9) que, "[n]a ainda esparsa produção nacional sobre a temática da saúde da população negra (SPN) evidencia-se lacunas significativas, sendo notável a invisibilidade da realidade das regiões Norte e Nordeste, assim como de determinados grupos". Reconhecemos o limite deste estudo em não ampliar o escopo geográfico da sua análise, centrando-se no território paulista e paulistano. Embora destaquemos a potencialidade dela em abarcar grupos historicamente invisibilizados no âmbito da SPN: as(os) ditas(os) loucas(os), o campo da saúde mental é pouco discutido na produção nacional da Saúde da População Negra.

4. Cofundadora do Instituto AMMA Psique e Negritude.

5. Secretaria de Estado da Saúde de São Paulo; integra o colegiado gestor do Grupo de Trabalho Racismo e Saúde da Associação Brasileira de Saúde Coletiva (Abrasco).

6. Escola Municipal de Saúde (EMS-SP).

7. Escola Municipal de Saúde (EMS-SP); Rede Sampa (Saúde Mental).

8. Centro de Convivência e Cooperativa Eduardo Leite Bacuri.

9. Área Técnica de Saúde da População Negra do município de São Paulo.

10. Médico perito no INSS e médico psiquiatra na Prefeitura de Fortaleza (CE).

11. Professora aposentada da Universidade Federal do Mato Grosso; foi subsecretária de Políticas de Ações Afirmativas da Seppir.

12. D.M. Faustino, Políticas de Saúde/Saúde Mental no Brasil e os Movimentos Negros, *Seminário e Prática de Intervenções Clínico-Políticas*, p. 3831.

13. Ibidem.

14. Ver F. Fanon, *Pele Negra, Máscaras Brancas*.

15. Ver L. Saad, *"Fumo de Negro"*.

16. Ver S. Vidal, Da Diamba à Maconha, *Koinonia*, 9 maio 2008.

17. Ver M. Fiore, A Medicalização da Questão do Uso de Drogas no Brasil, em R.P. Venâncio; H. Carneiro (orgs.), *Álcool e Drogas na História do Brasil*.

18. Ver E.C. David; A.L.M. Marques; F.F.L. Silva, Redução de Danos e Racismo, em L.T.L.S. Surjus; P.C. Silva (orgs.), *Redução de Danos*.

19. H. Carneiro, A Fabricação do Vício, disponível em: <http://www.neip.info/ downloads/t_hen1.pdf>.

20. O que mais tarde se configurou como Lei da Vadiagem, contravenção prevista no art. 59 do Decreto-Lei n. 3.688, de 1941.

21. Ver L. Saad, *"Fumo de Negro"*; E.C. David; A.L.M. Marques; F.F.L. Silva, Redução de Danos e Racismo, op. cit.; F.F.L. Silva, *O Que Não Cabe nas Ruas de uma Cidade?*; S. Vidal, Da Diamba à Maconha, op. cit.; M. Fiore, A Medicalização da Questão do Uso de Drogas no Brasil, em R.P. Venâncio; H. Carneiro (orgs.), *Álcool e Drogas na História do Brasil*.

22. Ver D.M. Faustino, Políticas de Saúde/Saúde Mental no Brasil e os Movimentos Negros, op. cit.

23. Ver P. Pernambuco Filho; A. Botelho, *Vícios Sociais Elegantes*; A.R. Machado; P.S.C. Miranda, Fragmentos da História da Atenção à Saúde Para Usuários de Álcool e Outras Drogas no Brasil, *História, Ciências, Saúde*; C.E.M Torcato, A Repressão aos "Entorpecentes" em Porto Alegre no Governo de Getúlio Vargas, II Simpósio Nacional História do Crime, Polícia e Justiça Criminal, *Anais...*; E.C.

David; A.L.M. Marques; F.F.L. Silva, Redução de Danos e Racismo, op. cit.

24. T.C.N. Marques, *A Cerveja e a Cidade no Rio de Janeiro*, p. 257.

25. Y.L. Santos, Crítica à Degenerescência Racial e Reforma Psiquiátrica de Juliano Moreira, em E.C. David et al. (orgs.), *Racismo, Subjetividade e Saúde Mental*, p. 37.

26. Ver D.M. Faustino, Políticas de Saúde/Saúde Mental no Brasil e os Movimentos Negros, op. cit.

27. M.C. Maio; S. Monteiro, Tempos de Racialização, *História, Ciências, Saúde*, v. 12, n. 2, p. 440.

28. T.P. Souza; S.R. Carvalho, Reduzindo Danos e Ampliando a Clínica, *Revista Polis e Psique*, v. 2, n. 3, p. 53.

29. Ver R.G. Passos, Frantz Fanon, Reforma Psiquiátrica e Luta Antimanicomial no Brasil, *Sociedade em Debate*, v. 25, n. 3.

30. Ver Idem, Holocausto ou Navio Negreiro?, *Argumentum*, v. 10, n. 3.

31. Ver K.R.C. Santos, *Dona Ivone Lara: Voz e Corpo da Síncopa do Samba*; R.G. Passos; A.S. Moraes, Entre os Sambas, os Bambas e a Loucura, em E.C. David et al. (orgs.), *Racismo, Subjetividade e Saúde Mental*.

32. Destacamos a obra *A Psicose*, de Neusa Santos Souza.

33. Ver D. Moreira, *Psiquiatria: Controle e Repressão Social*.

34. Ver E.C. David, Diva Moreira: Trajetória Contra a Repressão Social e o Controle na Saúde Mental Brasileira, em E.C. David et al. (orgs.), *Racismo, Subjetividade e Saúde Mental*, op. cit.

35. Ver D.M. Faustino, Políticas de Saúde/Saúde Mental no Brasil e os Movimentos Negros, op. cit.

36. Doutor Consulta: plataforma privada de gestão de saúde que nasceu em 2011, abriu seu primeiro centro médico na favela de Heliópolis e tem se espalhado como uma prestação de cuidado à saúde de fácil acesso, devido à localização de seus centros médicos e aos valores cobrados nos procedimentos ambulatoriais e exames.

37. Ver R.G. Passos; M.O. Pereira et al. (orgs.), *Luta Antimanicomial e Feminismos*.

38. Ver D.M. Faustino, Políticas de Saúde/Saúde Mental no Brasil e os Movimentos Negros, op. cit.

39. T.P. Souza; S.R. Carvalho, Reduzindo Danos e Ampliando a Clínica, op. cit., p. 55.

40. Ver G.W.F. Hegel, *Princípios da Filosofia do Direito*.

41. Ver T.P. Souza; S.R. Carvalho, Reduzindo Danos e Ampliando a Clínica, op. cit.

42. D.M. Faustino, A Universalização dos Direitos e a Promoção da Equidade, *Ciência e Saúde Coletiva*, p. 3837.

43. Ver D.M. Faustino, Políticas de Saúde/Saúde Mental no Brasil e os Movimentos Negros, op. cit.

44. Ver A. Guerreiro Ramos, Patologia Social do "Branco" Brasileiro, *Introdução Crítica à Sociologia Brasileira*.

45. Ver M.A.S. Bento, Branqueamento e Branquitude no Brasil, em I. Carone; M.A.S. Bento (orgs.), *Psicologia Social do Racismo*.

46. Ver L.V. Schucman, *Entre o Encardido, o Branco e o Branquíssimo*.

47. Ver R.L. Segato, *O Édipo Brasileiro*.

48. Segundo a publicação *Racismo Como Determinante Social de Saúde* (p. 10), "[o] conceito de equidade é apontado pela Organização Panamericana de Saúde (OPAS), como um 'princípio básico para o desenvolvimento humano e a justiça social'. [...] Diferentemente do princípio da igualdade, baseado no conceito de cidadania que indica a igualdade de direitos, o princípio da equidade é baseado na ideia de justiça e reconhece que as desigualdades entre indivíduos e grupos demandam abordagens diversificadas como condição para a redução das diferenças existentes". Anteriormente ao citado trecho, consta o seguinte alerta: "PARA ALCANÇAR A EQUIDADE É PRECISO SUPERAR O RACISMO" (p. 10).

49. Ver as duas cartas dos movimentos de trabalhadores e usuários de Saúde Mental de Bauru – SP (1987; 2017), em que ambas se posicionam contra o preconceito racial como forma de manicomialização.

50. Ver M.V.M. Ignácio; R.A. Mattos, O Grupo de Trabalho Racismo e Saúde Mental do Ministério da Saúde, *Saúde em Debate*, v. 43, n. spe 8.

51. Ver S.A. Brasil; L.A.B. Trad, O Movimento Negro na Construção da Política Nacional de Saúde Integral da População Negra e sua Relação com o Estado Brasileiro, em L.E. Batista; J. Werneck; F. Lopes (orgs.), *Saúde da População Negra*.

52. S. Adorno, História e Desventura: O 3º Programa Ver Nacional de Direitos Humanos, *Novos Estudos Cebrap*, n. 86.

53. Ver M. Lima, Desigualdades Raciais e Políticas Públicas, *Novos Estudos Cebrap*, n. 87.

54. "Em 1993, ocorria a Conferência Mundial dos Direitos Humanos, de Viena, cujas recomendações levaram o governo FHC à proposição de um plano de ação para os direitos humanos." (S.A. Brasil; L.A.B. Trad, O Movimento Negro na Construção da Política Nacional de Saúde Integral da População Negra e sua Relação com o Estado Brasileiro, op. cit., p. 69.).

55. GTI – Grupo de Trabalho Interministerial Para a Valorização da População Negra; PNDH – Programa Nacional de Direitos Humanos, Ação Afirmativa, em Ministério da Justiça, *Realizações e Perspectivas: Programa Nacional de Direitos Humanos*, p. 39.

56. Trabalho que resultou na publicação *Manual de Doenças Mais Importantes, por Razões Étnicas, na População Brasileira AfroDescendente*.

57. Observamos que este capítulo anui aos ensinamentos da psicóloga e pesquisadora Mônica Mendes Gonçalves, que compreende a saúde/saúde mental da população negra como intrinsecamente social. Ver mais em M.M. Gonçalves, *Raça e Saúde*, 2017.

58. Ver M.I.S. Barbosa; V.R. Fernandes, Afirmando a Saúde da População Negra na Agenda das Políticas Públicas, em L.E. Batista; S. Kalckmann (orgs.), *Seminário Saúde da População Negra, Estado de São Paulo, 2004*.

59. D.P. Miranda, Transtornos Depressivos no Contexto Afro-Brasileiro, 1º Congresso Brasileiro de Pesquisadores Negros (Copene), O Negro e a Produção do Conhecimento, *Anais...*, p. 36.

60. J.T. Reis Filho, A Formação da Identidade em Sujeitos Negros, 1º Congresso Brasileiro de Pesquisadores Negros (Copene), O Negro e a Produção do Conhecimento, *Anais...*, p. 35.

61. Luiza Helena de Bairros trabalhou entre 2001 e 2003 no programa das Nações Unidas para o Desenvolvimento (Pnud) na coordenação de ações interagências e de projetos no processo de preparação e acompanhamento da III Conferência Mundial Contra o Racismo – relação Agências Internacionais/Governo/Sociedade Civil. Entre 2003 e 2005, trabalhou no Ministério do Governo Britânico para o Desenvolvimento Internacional (DFID), na pré-implementação do Programa de Combate ao Racismo Institucional para os Estados de Pernambuco e Bahia. Entre 2005 e 2007, foi consultora do PNUD para questões de gênero e raça como coordenadora do programa de combate ao Racismo Institucional.

62. Ver S.A. Brasil; L.A.B. Trad, O Movimento Negro na Construção da Política Nacional de Saúde Integral da População Negra e Sua Relação Com o Estado Brasileiro, op. cit.

63. Brasil, *Política Nacional de Saúde da População Negra*, p. 7-8.

64. Ibidem, p. 8. (Grifo nosso.)

65. SUS – Sistema Único de Saúde, Conselho Nacional de Saúde, Comissão Organizadora da III CNSM, *Relatório Final da III Conferência Nacional de Saúde Mental*.

66. Ibidem, p. 31.

67. Ibidem, p. 125.

68. Ibidem, p. 146, 147. (Grifo nosso.)

69. Ibidem, p. 153. (Grifo nosso.)

70. Ibidem, p. 124.

71. Ibidem, p. 170.

72. Ibidem.

73. Ver Diagnóstico Errado de Esquizofrenia em Negros, em F. Oliveira, *Saúde da População Negra: Brasil Ano 2001*.

74. Pais Negros e Hispânicos Têm Medo de Racismo em Hospitais, em F. Oliveira, *Saúde da População Negra: Brasil Ano 2001*, p. 38.

75. F. Oliveira, *Saúde da População Negra: Brasil Ano 2001*, p. 252-253.

76. Declaração e Programa de Ação. Conferência Mundial de Combate ao Racismo, Discriminação Racial, Xenofobia e Intolerância Correlata, *Anais...*, p. 62.

77. D. Rousseff, Apresentação, em Seppir – Secretaria de Políticas de Promoção da Igualdade Racial, *Promovendo a Igualdade Racial*, p. 11.

78. Ver M. Lima, Desigualdades Raciais e Políticas Públicas, op. cit.

79. Ver S.A. Brasil; L.A.B. Trad, O Movimento Negro na Construção da Política Nacional de Saúde Integral da População Negra e sua Relação com o Estado Brasileiro, op. cit.

80. Brasil, Ministério da Saúde, Secretaria de Gestão Estratégica e Participativa, Departamento de Apoio

à Gestão Participativa, *I Seminário Nacional de Saúde da População Negra: Síntese do Relatório*, p. 7.

81. Ibidem, p. 45, 46, 54.

82. Ver Brasil, Ministério da Saúde, *Política Nacional de Promoção da Saúde*.

83. Ver Conselho Federal de Psicologia, M.V.O. Silva (org.), *Psicologia e Direitos Humanos*.

84. DFID – Department for International Development; AMMA Psique e Negritude, *Combate ao Racismo Institucional*, p. 13.

85. Ibidem, p. 122.

86. Ibidem, p. 28-29. (Grifo nosso.)

87. Ibidem, p. 41.

88. Ibidem.

89. A(o) leitora(or) verá mais à frente que a ANPSINEP foi criada em 2010. Ratificamos que a presença da organização junto ao CNS se deu na Resolução n. 486, de 7 de agosto de 2013.

90. São Paulo, *I Encontro Nacional de Psicólogos(as) Negros(as) e Pesquisadores(as) Sobre Relações Interraciais e Subjetividade no Brasil*, p. 13.

91. A.S. Sampaio, Racismo e Sofrimento Psíquico, *I Encontro Nacional de Psicólogos(as) Negros(as) e Pesquisadores(as) Sobre Relações Interraciais e Subjetividade no Brasil*, p. 55.

92. As Políticas de Amizade são largamente estudadas no âmbito da saúde/saúde mental pública e coletiva. Essa compreensão filosófica propõe que "[a] amizade é um fenômeno público, precisa do mundo, da visibilidade dos assuntos humanos para florescer. Nosso apego exacerbado à interioridade, a 'tirania da intimidade' não permite o cultivo de uma distância necessária para a amizade, pois o espaço da amizade é o espaço entre os indivíduos, do mundo compartilhado – espaço da liberdade e do risco" (F. Ortega, Por uma Ética e uma Política da Amizade, em D.S. Miranda (org.), *Ética e Cultura*, p. 156). Nessa direção, o racismo antinegro à brasileira permite convivência entre brancos e negros; contudo, não permite o aprofundamento das humilhações políticas e históricas que estruturam essas relações, assim como, muitas vezes, mantém brancos na "intimidade/no privado" da branquitude.

93. J.M. Gonçalves Filho apud F. Ortega, Por uma Ética e uma Política da Amizade, op. cit., p. 59.

94. M.V.M. Ignácio; R.A. Mattos, O Grupo de Trabalho Racismo e Saúde Mental do Ministério da Saúde, op. cit.

95. Ibidem, p. 75.

96. CGMAD – Coordenação-Geral de Saúde Mental, Álcool e Outras Drogas. WebSeminário Racismo e Saúde Mental. Disponível em: <https://www.youtube.com/watch?v=6rFzPlkX72Q&t=634s>.

97. Ver M.V.M. Ignácio, *A Trajetória (Descontinuada) do Grupo de Trabalho Racismo e Saúde Mental*.

98. Ibidem.

99. Ver S. Barros et al., Censo Psicossocial dos Moradores em Hospitais Psiquiátricos do Estado de São Paulo, *Saúde e Sociedade*, v. 23, n. 4.

100. Ver Brasil, Ministério da Saúde, Secretaria de Gestão Estratégica e Participativa, Departamento de Articulação Interfederativa, *Painel de Indicadores do SUS*, v. VII, n. 10.

101. Ibidem.

102. M.J.O. Duarte, Racismo, Subjetivação e Saúde Mental, em E.C. David et al. (org.), *Racismo, Subjetividade e Saúde Mental*, p. 28.

103. S. Barros; R. Bichaff, *Desafios Para a Desinstitucionalização* apud S. Barros et al., Censo Psicossocial dos Moradores em Hospitais Psiquiátricos do Estado de São Paulo, *Saúde e Sociedade*, v. 23, n. 4, p. 1240.

104. Brasil, Ministério da Saúde, Secretaria de Gestão Estratégica e Participativa, Departamento de Apoio à Gestão Participativa e ao Controle Social, *Óbitos Por Suicídio Entre Adolescentes e Jovens Negros 2012 a 2016*, p. 28.

105. Ver E.C. David, *Saúde Mental e Racismo*.

106. Ibidem, p. 87.

107. Ver E.C. David, Desafios das Equipes Para Acolher Crianças e Adolescentes Negros em CAPSij, em S. Barros; C. Ballan; L.E. Batista (orgs.), *Atenção Psicossocial a Crianças e Adolescentes Negros no SUS*.

108. N.S. Souza, *Tornar-se Negro, ou, As Vicissitudes da Identidade do Negro Brasileiro em Ascensão Social*, p. 17.

109. E.C. David, Desafios das Equipes Para Acolher Crianças e Adolescentes Negros em CAPSij, op. cit., p. 110-111.

110. Ocasião em que tive a oportunidade de representar o Instituto.

111. E.C. David, A Saúde Mental da População Negra Importa!, em Associação Brasileira de Saúde Coletiva – Abrasco, Grupo Temático Racismo e Saúde da Abrasco (org.), *População Negra e Covid-19*, p. 15-16.

112. Dados de 2023, com base no balanço do consórcio de veículos de imprensa com dados das secretarias de saúde.

113. E.C. David, A Saúde Mental da População Negra Importa!, op. cit., p. 16.

114. T.W.F. Moreira; R.G. Passos, Luta Antimanicomial e Racismo em Tempos Ultraconservadores, op. cit.

115. M.L. Silva, Racismo e os Efeitos na Saúde Mental, em L.E. Batista; S. Kalckmann (orgs.), *Seminário Saúde da População Negra, Estado de São Paulo, 2004*, p. 129.

116. Ibidem, p. 130.

117. F. Lopes; I. Castro, Carta Aberta de São Paulo, em L.E. Batista; S. Kalckmann (orgs.), *Seminário Saúde da População Negra, Estado de São Paulo, 2004*, p. 155.

118. L.E. Batista et al., Humanização na Atenção à Saúde e às Desigualdades Raciais, em R.M.S. Oliveira (org.), *Cenários da Saúde da População Negra no Brasil*, p. 211.

119. Ver em: <https://www.prefeitura.sp.gov.br/cidade/secretarias/saude/atencao_basica/index.php?p=309048>.

120. F. Almeida, Trabalhadores do SUS Contra os Novos Manicômios. Abertura da Conferência Municipal de Saúde Mental, *Outra Saúde*, 18 abr. 2022. Disponível em: <https://outraspalavras.net/outrasaude/trabalhadores-do-sus-contra-os-novos-manicomios/>.

121. S.A. Brasil; L.A.B. Trad, O Movimento Negro na Construção da Política Nacional de Saúde Integral da População Negra e sua Relação com o Estado Brasileiro, op. cit., p. 88.

122. Ibidem.

123. Ibidem.

124. Ver J. Werneck; M. Mendonça; E.C. White (orgs.), *O Livro da Saúde das Mulheres Negras*.

125. Conteúdo de entrevista realizada pelo autor com Nacile Daúd Junior em 14 de julho de 2021.

126. A. Mbembe, *Crítica da Razão Negra*, p. 18.

127. E.C. David, *Saúde Mental e Racismo*, p. 146.

128. Ver T.P. Souza; J.G. Damico; E.C. David, Paradoxos das Políticas Identitárias, *Acta Scientiarum*, v. 42, n. 3.

129. Ver *Tornar-se Negro* (Neusa Santos Souza); *A Cor do Inconsciente* (Isildinha Batista Nogueira); *Alienação e Liberdade* (Frantz Fanon); *Racismo, Subjetividade e Saúde Mental* (Emiliano de Camargo David, Rachel Gouveia Passos, Deivison Mendes Faustino, Jeane Saskya Campos Tavares); *Racismo: Por uma Psicanálise Implicada* (Ignácio A. Paim); *Saúde Mental e Racismo à Brasileira* (Renan Vieira de Santana Rocha, Mônica de Oliveira Nunes de Torrenté, Maria Thereza Ávila Dantas Coelho), dentre outras obras.

130. Curso de Extensão Direitos Humanos, Saúde Mental e Racismo: Diálogos a Partir do Pensamento de Frantz Fanon (transmitido pelo Youtube); Curso Saúde Mental da População Negra – ANPSINEP e ABRAPSO (transmitido pelo YouTube); Curso Teórico – Vivencial de Psicologia e Relações Raciais (Instituto AMMA Psique e Negritude), REM – Rede de Escutas Marginais (coletivo Margens Clínicas), dentre outras formações.

131. Prêmio Profissional Virgínia Bicudo (Conselho Federal de Psicologia); Prêmio "Jonathas Salathiel de Psicologia e Relações Raciais" (Conselho Regional de Psicologia de São Paulo), dentre outras premiações.

132. Ver E.C. David, *Saúde Mental e Racismo*.

133. Ibidem, p. 136.

4 A AQUILOMBAÇÃO DA REDE DE ATENÇÃO PSICOSSOCIAL

1. Ideia-força aqui é compreendida como expressão teórico-política de um combate (conforme atesta Giacoia Junior). No caso deste livro, do combate luta antimanicomial ao combate luta antimanicolonial.

2. "Na observação participante, o observador coloca-se na posição dos observados, devendo inserir-se no grupo a ser estudado como se fosse um deles, pois assim tem mais condições de compreender os hábitos, atitudes, interesses, relações pessoais e características do funcionamento daquele grupo […] Isso requer que o observador torne-se parte do universo investigado" (J. Souza; L.P. Kantorski; M.A.V. Luis, Análise Documental e Observação Participante na

Pesquisa em Saúde Mental, *Revista Baiana de Enfermagem*, v. 25, n. 2, p. 224).

3. A maior parte da elaboração desta obra (incluindo o trabalho de campo) foi realizada em meio à pandemia de Covid-19. Seguindo a orientação da Organização Mundial de Saúde, compreendeu-se o isolamento social como uma ação efetiva de proteção e combate ao coronavírus. Embora a posição negacionista do governo federal de Bolsonaro tenha tomado direções que promoveram o contágio em massa, refutando o isolamento social como medida protetiva, este percurso não coadunou com a política de morte desse desgoverno e arcou com o prejuízo da impossibilidade de um campo presencial, optando pelo benefício incontornável da prevenção e promoção da vida.

4. Fizeram parte da programação da Feira Preta: Coral Vila Ramos; LI NA KUN APA WILL; Roda de Conversa: Políticas públicas e direitos da população negra; Roda de Conversa: Qual a Cor da Saúde; Tudo Que Você Sempre Quis Saber Sobre Quadrinhos; Pintura em Madeira; Estação Empatia Narrativas de Vida; Abayomi; Tranças Afro, Sobrancelhas, Unha, Barba, Cabelo e Bigode; Dança Afro Coletivo Araijô; Turbante; Samba Pop Poesia; Nego Blue, Beto Cruz, Q Nego, Mc Formiga, Carlos, Xavier, GRS; Teatro do Oprimido e as Políticas do Privilégio; Dança Jamaicana; Oficina de Palhaçaria; Oficina Autocuidados Diálogos Interraciais; Oficina de Pedal; Almoço Literário; Turbante; Capoeira Histórias e Cantos; Oficina Ritmos e Batucadas do FUNK; Oficina Autorretrato; Oficina Permacultura, Plantas Medicinais Africanas; Samba-Rock; Roda Violência Obstétrica, Mobilidade População Feminina; Yoga Africano; Samba do AD (Fonte: Kilombrasa).

5. Trecho do texto elaborado pelas(os) trabalhadoras(es) do CAPSij Fó/Brasilândia e enviado ao Prêmio Edna Muniz, 2019, s/p.

6. K.Y.P. Santos; L. Lanari, A Perspectiva do Aquilombar-se, em K.Y.P. Santos; L. Lanari (orgs.), *Saúde Mental, Relações Raciais e Covid-19*, p. 5.

7. Margens Clínicas, disponível em: <https://www.margensclinicas.org/>.

8. Contando com os seguintes formadores: Emiliano de Camargo David; Lia Vainer Shucman; Tatiana Nascimento; Katiara Oliveira; Geni Núñes; Maria Lúcia da Silva; Estefânia Ventura; Rosane Borges; Andreia Beatriz; Day Rodrigues; Castiel Vitorino Brasileiro; Denise Ferreira da Silva; Almir de Souza Junior; João Perci Schiavon; Marcio Farias; Renato Noguera; Anna Turriani; Deivison Faustino; Fabiana Vilas Boas; Clélia Prestes; Igo Ribeiro; Suely Rolnik; Maria Aparecida Silva Bento (Cida Bento); Douglas Belchior; Paulo Bueno; Ana Gebrim; Maria Ribeiro; Isildinha Baptista Nogueira; Rodrigo Ferreira dos Reis; Douglas Rodrigues Barros. Disponível em: <https://www.margensclinicas.org/aquilombamento.formadores>.

9. Trecho do texto elaborado pelas(os) integrantes do Café Preto e enviado ao Prêmio Edna Muniz, 2019, s/p.

10. "Vários autores estudam e destacam a necessidade de integração da saúde mental ao cotidiano das práticas da Atenção Básica para a efetivação da integralidade do cuidado em saúde (A. Lancetti, Loucura Metódica, em A. Lancetti (org.), *Saúde Loucura: Número 2*; R. Onocko-Campos, Rosana et al., O PET – Saúde Como Instrumento Para a Articulação da Saúde Mental e Coletiva, *Cadernos Brasileiros de Saúde Mental*). Nesse contexto, o matriciamento em saúde mental surgiu como uma importante estratégia para fazer valer tal articulação, de modo a garantir um cuidado ampliado à saúde por meio da interação dialógica entre os diversos saberes indispensáveis à produção de saúde. Segundo o Ministério da Saúde, o matriciamento consiste em um arranjo organizacional que visa outorgar suporte técnico-pedagógico em áreas específicas às equipes responsáveis pelo desenvolvimento de ações básicas de saúde para a população. Assim, o matriciamento se afirma como recurso de construção de novas práticas em saúde mental também junto às comunidades, no território onde as pessoas vivem e circulam, pela sua proposta de encontros produtivos, sistemáticos e interativos entre equipes da Atenção Básica e equipes de saúde mental." (A. Iglesias; L.Z. Avellar, Matriciamento em Saúde Mental, *Ciência & Saúde Coletiva*, v. 24, n. 4, p. 1248.)

11. Fragmento narrativo 1, enfermeira de CAPSij que se autodeclara preta. (Grifo nosso.)

12. Frase proferida por Angela Davis em sua palestra "A Liberdade é uma Luta Constante", em São Paulo, no Auditório Ibirapuera, em 21 de outubro de 2019.

13. Fragmento narrativo 2, enfermeira de CAPSij que se autodeclara preta. (Grifo nosso.)
14. Ver A. McRobbie, *The Uses of Cultural Studies*.
15. Ver J. Butler, Performative Acts and Gender Constitution, *Theatre Journal*, v. 40, n. 4.
16. Ver J. Werneck, *O Samba Segundo as Ialodês*.
17. H.K. Bhabha, *O Local da Cultura*, p. 21.
18. Ver S. Rolnik, *Esferas da Insurreição*.
19. Referência ao artigo "'Holocausto ou Navio Negreiro?': inquietações Para a Reforma Psiquiátrica Brasileira" (R.G. Passos, op. cit.).
20. Fragmento narrativo 3, enfermeira de CAPSij que se autodeclara preta. (Grifo nosso.)
21. Fragmento narrativo 4, enfermeira de CAPSij que se autodeclara preta. (Grifo nosso.)
22. N.S. Souza, *Tornar-se Negro ou As Vicissitudes da Identidade do Negro Brasileiro em Ascensão Social*, p. 46.
23. Ibidem.
24. S. Freud apud M.L. Silva, Prefácio, em N.S. Souza, *Tornar-se Negro ou As Vicissitudes da Identidade do Negro Brasileiro em Ascensão Social*, p. 19.
25. M.L. Silva, Prefácio, em N.S. Souza, *Tornar-se Negro ou As Vicissitudes da Identidade do Negro Brasileiro em Ascensão Social*, p. 19.
26. Fragmento narrativo 5, terapeuta ocupacional de CAPSij que se autodeclara branca. (Grifo nosso.)
27. Ver M.A.S. Bento, Branqueamento e Branquitude no Brasil, op. cit.; L.V. Schucman, *Entre o Encardido, o Branco e o Branquíssimo*.
28. Ibidem.
29. L.V. Schucman, *Famílias Inter-Raciais*, p. 128.
30. Ibidem.
31. Ibidem, p. 130.
32. Ver R.G. Passos, De Escravas a Cuidadoras, *O Social em Questão*, ano XX, n. 38; E.C. David, *Saúde Mental e Racismo*.
33. R.G. Passos, De Escravas a Cuidadoras, op. cit., p. 86.
34. Ibidem, p. 90.
35. A. Mbembe, *Sair da Grande Noite*, p. 25.
36. Fragmento narrativo 6, psicólogo de CAPSij que se autodeclara branco. (Grifo nosso.)
37. A. Mbembe, *Crítica da Razão Negra*, p. 21.
38. Ibidem.
39. Anuímos à reflexão e pergunta de Achille Mbembe (*Crítica da Razão Negra*, p. 22): "Se, além disso, no meio dessa tormenta, o negro conseguir de fato sobreviver àqueles que o inventaram e se, numa dessas reviravoltas cujo segredo é guardado pela história, toda a humanidade subalterna se tornasse efetivamente negra, que riscos acarretaria um tal *devir-negro do mundo* à promessa de liberdade e igualdade universais da qual o termo negro foi a marca patente no decorrer da era moderna?"
40. A. Mbembe, *Crítica da Razão Negra*, p. 21.
41. Fragmento narrativo 7, trabalhador NPJ/CREAS, raça/cor não declarada. (Grifo nosso.)
42. Ideia-força que analisaremos, junto das experiências do Aquilombamento das Margens, no próximo subcapítulo.
43. Ver A. Nascimento, *O Quilombismo*.
44. Ver E.M. Vasconcelos; J. Rodrigues, Organização de Usuários e Familiares em Saúde Mental no Brasil, em E.M. Vasconcelos (org.), *Desafios Políticos da Reforma Psiquiátrica Brasileira*.
45. Ver E.M. Vasconcelos, *Abordagens Psicossociais*.
46. Fragmento narrativo 8, gerente de CAPSij que se autodeclara preto. (Grifo nosso.)
47. Ver A. Nascimento, *O Quilombismo*.
48. L.E. Batista et al., Aspectos da Territorialização do Cuidado em um CAPSij, *Research, Society and Development*, v. 10, n. 10, p. 10.
49. Fragmento narrativo 8, gerente de CAPSij que se autodeclara preto.
50. L.E. Batista et al., Aspectos da Territorialização do Cuidado em um CAPSij, op. cit.
51. M. Santos, O Dinheiro e o Território, em M. Santos et al., *Território, Territórios*, p. 14.
52. Ver L.E. Batista et al., Aspectos da Territorialização do Cuidado em um CAPSij, op. cit.
53. Ver P. Gilroy, *O Atlântico Negro*.
54. Ver M.B. Nascimento, A Luta dos Quilombos, *Uma História Feita Por Mãos Negras*.
55. HumanizaSUS: Política Nacional de Humanização, disponível em: <https://bvsms.saude.gov.br/bvs/publicacoes/humaniza_sus_marco_teorico.pdf>, p. 5.
56. D.M. Faustino, Políticas de Saúde/Saúde Mental no Brasil e os Movimentos Negros, op. cit., p. 163.
57. Maria de Jesus Moura: Psicóloga, Mestra em Psicologia (Social) pela UFPE/2008, fundadora e coordenadora nacional da ANPSINEP.

58. Maria Aparecida da Silva Bento: Psicóloga, Doutora em Psicologia pela Universidade de São Paulo, diretora do Centro de Estudos das Relações de Trabalho e Desigualdades (CEERT).

59. Ver F. Lopes, Experiências Desiguais ao Nascer, Viver, Adoecer e Morrer, em L.E. Batista; S. Kalckmann (orgs.), *Seminário Saúde da População Negra, Estado de São Paulo, 2004.*

60. C. Evaristo, *O Globo*, 31 dez. 2019.

61. A. Mbembe, *Crítica da Razão Negra*, p. 13.

62. M. Foucault, *Em Defesa da Sociedade*, p. 217.

63. Ver F. Guattari, *Caosmose.*

64. Ver J-C. Polack; D. Sivadon, *A Íntima Utopia.*

65. Ver L. Gonzalez, A Categoria Político-Cultural de Amefricanidade, em F. Rios; M. Lima (orgs.), *Lélia Gonzales, por um Feminismo Afro-Latino-Americano.*

66. F. Guattari, op. cit., p. 99.

67. J-C. Polack; D. Sivadon, op. cit., p. 17.

68. Ibidem.

69. L. Gonzalez, Por um Feminismo Afro-Latino-Americano, em F. Rios; M. Lima (orgs.), *Lélia Gonzalez, Por um Feminismo Afro-Latino-Americano*, p. 140.

70. Idem, A Categoria Político-Cultural de Amefricanidade, op. cit., p. 138.

71. Ver L. Gonzalez, A Categoria Político-Cultural da Amefricanidade, op. cit.; J-C. Polack; D. Sivadon, op. cit.; F. Guattari, op. cit.

72. Fragmento narrativo 9, psicanalista do Margens Clínicas que se autodeclara branca.

73. Ver L.V. Schucman, *Entre o Encardido, o Branco e o Branquíssimo.*

74. F.W. Twine, A White Side of Black Britain, *Ethnic and Racial Studies*, v. 27, n. 6, p. 344, apud L.V. Schucman, *Entre o Encardido, o Branco e o Branquíssimo*, p. 172, em tradução livre.

75. Ver É. Glissant, *Introdução a uma Poética da Diversidade.*

76. Fragmento narrativo 10, assistente social de CAPS que se autodeclara parda. (Grifo nosso.)

77. B.B. Sawaia, Contextos Socioculturais na Construção da Subjetividade e da Exclusão, em M.V.O. Silva (org.), *Psicologia e Direitos Humanos*, p. 69.

78. Ibidem, p. 70.

79. Ibidem.

80. B.B. Sawaia, Contextos Socioculturais na Construção da Subjetividade e da Exclusão, op. cit., p. 70.

81. Fragmento narrativo 10, assistente social de CAPS que se autodeclara parda.

82. Ver I.B. Nogueira, *A Cor do Inconsciente.*

83. Ver F. Rosemberg, Psicanálise e Relações Raciais, em N.M. Kon; C.C. Abud; M.L. Silva (orgs.), *O Racismo e o Negro no Brasil.*

84. Ver C.R. Dias, Racismo e Psicanálise, em E.C. David; G. Assuar (orgs.), *A Psicanálise na Encruzilhada.*

85. Ver K.Y.P. Santos, Colonialidade e Processos de Subjetivação, em E.C. David; G. Assuar (orgs.), *A Psicanálise na Encruzilhada.*

86. Subtítulo do capítulo Colonialidade e Processos de Subjetivação: Aquilombamento na Clínica.

87. Ver E.C. David, *Saúde Mental e Racismo.*

88. K.Y.P. Santos, Colonialidade e Processos de Subjetivação, op. cit., p. 131.

89. Real, aqui, faz menção a um dos elementos da tríade lacaniana: Real, Simbólico e Imaginário. Para Lacan (O Simbólico, o Imaginário e o Real, *Nomes-do-Pai*, p. 18-19), "[o] Simbólico remete simultaneamente à linguagem e à função compreendida por Lévi-Strauss como aquela que organiza a troca no interior dos grupos sociais; o Imaginário designa a relação com a imagem do semelhante e com o corpo próprio; o Real, que deve ser distinguido da realidade, é um efeito do Simbólico: o que o Simbólico expulsa".

90. K.Y.P. Santos, Colonialidade e Processos de Subjetivação, op. cit., p. 131.

91. Fragmento narrativo 11, trabalhadora do Centro Especializado em Reabilitação (CER), que se autodeclara da cor branca. (Grifo nosso.)

92. Em entrevista oferecida à pesquisadora Clélia Prestes e ao pesquisador Deivison Mendes Faustino (C. Prestes; D.M. Faustino, Passos Marcantes de Maria Lúcia da Silva pela Psicologia, Relações Raciais e de Gênero, em E.C. David et al. (orgs.), *Racismo, Subjetividade e Saúde Mental*, p. 164).

93. Ibidem.

94. K.Y.P. Santos; L. Lanari, Aquilombamento nas Margens, *Revista CULT*, ano 25, n. 285, p. 30.

95. Na perspectiva poética de Manoel de Barros, mentira é algo que alguém afirma ter feito, porém não realizou. A invenção, por sua vez, é aquilo que serve para aumentar o mundo. (P. Cezar, *Só Dez por Cento é Mentira*, Documentário sobre Manoel de Barros, 2008.)

96. Lembramos que loucura não está sendo compreendida aqui (e durante todo este livro) na perspectiva psicopatológica, mas como desrazão: "A desrazão está para a experiência trágica da loucura que se desenvolveu desde o Renascimento, como uma vivência portadora de um saber sobre o mundo. Por seu viés mítico, denunciava também o potencial de abertura da experiência humana para o que é da ordem do inumano e, portanto, deslocada do registro da linguagem. A loucura tem como condição de emergência o silenciamento da desrazão, que assim se estabelece como algo que não diz da verdade do mundo, mas do próprio humano, pois distante da natureza. Não é de se espantar que a ciência que se ergue em torno dessas diretrizes epistemológicas não esteja aliada a um saber do mundo, já que está voltada para uma ciência de reconhecimento próprio. Este também é o caso do alienismo." (E.R. Vargas, *Por uma Incorporação Ativa da Vulnerabilidade e do Desatino*, p. 143.)

97. A professora Gislene Aparecida dos Santos, em seu livro *A Invenção do "Ser Negro"* (p. 167), assevera que, "se à filosofia cabe questionar as ilusões presentes no senso comum, talvez seja fundamental recorrer a ela para desmontar as ideias que ela própria ajudou a engendrar e que permitiram inventar o ser negro como negatividades".

98. M.B. Nascimento, Quilombos, *Beatriz Nascimento, Quilombola e Intelectual*, p. 75.

99. Ver C. Moura, *História do Negro Brasileiro*.

100. Fragmento narrativo 12, psicóloga de CAPSij que se autodeclara preta. Grifo nosso.

101. R.V.S. Rocha; M.N. Torrenté; M.T.A.D. Coelho, *Saúde Mental e Racismo à Brasileira*, p. 154.

102. Ibidem.

103. Ibidem, p. 155.

104. Ibidem, p. 154.

105. Planejamento é um momento em que as equipes de saúde/saúde mental se debruçam sobre a construção do próximo semestre ou ano de trabalho, debatem conceitualmente determinados temas e definem estratégias de cuidado, constroem possíveis planos de ação que serão avaliados no próximo planejamento – 6 ou 12 meses depois, em geral.

106. R.V.S. Rocha; M.N. Torrenté; M.T.A.D. Coelho op. cit., p. 155.

107. Ibidem.

108. Ibidem, p. 154.

109. Ver N.L. Gomes, Intelectuais Negros e Produções de Conhecimento, em B.S. Santos; M.P. Meneses (orgs.), *Epistemologias do Sul*.

110. Fragmento narrativo 13, trabalhadora de CAPS que se autodeclara branca.

111. F. Fanon, *Alienação e Liberdade*, p. 293.

112. H.K. Bhabha, Recordar Fanon (Prefácio), em F. Fanon, *Pele Negra e Máscaras Brancas*, p. 3.

113. Ver D.M. Faustino, A Psiquiatria de Fanon, *Quatro Cinco Um*.

114. Ver R.G. Passos, Frantz Fanon, Reforma Psiquiátrica e Luta Antimanicomial no Brasil, op. cit.

115. Ver D.M. Faustino, A Psiquiatria de Fanon, op. cit.

116. Ibidem, p. 3.

117. P. Amarante (org.), *Franco Basaglia*, p. 117.

118. S. Rolnik, A Hora da Micropolítica, em A.F. Polanco; A. Pradel, Entrevista, *Re-visiones*, p. 36.

119. Ibidem.

120. Fragmento narrativo 14, médica de CAPS AD que se autodeclara preta. (Grifo nosso.)

121. Ver C. Prestes, Ressignificação da Identidade e Amor Como Resistências à Violência Racial, em Favor da Saúde Psíquica, em M.L. Silva et al. (orgs.), *Violência e Sociedade*.

122. Ibidem, p. 175.

123. Fragmento narrativo 15, médica de CAPS AD que se autodeclara preta.

124. Ver E.C. David; L.A.A. Silva, Territórios Racializados, em M.L. Silva et al. (orgs.), *Violência e Sociedade*.

125. A. Mbembe, Epílogo, *Crítica da Razão Negra*, p. 309.

126. Ver E. Glissant, *Introdução a uma Poética da Diversidade*.

127. Ibidem, p. 106.

128. Ver E. Glissant, op. cit.

129. Neologismo que visa chamar a atenção para a equivocada posição central (e centralizadora) dos CAPS na RAPS e na reforma psiquiátrica contemporânea. Observamos que tal crítica não configura questionamento/dúvida em face da potência desses equipamentos que, ao longo dos anos, tem sido fundamental para o modelo de saúde mental que se posiciona de modo antimanicomial.

130. Fragmento narrativo 16, médica de CAPS AD que se autodeclara preta.

131. Ver K.D. Butler; P. Domingues, *Diásporas Imaginadas*.

132. Ver M.M. Gonçalves, Raça, Racismo e Saúde, em M. Lima et al. (orgs.), *Pensar Junto/Fazer Com: Saúde Mental na Pandemia de Covid-19*, p. 393.

133. Fragmento narrativo 17, médica de CAPS AD que se autodeclara preta. Grifo nosso. Os trabalhos de Collins e Almeida ecoam o que a integrante do coletivo busca salvaguardar.

134. Ver P.H. Collins, *Pensamento Feminista Negro*.

135. M. Almeida, *Devir Quilomba*, p. 346.

136. K. Munanga, *É Preciso Unir as Lutas, Sem Abrir Mão Das Especificidades*, em T. Mendonça, Entrevista. Disponível em: <http://www.atarde.uol.com.br/muito/noticias/-kabengele-munanga-e-preciso--unir-as-lutas-sem-abrir-mao-das-especificidades>.

137. M.M. Gonçalves, Raça, Racismo e Saúde, op. cit., p. 391.

138. A. Mbembe, Existe um Único Mundo Apenas, em M.A. Bordas (org.), *Caderno Sesc_Videobrasil 09: Geografias em Movimento*, p. 51.

139. Ibidem.

140. A. Mbembe, *Sair da Grande Noite*, p. 246.

141. C. Evaristo, A Escrevivência Serve Também Para as Pessoas Pensarem, em T. Santana; A. Zapparoli, Entrevista. Disponível em: <https://www.itausocial.org.br/noticias/conceicao-evaristo-a-escrevivencia-serve-tambem-para-as-pessoas-pensarem/>.

142. Ver P. Gilroy, *O Atlântico Negro*.

PARA TERMINAR

1. F. Fanon, *Pele Negra, Máscaras Brancas*, p. 25.

2. Ver G.G.D. Providello; S. Yasui, A Loucura em Foucault, *História, Ciências, Saúde*, v. 20, n. 4.

3. Ver P. Gilroy, *O Atlântico Negro*.

4. C. Lispector, *Uma Aprendizagem ou o Livro dos Prazeres*, p. 43-44.

5. Ver S. Rolnik, *Esferas da Insurreição*.

6. A. Mbembe, Epílogo, *Crítica da Razão Negra*, p. 315.

7. Ver P. Gilroy, op. cit.

8. Ver K.D. Butler; P. Domingues, *Diásporas Imaginadas*.

9. Ver M. Hanchard, Política Transnacional Negra, Antiimperialismo e Etnocentrismo Para Pierre Bourdieu e Loïc Wacquant, *Estudos Afro-Asiáticos*, v. 24, n. 1.

10. Yvonne Lara da Costa; Delcio Carvalho, Sonho Meu, 1978.

POSFÁCIO

1. Ver supra, p. 214.

2. Ver supra, p. 66, extraído de Achille Mbembe, O Desejo de Plenitude de Humanidade É Algo Que Compartilhamos, em Marie Ange Bordas (org.), *Caderno Sesc Videobrasil 09: Geografias em Movimento*.

3. Ver Suely Rolnik, A Hora da Micropolítica, op. cit.

4. Ver supra, p. 67.

5. Ver supra, p. 184.

6. Ver supra, p. 155.

7. Ver supra, p. 175.

8. Ver supra, p. 200.

9. Ver supra, p. 202.

10. Ver Paul Gilroy, *O Atlântico Negro*.

11. Ver supra, p. 177.

12. Ver supra, p. 189, extraída de K.Y.P. Santos; L. Lanari, Aquilombamento nas Margens, *Cult*, ano 25, n. 285, p. 30.

13. Ver supra, p. 179.

14. Ver supra, p. 44.

15. Ibidem.

16. Ver supra, p. 69.

17. Ver supra, p. 190.

18. Ver supra, p. 181.

19. Ver supra, p. 216.

Referências

Livros

ALMEIDA, Mariléa de. *Devir Quilomba: Antirracismo, Afeto e Política nas Práticas de Mulheres Quilombolas*. São Paulo: Elefante, 2022.

ALVES, Miriam Cristiane; PAULA, Tadeu de; DAMICO, José. Amefricana: Racismo, Sexismo e Subjetividade em Lélia Gonzalez. In: DAVID, Emiliano de Camargo et al. (orgs.). *Racismo, Subjetividade e Saúde Mental: O Pioneirismo Negro*. São Paulo/Porto Alegre: Hucitec/Grupo de Pesquisa Egbé/ Projeto Canela Preta, 2021.

AMARANTE, Paulo (org.). *Loucos Pela Vida: A Trajetória da Reforma Psiquiátrica no Brasil*. Rio de Janeiro: Fiocruz, 1998.

BARBOSA, Maria Inês da Silva; FERNANDES, Valcler Rangel. Afirmando a Saúde da População Negra na Agenda das Políticas Públicas. In: BATISTA, Luís Eduardo; KALCKMANN, Suzana (orgs.). *Seminário Saúde da População Negra, Estado de São Paulo, 2004*. São Paulo: Instituto de Saúde, 2005.

BARRETO, Lima. *Diário do Hospício: O Cemitério dos Vivos*. São Paulo: Cosac Naify, 2010.

BARROS, Sônia; BICHAFF, Regina. *Desafios Para a Desinstitucionalização: Censo Psicossocial dos Moradores em Hospitais Psiquiátricos do Estado de São Paulo*. São Paulo: Secretaria de Estado da Saúde de São Paulo, 2008. Disponível em: <http://pfdc.pgr.mpf.mp.br/atua cao-e-conteudos-de-apoio/publicacoes/ saude-mental/censo_psicossocialsp.pdf>. Acesso em: nov. 2015.

BASAGLIA, Franco. *Escritos Selecionados em Saúde Mental e Reforma Psiquiátrica*. Org. Paulo Amarante. Rio de Janeiro: Garamond, 2005.

BATISTA, Luís Eduardo; KALCKMANN, Suzana (orgs.). *Seminário Saúde da População Negra, Estado de São Paulo, 2004*. São Paulo: Instituto de Saúde, 2005.

BATISTA, Luís Eduardo et al. Humanização na Atenção à Saúde e às Desigualdades Raciais. In: OLIVEIRA, Regina Marques de Souza (org.). *Cenários da*

Saúde da População Negra no Brasil: Diálogos e Pesquisas. Cruz das Almas/ Belo Horizonte: EduFRB/Fino Traço, 2016.

BENTO, Maria Aparecida Silva. Branqueamento e Branquitude no Brasil. In: CARONE, Iraí; BENTO, Maria Aparecida Silva (orgs.). *Psicologia Social do Racismo: Estudos Sobre Branquitude e Branqueamento no Brasil.* 5. ed. Rio de Janeiro: Vozes, 2012.

BHABHA, Homi Kharshedji [1986]. Recordar Fanon: O Eu, a Psique e a Condição Colonial. [Prefácio à Edição Inglesa de 1986]. In: FANON, Frantz. *Pele Negra e Máscaras Brancas.* São Paulo: Ubu, 2020.

_____. *O Local da Cultura.* Belo Horizonte: Editora UFMG, 1998.

BRASIL, Sandra Assis; TRAD, Leny Alves Bomfim. O Movimento Negro na Construção da Política Nacional de Saúde Integral da População Negra e sua Relação com o Estado Brasileiro. In: BATISTA, Luís Eduardo; WERNECK, Jurema; LOPES, Fernanda (orgs.). *Saúde da População Negra.* 2. ed. rev. e ampl. Brasília: Associação Brasileira de Pesquisadores Negros, 2012.

BUTLER, Kim D.; DOMINGUES, Petrônio. *Diásporas Imaginadas: Atlântico Negro e Histórias Afro-brasileiras.* São Paulo: Perspectiva, 2020.

CARONE, Iraí; BENTO, Maria Aparecida Silva (orgs.). *Psicologia Social do Racismo: Estudos Sobre Branquitude e Branqueamento no Brasil.* Rio de Janeiro: Vozes, 2002.

CFP – CONSELHO FEDERAL DE PSICOLOGIA. *Psicologia e Direitos Humanos: Subjetividade e Exclusão.* Org. Marcus Vinícius de Oliveira Silva. São Paulo/Brasília: Casa do Psicólogo/Conselho Federal de Psicologia, 2004.

_____. *Relações Raciais: Referências Técnicas Para Atuação de Psicólogas/os.* Brasília: Conselho Federal de Psicologia, 2017.

COLLINS, Patricia Hill [1990]. *Pensamento Feminista Negro: Conhecimento, Consciência e a Política do Empoderamento.* São Paulo: Boitempo, 2019.

COSTA, Jurandir Freire [1981]. *História da Psiquiatria no Brasil: Um Corte Ideológico.* 5. ed. rev. Rio de Janeiro: Garamond, 2006.

CUNHA, Maria Clementina Pereira [1986]. *O Espelho do Mundo: Juquery, a História de um Asilo.* Rio de Janeiro: Paz e Terra, 1988.

DAMICO, José; OHNMACHT, Taiasmin; SOUZA, Tadeu de Paula. Antinarciso e o Devir Revolucionário de Frantz Fanon: Diálogos Entre Psicanálise, Política e Racismo. In: DAVID, Emiliano de Camargo; ASSUAR, Gisele (orgs.). *A Psicanálise na Encruzilhada: Desafios e Paradoxos Perante o Racismo no Brasil.* São Paulo/Porto Alegre; Hucitec/Grupo de Pesquisa Egbé/Projeto Canela Preta/Sedes Sapientiae, 2021.

DAVID, Emiliano de Camargo. A Saúde Mental da População Negra Importa! Por que Ainda Precisamos Afirmar? In: ASSOCIAÇÃO BRASILEIRA DE SAÚDE COLETIVA (ABRASCO). Grupo Temático Racismo e Saúde da Abrasco (org.). *População Negra e Covid-19.* Rio de Janeiro: Abrasco, 2021.

_____. Desafios das Equipes Para Acolher Crianças e Adolescentes Negros em CAPSij: Relato de uma Experiência de Pesquisa. In: BARROS, Sônia; BALLAN,

Caroline; BATISTA, Luís Eduardo (orgs.). *Atenção Psicossocial a Crianças e Adolescentes Negros no SUS: Caderno de Textos*. São Paulo: EEUSP, 2021.

_____. Diva Moreira: Trajetória Contra a Repressão Social e o Controle na Saúde Mental Brasileira. In: DAVID, Emiliano de Camargo et al. (orgs.). *Racismo, Subjetividade e Saúde Mental: O Pioneirismo Negro*. São Paulo/Porto Alegre: Hucitec/Grupo de Pesquisa Egbé/Projeto Canela Preta, 2021.

_____. Psicanálise e Reforma Psiquiátrica Antirracista: Uma Demanda Não Colonialista. In: PERON, Paula; AMBRA, Pedro (orgs.). *Provocações Para a Psicanálise no Brasil: Racismo, Políticas Identitárias, Violências e Colonialismo*. São Paulo: Zagodoni, 2021.

DAVID, Emiliano de Camargo et al. (orgs.). *Racismo, Subjetividade e Saúde Mental: O Pioneirismo Negro*. São Paulo/Porto Alegre: Hucitec/Grupo de Pesquisa Egbé/Projeto Canela Preta, 2021.

DAVID, Emiliano de Camargo; ASSUAR, Gisele. Apresentação. In: DAVID, Emiliano de Camargo; ASSUAR, Gisele (orgs.). *A Psicanálise na Encruzilhada: Desafios e Paradoxos Perante o Racismo no Brasil*. São Paulo/Porto Alegre: Hucitec/ Grupo de Pesquisa Egbé/Projeto Canela Preta, 2021.

DAVID, Emiliano de Camargo; MARQUES, Ana Lucia Marinho; SILVA, Flávia Fernando Lima. Redução de Danos e Racismo. In: SURJUS, Luciana Togni de Lima e Silva; SILVA, Patricia Carvalho (orgs.). *Redução de Danos: Ampliação da Vida e Materialização de Direitos*. São Paulo: Unifesp, 2019. Disponível em: <https:// www.unifesp.br/campus/san7/ images/E-book-Reducao-Danos-versao-final.pdf>. Acesso em: out. 2022.

DAVID, Emiliano de Camargo; SILVA, Lidiane Aparecida de Araujo e. Territórios Racializados: A Rede de Atenção Psicossocial e a Política Nacional de Saúde Integral da População Negra. In: SILVA, Maria Lúcia da et al. (orgs.). *Violência e Sociedade: O Racismo Como Estruturante da Sociedade e da Subjetividade do Povo Brasileiro*. São Paulo: Escuta, 2018.

DFID – Department for International Development/AMMA Psique e Negritude. *Combate ao Racismo Institucional*. Brasília, 2007.

DIAS, Cristina Rocha. Racismo e Psicanálise: Marcas Coloniais na Escuta Clínica. In: DAVID, Emiliano de Camargo; ASSUAR, Gisele (orgs.). *A Psicanálise na Encruzilhada: Desafios e Paradoxos Perante o Racismo no Brasil*. São Paulo/ Porto Alegre: Hucitec/Grupo de Pesquisa Egbé/Projeto Canela Preta, 2021.

DUARTE, Marco José de Oliveira. Racismo, Subjetivação e Saúde Mental: Contribuições Para a Reforma. In: DAVID, Emiliano de Camargo et al. (orgs.). *Racismo, Subjetividade e Saúde Mental: O Pioneirismo Negro*. São Paulo/Porto Alegre: Hucitec/Grupo de Pesquisa Egbé/Projeto Canela Preta, 2021.

ESTELLITA-LINS, Carlos Eduardo. Notas Sobre Criação e Desrazão em uma Certa Experiência Trágica da Loucura. In: AMARANTE, Paulo (org.). *Ensaios: Subjetividade, Saúde Mental, Sociedade*. Rio de Janeiro: Editora Fiocruz, 2000. (Loucura & Civilização Collection.) Disponível em: <https://books.scielo.org/id/htjgj/ pdf/ amarante-9788575413197-05.pdf>. Acesso em: out. 2022.

FANON, Frantz [1956]. *Alienação e Liberdade: Escritos Psiquiátricos*. São Paulo: Ubu, 2020.

_____ [1976]. *Medicina e Colonialismo*. Brasil: Terra Sem Amos, 2020.

_____ [1952]. *Pele Negra, Máscaras Brancas*. São Paulo: Ubu, 2020.

_____ [1952]. *Pele Negra, Máscaras Brancas*. Salvador: EDUFBA, 2008.

_____ [1961]. *Os Condenados da Terra*. Rio de Janeiro: Civilização Brasileira, 1979.

FARIAS, Marcio. *Clóvis Moura e o Brasil: Um Ensaio Crítico*. São Paulo: Dandara, 2019.

_____. Formação do Povo Brasileiro e a Questão Negra: Uma Leitura Psicossocial. In: SILVA, Maria Lúcia da et al. (orgs.). *Violência e Sociedade: O Racismo Como Estruturante da Sociedade e da Subjetividade do Povo Brasileiro*. São Paulo: Escuta, 2018.

_____. Quilombismo e Quilombagem: Divergências e Convergências Entre Abdias do Nascimento e Clóvis Moura. *Agenda Preta*, 13 fev. 2017. (Disponível em:<https://agendapreta.com/quilombismo-e-quilombagem-divergencias- -e-convergencias-entre-clovis-moura-e-abdias-do-nascimento/>. Acesso em 18 jan. 2024.)

FAUSTINO, Deivison Mendes. *Frantz Fanon: Um Revolucionário, Particularmente Negro*. São Paulo: Ciclo Contínuo, 2018.

FEUERWERKER, Laura Camargo Macruz (org.). *Micropolítica e Saúde: Produção do Cuidado, Gestão e Formação*. Porto Alegre: Rede Unida, 2014. (Coleção Micropolítica do Trabalho e o Cuidado em Saúde.)

FIORE, Mauricio. A Medicalização da Questão do Uso de Drogas no Brasil: Reflexões Acerca de Debates Institucionais e Jurídicos. In: VENÂNCIO, Renato Pinto; CARNEIRO, Henrique (orgs.). *Álcool e Drogas na História do Brasil*. São Paulo/Belo Horizonte: Alameda/Editora PUCMinas, 2005.

FOUCAULT, Michel [1961]. *História da Loucura na Idade Clássica*. 10. ed. São Paulo: Perspectiva, 2014.

_____. *Em Defesa da Sociedade: Curso no Collège de France (1975-1976)*. São Paulo: WMF Martins Fontes, 2010.

_____. Loucura, Literatura, Sociedade. In: MOTTA, Manoel Barbosa (org.). *Problematização do Sujeito: Psicologia, Psiquiatria e Psicanálise*. Rio de Janeiro: Forense Universitária, 2006.

_____. Prefácio (Folie et Déraison). *Ditos & Escritos: Problematizações do Sujeito – Psicologia, Psiquiatria e Psicanálise*. Trad. Vera Lúcia Avellar Ribeiro. Rio de Janeiro: Forense Universitária, 1999. v. 1.

_____. *Folie et Déraison: Histoire de la Folie à L'âge Classique*. Paris: Plon, 1961.

FREIRE, Paulo. *Educação Como Prática da Liberdade*. Rio de Janeiro: Paz e Terra, 1986.

GIACOIA JUNIOR, Oswaldo. Prefácio. In: LOBOSQUE, Ana Marta. *Clínica em Movimento: Por uma Sociedade Sem Manicômios*. Rio de Janeiro: Garamond, 2003.

GIDDENS, Anthony. *Modernidade e Identidade*. Rio de Janeiro: Zahar, 2003.

GILROY, Paul. *O Atlântico Negro: Modernidade e Dupla Consciência*. São Paulo/Rio de Janeiro: Editora 34/Universidade Candido Mendes/Centro de Estudos Afro-Asiáticos, 2012.

GLISSANT, Édouard [1990]. *Poética da Relação*. Trad. Marcela Vieira e Eduardo Jorge de Oliveira. Rio de Janeiro: Bazar do Tempo, 2021.

_____. *Introdução a uma Poética da Diversidade*. Juiz de Fora: Editora UFJF, 2005.

GOMBERG, Estélio. *Hospital de Orixás: Encontros Terapêuticos em um Terreiro de Candomblé*. Salvador: EDUFBA, 2011.

GOMES, Nilma Lino. *O Movimento Negro Educador: Saberes Construídos nas Lutas Por Emancipação*. Petrópolis: Vozes, 2017.

_____. Intelectuais Negros e Produções de Conhecimento: Algumas Reflexões Sobre a Realidade Brasileira. In: SANTOS, Boaventura de Sousa; MENESES, Maria Paula (orgs.). *Epistemologias do Sul*. São Paulo: Cortez, 2010.

GONÇALVES, Mônica Mendes. Raça, Racismo e Saúde: Entendendo Velhos Conceitos, Construindo Novos Mundos. In: LIMA, Mônica et al. (orgs.). *Pensar Junto/ Fazer Com: Saúde Mental na Pandemia de Covid-19*. Salvador: EDUFBA, 2021.

GONZALEZ, Lélia [1988]. A Categoria Político-Cultural de Amefricanidade. In: RIOS, Flavia; LIMA, Marcia (orgs.). *Lélia Gonzalez, Por um Feminismo Afro-Latino-Americano: Ensaios, Intervenções e Diálogos*. Rio de Janeiro: Zahar, 2020.

_____ [1988]. Por um Feminismo Afro-Latino-Americano. In: RIOS, Flavia; LIMA, Marcia (orgs.). *Lélia Gonzalez, Por um Feminismo Afro-Latino-Americano: Ensaios, Intervenções e Diálogos*. Rio de Janeiro: Zahar, 2020.

GTI – Grupo de Trabalho Interministerial Para a Valorização da População Negra; PNDH – Programa Nacional de Direitos Humanos. *Realizações e Perspectivas*. Brasília: Ministério da Justiça, Secretaria Nacional dos Direitos Humanos, 1997.

_____. Ação Afirmativa. In: MINISTÉRIO DA JUSTIÇA. *Realizações e Perspectivas. Programa Nacional de Direitos Humanos*. Brasília: Ministério da Justiça, 1997. (Mimeografado.)

GUATTARI, Félix [1992]. *Caosmose: Um Novo Paradigma Estético*. São Paulo: Editora 34, 2000.

GUERREIRO RAMOS, Alberto. Patologia Social do "Branco" Brasileiro. *Introdução Crítica à Sociologia Brasileira*. Rio de Janeiro: Editora UFRJ, 1957.

HEGEL, Georg Wilhelm Friedrich. *Filosofia da História*. Trad. Maria Rodrigues e Hans Harden. 2. ed. Brasília: Editora Universidade de Brasília, 2008.

_____. *Princípios da Filosofia do Direito*. Trad. Orlando Vitorino. São Paulo: Martins Fontes, 1997.

INSTITUTO AMMA PSIQUE E NEGRITUDE. *Os Efeitos Psicossociais do Racismo*. São Paulo: Imprensa Oficial, 2008.

KANT, Immanuel. *Crítica da Faculdade do Juízo*. Porto: Braille Porto, 1997.

_____. *Observações Sobre o Sentimento do Belo e do Sublime*. Campinas: Papirus, 1993.

LACAN, Jaques [1953]. O Simbólico, o Imaginário e o Real. *Nomes-do-Pai*. Trad. André Telles. Rio de Janeiro: Jorge Zahar, 2005.

LANCETTI, Antônio. Loucura Metódica. In: LANCETTI, Antônio (org.). *Saúde Loucura: Número 2*. 3. ed. São Paulo: Hucitec, 1990.

LIMA, Fátima. O Trauma Colonial e as Experiências Subjetivas de Mulheres Negras: Raça, Racismo, Gênero. In: PEREIRA, Melissa de Oliveira (org.).

Luta Antimanicomial e Feminismos: Inquietações e Resistências. Rio de Janeiro: Autografia, 2019.

LISPECTOR, Clarice [1969]. *Uma Aprendizagem ou o Livro dos Prazeres*. Rio de Janeiro: Rocco, 1998.

LOPES, Fernanda. Experiências Desiguais ao Nascer, Viver, Adoecer e Morrer: Tópicos em Saúde da População Negra. In: BATISTA, Luís Eduardo; KALCKMANN, Suzana (orgs.). *Seminário Saúde da População Negra, Estado de São Paulo, 2004*. São Paulo: Instituto de Saúde, 2005.

LOPES, Fernanda; CASTRO, Iracema. Carta Aberta de São Paulo. In: BATISTA, Luís Eduardo; KALCKMANN, Suzana (orgs.). *Seminário Saúde da População Negra, Estado de São Paulo, 2004*. São Paulo: Instituto de Saúde, 2005.

LOURAU, René. *Análise Institucional e Prática de Pesquisa*. Rio de Janeiro: Editora da UERJ, 1993.

MARQUES, Teresa Cristina de Novaes. *A Cerveja e a Cidade no Rio de Janeiro: De 1888 ao Início dos Anos 1930*. Brasília: EdUnB, 2014.

MBEMBE, Achille. *Sair da Grande Noite: Ensaio Sobre a África Descolonizada*. Petrópolis: Vozes, 2019.

_____ [2013]. *Crítica da Razão Negra*. São Paulo: n-1 Edições, 2018.

_____. Epílogo: Existe um Só Mundo. *Crítica da Razão Negra*. São Paulo: n-1 Edições, 2018.

_____. *Necropolítica: Biopoder, Soberania, Estado de Exceção, Política da Morte*. São Paulo: n-1 Edições, 2018.

_____. *O Fardo da Raça*. São Paulo: n-1 Edições, 2018.

_____. *Políticas da Inimizade*. Lisboa: Antígona, 2017.

_____ [2013]. *Crítica da Razão Negra*. Lisboa: Antígona, 2014.

_____. Existe um Único Mundo Apenas. In: BORDAS, Marie Ange (org.). *Caderno Sesc_Videobrasil 09: Geografias em Movimento*. São Paulo: Edições Sesc, 2013. Disponível em: <https://issuu.com/videobrasil/docs/caderno_9_miolo_11.11>. Acesso em: out. 2022.

_____. O Desejo de Plenitude de Humanidade É Algo Que Compartilhamos. In: BORDAS, Marie Ange (org.). *Caderno Sesc_Videobrasil 09: Geografias em Movimento*. São Paulo: Edições Sesc, 2013. Disponível em: <https://issuu.com/videobrasil/docs/caderno_ 9_miolo_11.11>. Acesso em: out. 2022.

MCROBBIE, Angela. *The Uses of Cultural Studies*. London: Sage, 2005.

MONTEIRO, Celso Ricardo; SOUSA, Paula de Oliveira; BATISTA, Luís Eduardo (orgs.). *Religiões Afro-Brasileiras, Políticas de Saúde e a Resposta à Epidemia de AIDS*. São Paulo: Centro de Referência e Treinamento DST/AIDS-SP, 2014.

MOREIRA, Diva. *Psiquiatria: Controle e Repressão Social*. Petrópolis/Belo Horizonte: Vozes/Fundação João Pinheiro, 1983.

MOURA, Clóvis. *História do Negro Brasileiro*. São Paulo: Ática, 1989.

MÜLLER, Tânia Mara Pedroso; CARDOSO, Lourenço. Apresentação. *Branquitude: Estudos Sobre a Identidade Branca no Brasil*. Curitiba: Appris, 2017.

MUNANGA, Kabengele. À Guisa de Prefácio. In: NASCIMENTO, Abdias.

O Quilombismo: Documentos de uma Militância Pan-Africanista. 3. ed. São Paulo/Rio de Janeiro: Perspectiva/Ipeafro, 2019.

_____. As Ambiguidades do Racismo à Brasileira. In: KON, Noemi Moritz; ABUD, Cristiane Curi; SILVA, Maria Lúcia da (orgs.). *O Racismo e o Negro no Brasil: Questões Para a Psicanálise*. São Paulo: Perspectiva, 2017.

_____. Apresentação. In: MUNANGA, Kabengele (org.). *Superando o Racismo na Escola*. Brasília: Ministério da Educação, Secretaria de Educação Continuada, Alfabetização e Diversidade, 2005.

NASCIMENTO, Abdias [1980]. *O Quilombismo: Documentos de Uma Militância Pan-Africanista*. 3. ed. São Paulo/Rio de Janeiro: Perspectiva/Ipeafro, 2019.

NASCIMENTO, Maria Beatriz [1990]. A Luta dos Quilombos: Ontem, Hoje e Amanhã. In: NASCIMENTO, Maria Beatriz. *Uma História Feita por Mãos Negras: Relações Raciais, Quilombos e Movimentos*. Org. Alex Ratts. Rio de Janeiro: Zahar, 2021.

_____ [1990]. Kilombo. In: NASCIMENTO, Maria Beatriz. *Uma História Feita por Mãos Negras: Relações Raciais, Quilombos e Movimentos*. Org. Alex Ratts. Rio de Janeiro: Zahar, 2021.

_____ [1990]. A Mulher Negra e o Amor. In: NASCIMENTO, Maria Beatriz. *Uma História Feita por Mãos Negras: Relações Raciais, Quilombos e Movimentos*. Org. Alex Ratts. Rio de Janeiro: Zahar, 2021.

_____ [1990]. A Luta dos Quilombos: Ontem, Hoje e Amanhã. *Beatriz Nascimento, Quilombola e Intelectual: Possibilidade nos Dias da Destruição*. São Paulo: Filhos da África, 2018.

_____. Fragmentos. *Beatriz Nascimento, Quilombola e Intelectual: Possibilidade nos Dias da Destruição*. São Paulo: Filhos da África, 2018.

_____ [1977]. Historiografia do Quilombo. *Beatriz Nascimento, Quilombola e Intelectual: Possibilidade nos Dias da Destruição*. São Paulo: Filhos da África, 2018c.

_____ [1977]. Quilombo: Em Palmares, na Favela, no Carnaval. *Beatriz Nascimento, Quilombola e Intelectual: Possibilidade nos Dias da Destruição*. São Paulo: Filhos da África, 2018.

_____ [1975]. "Quilombos": Mudança Social ou Conservantismo? *Beatriz Nascimento, Quilombola e Intelectual: Possibilidade nos Dias da Destruição*. São Paulo: Filhos da África, 2018.

_____ [1989]. Transcrição do Documentário *Orí. Beatriz Nascimento, Quilombola e Intelectual: Possibilidade nos Dias da Destruição*. São Paulo: Filhos da África, 2018.

NOGUEIRA, Isildinha Baptista. *A Cor do Inconsciente: Significações do Corpo Negro*. São Paulo: Perspectiva, 2021.

OLIVEIRA, Fátima. *Saúde da População Negra: Brasil Ano 2001*. Brasília: Organização Pan-Americana da Saúde, 2001.

_____. Evidência de Racismo na Assistência e na Pesquisa em Saúde. *Saúde da População Negra: Brasil Ano 2001*. Brasília: Organização Pan-Americana da Saúde, 2001. Disponível em: <https://bvsms.saude.gov.br/bvs/

publicacoes/0081_saude_popnegra.pdf>. Acesso em: set. 2023.

ORGANIZAÇÃO COLETIVO DE PESQUISADORAS E PESQUISADORES KILOMBOLAS OKARAN. *Um Jeito de Viver e Ser no Kilombo da Mãe Preta*. São Leopoldo: Casa Leiria, 2020. [e-book]

ORTEGA, Francisco. Por uma Ética e uma Política da Amizade. In: MIRANDA, Danilo Santos de (org.). *Ética e Cultura*. São Paulo: Perspectiva, 2004.

PASSOS, Eduardo; KASTRUP, Virgínia; TEDESCO, Silvia (orgs.). *Pistas do Método da Cartografia: a Experiência da Pesquisa e o Plano Comum*. Porto Alegre: Sulina, 2014.

PASSOS, Rachel Gouveia; MORAES, Andressa da Silva de. "Entre os Sambas, os Bambas e a Loucura": O Discreto Protagonismo de D. Ivone Lara na Saúde Mental. In: DAVID, Emiliano de Camargo et al. (orgs.). *Racismo, Subjetividade e Saúde Mental: O Pioneirismo Negro*. São Paulo/Porto Alegre: Hucitec/ Grupo de Pesquisa Egbé/Projeto Canela Preta, 2021.

PASSOS, Rachel Gouveia; PEREIRA, Melissa de Oliveira. Luta Antimanicomial, Feminismos e Interseccionalidades: Notas Para o Debate. In: PASSOS, Rachel Gouveia; PEREIRA, Melissa de Oliveira (orgs.). *Luta Antimanicomial e Feminismos: Discussões de Gênero, Raça e Classe Para a Reforma Psiquiátrica Brasileira*. Rio de Janeiro: Autografia, 2017.

PELBART, Peter Pál. *A Nau do Tempo-Rei: Sete Ensaios Sobre o Tempo da Loucura*. Rio de Janeiro: Imago, 1993.

_____. *Da Clausura do Fora ao Fora da Clausura: Loucura e Desrazão*. São Paulo: Brasiliense, 1989.

PERNAMBUCO FILHO, Pedro; BOTELHO, Adauto. *Vícios Sociais Elegantes: Estudo Clínico, Médico-Legal e Prophylactico*. Rio de Janeiro: Livraria Francisco Alves, 1924.

PEREIRA, Melissa de Oliveira et al. (orgs.). *Luta Antimanicomial e Feminismos: Formação e Militâncias*. Rio de Janeiro: Autografia, 2020.

PESSOA, Fernando. *Odes de Ricardo Reis*. Lisboa: Ática, 1946.

PIERUCCI, Antônio Flávio. *Cilada da Diferença*. 3. ed. São Paulo: Programa de Pós-Graduação em Sociologia da FFLCH-USP/Editora 34, 2013.

POLACK, Jean-Claude; SIVADON, Danielle. *A Íntima Utopia: Trabalho Analítico e Processos Psicóticos*. São Paulo: n-1 Edições, 2013.

PRAXEDES, Walter Lúcio de Alencar. A Questão Racial e a Superação do Eurocentrismo na Educação Escolar. In: COSTA, Luciano Gonsalves (org.). *História e Cultura Afro-Brasileira: Subsídios Para a Prática da Educação Sobre Relações Étnico-Raciais*. Maringá: Eduem, 2010.

PRESTES, Clélia. Ressignificação da Identidade e Amor Como Resistências à Violência Racial, em Favor da Saúde Psíquica. In: SILVA, Maria Lúcia da et al. (orgs.). *Violência e Sociedade: O Racismo Como Estruturante da Sociedade e da Subjetividade do Povo Brasileiro*. São Paulo: Escuta, 2018.

PRESTES, Clélia; FAUSTINO, Deivison Mendes. Passos Marcantes de Maria Lúcia da Silva pela Psicologia, Relações Raciais e de Gênero. In: DAVID, Emiliano de Camargo et al. (orgs.). *Racismo, Subjetividade e Saúde Mental: O Pioneirismo Negro*. São Paulo/Porto Alegre: Hucitec/Grupo de Pesquisa Egbé/Projeto Canela Preta, 2021.

QUIJANO, Aníbal. Colonialidade do Poder e Classificação Social. In: SANTOS, Boaventura de Sousa; MENESES, Maria Paula (orgs.). *Epistemologias do Sul*. São Paulo: Cortez, 2010.

RAMOS, Arthur Guerreiro. *A Introdução Crítica a Sociologia Brasileira*. Rio de Janeiro: Andes, 1957.

RATTS, Alex; RIOS, Flavia. *Lélia Gonzalez*. São Paulo: Selo Negro, 2010.

ROCHA, Renan Vieira de Santana; TORRENTÉ, Mônica Nunes de; COELHO, Maria Tereza Ávila Dantas. *Saúde Mental e Racismo à Brasileira: Narrativas de Trabalhadoras e Trabalhadores da Atenção Psicossocial*. Salvador: Devires, 2021.

ROLNIK, Suely. A Hora da Micropolítica. In: POLANCO, Aurora Fernández; PRADEL, Antonio. Entrevista. *Re-visiones*, Madri: Centro de Arte Dos de Mayo, 2015. (Trad. bras.: São Paulo: n-1 Edições, 2019. Série Pandemia.)

_____. *Esferas da Insurreição: Notas Para uma Vida Não Cafetinada*. São Paulo: n-1 Edições, 2018.

_____. *Cartografia Sentimental: Transformações Contemporâneas do Desejo*. São Paulo: Estação Liberdade, 1989.

ROSEMBERG, Fúlvia. Psicanálise e Relações Raciais. In: KON, Noemi Moritz; ABUD, Cristiane Curi; SILVA, Maria Lúcia da (orgs.). *O Racismo e o Negro no Brasil: Questões Para a Psicanálise*. São Paulo: Perspectiva, 2017.

ROUSSEFF, Dilma. Apresentação. In: SECRETARIA DE POLÍTICAS DE PROMOÇÃO DA IGUALDADE RACIAL – SEPPIR. *Promovendo A Igualdade Racial: Para um Brasil Sem Racismo*. Brasília, 2016.

SAAD, Luísa. *"Fumo de Negro": A Criminalização da Maconha no Pós-Abolição*. Salvador: EdUFBA, 2018.

SANTOS, Boaventura de Sousa. Para Além do Pensamento Abissal: Das Linhas Globais a uma Ecologia de Saberes. In: SANTOS, Boaventura de Sousa; MENESES, Maria Paula (orgs.). *Epistemologias do Sul*. São Paulo: Cortez, 2010.

SANTOS, Boaventura de Sousa; MENESES, Maria Paula. Introdução. *Epistemologias do Sul*. São Paulo: Cortez, 2010.

SANTOS, Gislene Aparecida dos. *A Invenção do "Ser Negro": Um Processo das Ideias que Naturalizaram a Inferioridade dos Negros*. São Paulo/Rio de Janeiro: Educ/Fapesp/Pallas, 2002.

SANTOS, Kwame Yonatan Poli dos. Colonialidade e Processos de Subjetivação: Aquilombamento da Clínica. In: DAVID, Emiliano de Camargo; ASSUAR, Gisele (orgs.). *A Psicanálise na Encruzilhada: Desafios e Paradoxos Perante o Racismo no Brasil*. São Paulo/Porto Alegre: Hucitec/Grupo de Pesquisa Egbé/Projeto Canela Preta, 2021.

SANTOS, Kwame Yonatan Poli dos; LANARI, Laura. A Perspectiva do Aquilombar-se. In: SANTOS, Kwame Yonatan Poli dos; LANARI, Laura (orgs.). *Saúde Mental, Relações Raciais e Covid-19*. São Paulo: 2020. (Cartilha financiada pelo Fundo Baobá.) Disponível em: <https://www.sbmfc.org.br/wp-content/uploads/2020/08/Saude_mental_relacoes_raciais_e_Covid_19_FINAL2-1.pdf>. Acesso em: out. 2022.

SANTOS, Milton. O Dinheiro e o Território. In: SANTOS, Milton et al. *Território, Territórios: Ensaios Sobre o Ordenamento Territorial*. Rio de Janeiro: Lamparina, 2007.

SANTOS, Ynaê Lopes dos. Crítica à Degenerescência Racial e Reforma Psiquiátrica de Juliano Moreira. In: DAVID, Emiliano de Camargo et al. (orgs.). *Racismo, Subjetividade e Saúde Mental: O Pioneirismo Negro*. São Paulo/Porto Alegre: Hucitec/Grupo de Pesquisa Egbé/Projeto Canela Preta, 2021.

SAWAIA, Bader Burihan. Contextos Socioculturais na Construção da Subjetividade e da Exclusão. In: SILVA, Marcus Vinícius de Oliveira (coord.). *Psicologia e Direitos Humanos: Subjetividade e Exclusão*. São Paulo/Brasília: Casa do Psicólogo/Conselho Federal de Psicologia, 2004.

SCHUCMAN, Lia Vainer. *Famílias Inter-Raciais: Tensões Entre Cor e Amor*. Salvador: EDUFBA, 2018.

_____. *Entre o Encardido, o Branco e o Branquíssimo: Branquitude, Hierarquia e Poder na Cidade de São Paulo*. São Paulo: Annablume, 2014.

SEGATO, Rita Laura. *O Édipo Brasileiro: A Dupla Negação de Gênero e Raça*. Brasília: Departamento de Antropologia, Universidade de Brasília, 2006. Edição 400 de Série Antropologia.

SILVA, Maria Lúcia da. Prefácio. In: SOUZA, Neusa Santos. *Tornar-se Negro ou As Vicissitudes da Identidade do Negro Brasileiro em Ascensão Social*. Rio de Janeiro: Zahar, 2021.

SILVA, Maria Lúcia da. Racismo e os Efeitos na Saúde Mental. In: BATISTA, Luís Eduardo; KALCKMANN, Suzana (orgs.). *Seminário Saúde da População Negra, Estado de São Paulo, 2004*. São Paulo: Instituto de Saúde, 2005.

SOUZA, Neusa Santos. *Tornar-se Negro ou As Vicissitudes da Identidade do Negro Brasileiro em Ascensão Social*. Rio de Janeiro: Zahar, 2021.

_____. *Tornar-se Negro, ou, As Vicissitudes da Identidade do Negro Brasileiro em Ascensão Social*. Rio de Janeiro: Graal, 1983.

TRAD, Leny A. Bomfim et al. Apresentação. In: TRAD, Leny A. Bomfim et al. (orgs.). *Saúde-Doença-Cuidado de Pessoas Negras: Expressões do Racismo e de Resistência*. Salvador: EDUFBA, 2021. Disponível em: <https://repositorio.ufba.br/bitstream/ri/34604/1/saude-doenca-cuidado-pessoas-negras-RI.pdf>. Acesso em: out. 2022.

VASCONCELOS, Eduardo Mourão. *Abordagens Psicossociais: Reforma Psiquiátrica e Saúde Mental na Ótica da Cultura e das Lutas Populares*. São Paulo: Hucitec, 2008. V. II.

VASCONCELOS, Eduardo Mourão; RODRIGUES, Jefferson. Organização de Usuários e Familiares em Saúde Mental no Brasil: Uma Contribuição Para a IV Conferência Nacional de Saúde Mental – Intersetorial. In: VASCONCELOS, Eduardo Mourão (org.). *Desafios Políticos da Reforma Psiquiátrica Brasileira*. São Paulo: Hucitec, 2010.

WERNECK, Jurema; MENDONÇA, Maisa; WHITE, Evelyn Corliss (orgs.). *O Livro da Saúde das Mulheres Negras: Nossos Passos Vêm de Longe*. 2. ed. Rio de Janeiro: Pallas/ Crioula, 2006.

WERNECK, Jurema. *O Samba Segundo as Ialodês: Mulheres Negras e a Cultura Midiática (Diálogos da Diáspora)*. São Paulo: Hucitec, 2020.

XAVIER, Lúcia. Prefácio. In: PEREIRA, Melissa de Oliveira et al. (orgs.) *Luta Antimanicomial e Feminismos: Formação e Militâncias*. Rio de Janeiro: Autografia, 2020.

Periódicos

ADORNO, Sérgio. História e Desventura: O 3º Programa Nacional de Direitos Humanos. *Novos Estudos Cebrap*, São Paulo, n. 86, mar. 2010.

ALMEIDA, Fernanda. Trabalhadores do SUS Contra os Novos Manicômios. Abertura da Conferência Municipal de Saúde Mental. *Outra Saúde*, 18 abr. 2022. Disponível em: <https://outraspalavras.net/outrasaude/trabalhadores-do--sus-contra-os-novos-manicomios/>. Acesso em: out. 2022.

AMARANTE, Paulo. Reforma Psiquiátrica e Epistemologia. *Cadernos Brasileiros de Saúde Mental*, v. 1, n. 1, jan.-abr. 2009. Disponível em: <http://stat.necat.incubadora. ufsc.br/index.php/cbsm/article/viewFile/998/1107>. Acesso em: jul. 2018.

BARROS, Sônia et al. Censo Psicossocial dos Moradores em Hospitais Psiquiátricos do Estado de São Paulo: Um Olhar Sob a Perspectiva Racial. *Saúde e Sociedade*, São Paulo, v. 23, n. 4, 2014. Disponível em: <https://www.revistas.usp.br/sausoc/article/download/104 292/102936>. Acesso em: jul. 2016.

BASAGLIA, Franco. O Homem do Pelourinho. *Educação e Sociedade*, n. 25, ano 1986. Disponível em: <https://www.cedes.unicamp.br/publicacoes/edicao/465>. Acesso em: out. 2022.

BATISTA, Luís Eduardo et al. Aspectos da Territorialização do Cuidado em um CAPSij: Estudo Seccional. *Research, Society and Development*, v. 10, n. 10, 2021.

BATISTA, Luís Eduardo; BARROS, Sônia. Enfrentando o Racismo nos Serviços de Saúde. *Cadernos de Saúde Pública*, n. 33, supl. 1, 2017. Disponível em: <http://www.scielosp.org/ pdf/csp/v33s1/1678-4464-csp-33>. Acesso em: jul. 2018.

BEZERRA JR., Benilton. Desafios da Reforma Psiquiátrica no Brasil. *Physis: Revista de Saúde Coletiva*, Rio de Janeiro, v. 17, n. 2, 2007. Disponível em: <https:// doi.org/ 10.1590/S0103-73312007000200002>. Acesso em: out. 2022.

BRAGA, Ana Paula Musatti; ROSA, Miriam Debieux. Articulações Entre Psicanálise e Negritude: Desamparo Discursivo, Constituição Subjetiva e Traços Identificatórios. *Revista da ABPN*, v. 10, n. 24, nov. 2017-fev. 2018. Disponível em: <http:// www. abpn revista.org.br/revista/index.php/revistaabpn>. Acesso em: jul. 2018.

BUTLER, Judith. Performative Acts and Gender Constitution: An Essay in Phenomenology and Feminist Theory. *Theatre Journal*, v. 40, n. 4, Dec. 1988.

DAMASCENO, Marizete Gouveia; ZANELLO, Valeska M. Loyola. Saúde Mental e Racismo Contra Negros: Produção Bibliográfica Brasileira dos Últimos Quinze Anos. *Revista Psicologia: Ciência e Profissão*, v. 38, n. 3, jul.-set. 2018.

DAVID, Emiliano de Camargo; VICENTIN, Maria Cristina Gonçalves. Nem Crioulo Doido Nem Negra Maluca: Por um Aquilombamento da Reforma Psiquiátrica Brasileira. *Saúde Debate*, Rio de Janeiro, v. 44, n. spe. 3, out. 2020. Disponível em: <https://www.scielo. br/j/sdeb/a/pD3P9BxwjvwnS4vKfL-6jr4s/?format=pdf&lang=pt>. Acesso em: out. 2022.

FAUSTINO, Deivison Mendes. A Emoção É Negra, a Razão É Helênica? Considerações Fanonianas Sobre a (Des)universalização do "Ser" Negro. *Revista Tecnologia e Sociedade*, v. 9, n. 18, 2013. Disponível em: <https://periodicos. utfpr.edu.br/rts/article/view/2629>. Acesso em: out. 2022.

_____. A Psiquiatria de Fanon. *Quatro Cinco Um: A Revista dos Livros*, São Paulo, 1º ago. 2020. Disponível em: <https://www.quatrocincoum.com.br/br/resenhas/psicologia/a-psiquiatria-de-fanon>. Acesso em: out. 2022.

_____. A Universalização dos Direitos e a Promoção da Equidade: O Caso da Saúde da População Negra. *Ciência e Saúde Coletiva*, out. 2017. Disponível em: <http://cienciaesaudecoletiva.com.br/artigos/a-universalizacao-dos-direitos-e-a--promocao-da-equidade-o-caso-da-saude-da-populacao-negra/16447?id=-16447&id=16447>. Acesso em: out. 2022.

HALL, Stuart. Raça, o Significante Flutuante. *Revista Z Cultural*, ano VIII, n. 02, 1995. Disponível em: <http://revistazcultural.pacc.ufrj.br/raca-o-significante-flutuante%EF%80%A A/>. Acesso em: out. 2022.

HANCHARD, Michael. Política Transnacional Negra, Antiimperialismo e Etnocentrismo Para Pierre Bourdieu e Loïc Wacquant: Exemplos de Interpretação Equivocada. *Estudos Afro-Asiáticos*, v. 24, n. 1, 2002. Disponível em: <https:// doi.org/10.1590/S0101-546 X2002000100004>. Acesso em: out. 2022.

IGLESIAS, Alexandra; AVELLAR, Luziane Zacché. Matriciamento em Saúde Mental: Práticas e Concepções Trazidas Por Equipes de Referência, Matriciadores e Gestores. *Ciência & Saúde Coletiva*, v. 24, n. 4, abr. 2019. Disponível em: <https://www. scielo.br/j/csc/a/jG6jHLkx8 zpxQMB4wQz6V6j/?format=pdf&lang=pt>. Acesso em: out. 2022.

IGNÁCIO, Marcos Vinicius Marques; MATTOS, Ruben Araujo de. O Grupo de Trabalho Racismo e Saúde Mental do Ministério da Saúde: A Saúde Mental da População Negra Como Questão. *Saúde em Debate*, v. 43, n. spe 8, 2019. Disponível em: <https://doi.org/ 10.1590/0103-11042019S805>. Acesso em: out. 2022.

KASTRUP, Virgínia; PASSOS, Eduardo. Cartografar É Traçar um Plano Comum. *Fractal: Revista de Psicologia*, v. 25, n. 2, maio/ago. 2013. Disponível em: <https://doi.org/10. 1590/S1984-02922013000200004>. Acesso em: out. 2022.

LABORNE, Ana Amélia de Paulo. Branquitude e Colonialidade do Saber. *Revista da Associação Brasileira de Pesquisadores/as Negros/as* (ABPN), v. 6, n. 13, jun. 2014. Disponível em: <http://www.abpnrevista.org.br/revista/index.php/revistaabpn1/arti cle/view/156>. Acesso em: jul. 2018.

LEAL, Fabiola Xavier. A Reforma Psiquiátrica Brasileira e a Questão Étnico-Racial. *Argumentum*, v. 10, n. 3, 2018. Disponível em: <https://periodicos.ufes. br/argumentum/article/view/ 21837>. Acesso em: out. 2022.

LIMA, Fátima. Bio-Necropolítica: Diálogos Entre Michel Foucault e Achille Mbembe. *Arquivos Brasileiros de Psicologia*, Rio de Janeiro, v. 70, n. spe, 2018. Disponível em: <http://pepsic.bvsalud.org/scielo.php?script=sci_arttext&pid=S1809-52672018000400003 &lng=es&nrm=isso>. Acesso em: out. 2022.

LIMA, Fátima. Trauma, Colonialidade e a Sociogenia em Frantz Fanon: Os Estudos da Subjetividade na Encruzilhada. *Arquivos Brasileiros de Psicologia*, Rio de Janeiro, v. 72, n. spe, nov. 2020. Disponível em: <http://pepsic.bvsalud.org/scielo.php?script=sci_arttext&pid=S1809-52672020000300007&lng=pt&nrm=iso>. Acesso em: out. 2022.

LIMA, Márcia. Desigualdades Raciais e Políticas Públicas: Ações Afirmativas no Governo Lula. *Novos Estudos Cebrap*, São Paulo, n. 87, jul. 2010.

MACHADO, Ana Regina; MIRANDA, Paulo Sérgio Carneiro. Fragmentos da História da Atenção à Saúde Para Usuários de Álcool e Outras Drogas no Brasil: Da Justiça à Saúde Pública. *História, Ciências, Saúde: Manguinhos*, Rio de Janeiro, v. 14, n. 3, jul.-set. 2007.

MAIO, Marcos Chor; MONTEIRO, Simone. Tempos de Racialização: O Caso da "Saúde da População Negra" no Brasil. *História, Ciências, Saúde: Manguinhos*, v. 12, n. 2, maio-ago 2005. Disponível em: <https://www.scielo.br/j/hcsm/a/D4vDRdLs yncKyBrRd hxFxQr/?format=pdf&lang=pt>. Acesso em: out. 2022.

MBEMBE, Achille. Afropolitanismo. *Áskesis*, São Carlos, v. 4, n. 2, jul.-dez. 2015. Disponível em: <www.revistaaskesis.ufscar.br/index.php/askesis/article/view/74>. Acesso em: out. 2022.

MOREIRA, Tales Willyan Fornazier; PASSOS, Rachel Gouveia. Luta Antimanicomial e Racismo em Tempos Ultraconservadores. *Temporalis*, Brasília, ano 18, n. 36, jul.-dez. 2018. Disponível em: <https://periodicos.ufes.br/temporalis/article/view/21351>. Acesso em: out. 2022.

NICACIO, Erimaldo. Rupturas e Encontros: Desafios da Reforma Psiquiátrica Brasileira (Resenhas Book Reviews). YASUI, Silvio. Rio de Janeiro: Editora Fiocruz, 2010. *Cadernos de Saúde Pública*, Rio de Janeiro, v. 27, n. 3, mar. 2011. Disponível em: <http://www. scielo.br/scielo.php?script=sci_arttext&pid=S01>. Acesso em: jul. 2018.

NOGUERA, Renato. A Democracia É Possível? *Revista Cult*, n. 240, nov. 2018.

NUNES, João Arriscado; SIQUEIRA-SILVA, Raquel. Dos "Abismos do Inconsciente" às Razões da Diferença: Criação Estética e Descolonização da Desrazão na Reforma Psiquiátrica Brasileira. *Sociologias*, Porto Alegre, v. 18, n. 43, 2016. Disponível em: <https://doi. org/10.1590/15174522-018004308>. Acesso em: out. 2022.

ONOCKO-CAMPOS, Rosana et al. O PET-Saúde Como Instrumento Para a Articulação da Saúde Mental e Coletiva: Narrativas da Formação e do Trabalho em Saúde. *Cadernos Brasileiros de Saúde Mental*, 4 dez. 2012. Disponível em: <http://stat.ijie.incubadora.ufsc.br/index.php/cbsm/ article/view/2032/2329>. Acesso em: jul. 2018.

PASSOS, Rachel Gouveia. "De Escravas a Cuidadoras": Invisibilidade e Subalternidade das Mulheres Negras na Política de Saúde Mental Brasileira. *O Social em Questão*, ano XX, n. 38, maio-ago. 2017. Disponível em: <http://osocialemquestao.ser.puc--rio.br/cgi/cgi lua.exe/sys/start.htm?infoid=533&sid=53>. Acesso em: out. 2022.

_____. Frantz Fanon, Reforma Psiquiátrica e Luta Antimanicomial no Brasil: O Que Escapou Nesse Processo. *Sociedade em Debate*, Pelotas, v. 25, n. 3, set.-dez. 2019.

_____. "Holocausto ou Navio Negreiro?": Inquietações Para a Reforma Psiquiátrica Brasileira. *Argumentum*, Vitória, v. 10, n. 3, set.-dez. 2018.

PROVIDELLO, Guilherme Gonzaga Duarte; YASUI, Silvio. A Loucura em Foucault: Arte e Loucura, Loucura e Desrazão. *História, Ciências, Saúde: Manguinhos*, Rio de Janeiro, v. 20, n. 4, out.-dez. 2013. Disponível em: <https://www.scielo.br/j/hcsm/a/WmBG9DzdL 4cPnT7vHxCmDkw/?lang=pt&format=pdf>. Acesso em: out. 2022.

SANTOS, Abrahão de Oliveira. Saúde Mental da População Negra: Uma Perspectiva Não Institucional. *Revista da ABPN*, v. 10, n. 24, nov. 2017-fev. 2018. Disponível em: <http://www.abpnrevista.org.br/revista/index.php/revistaabpnı/article/>. Acesso em: jul. 2018.

SANTOS, Kwame Yonatan Poli dos; LANARI, Laura. Aquilombamento nas Margens: Coletivo Margens Clínicas. *Revista CULT*, ano 25, n. 285. Escutar a Rua: Como a Psicanálise nos Territórios Periféricos Propõe o Acolhimento Para Além do Consultório, set. 2022.

SCHOLZ, Danielle Celi dos Santos; SILVEIRA, Marta Iris Carmargo Messias da; SILVEIRA, Paulo Roberto. As Práticas Racistas no Espaço Escolar: A Influência na Saúde Mental das Crianças Negras. *Identidade!*, São Leopoldo, v. 19, n. 2, jul.-dez. 2014. Disponível em: <http://periodicos.est.edu.br/index/identidade/>. Acesso em: jul. 2018.

SILVA, Fernanda Pereira. Por Que Estudar Intelectuais Negros? *Revista da ABPN*, v. 10, n. 24, nov. 2017-fev. 2018. Disponível em: <http://www.abpnrevista.org.br/revista/ index./revistaabpn/>. Acesso em: jul. 2018.

SOUZA, Jacqueline de; KANTORSKI, Luciane Pedro; LUIS, Margarita Antonia Villar. Análise Documental e Observação Participante na Pesquisa em Saúde Mental. *Revista Baiana de Enfermagem*, v. 25, n. 2, maio-ago. 2011. Disponível em: <https://perio dicos.ufba.br/index.php/enfermagem/article/view/5252>. Acesso em: ago. 2022.

SOUZA, Tadeu de Paula; CARVALHO, Sergio Resende. Reduzindo Danos e Ampliando a Clínica: Desafios Para a Garantia do Acesso Universal e Confrontos com a Internação Compulsória. *Revista Polis e Psique*, v. 2, n. 3, 2012. Disponível em: <https://seer.ufrgs.br/ index.php/PolisePsique/article/view/40319>. Acesso em: set. 2022.

SOUZA, Tadeu de Paula; DAMICO, Jose Geraldo; DAVID, Emiliano de Camargo. Paradoxos das Políticas Identitárias: (Des)Racialização Como Estratégia Quilombista do Comum. *Acta Scientiarum. Human and Social Sciences*, v. 42, n. 3, 15 dez. 2020.

TOSQUELLES, François. Frantz Fanon em Saint-Alban (1975). *Teoría y Crítica de la Psicologia*, n. 9, 2017. Disponível em: <http://www.teocripsi.com/ojs/index.php/TCP/article/view/191/175>. Acesso em: out. 2022.

TWINE, France Winddance. A White Side of Black Britain: The Concept of Racial Literacy. *Ethnic and Racial Studies*, v. 27, n. 6, 2004.

VIDAL, Sergio. Da Diamba à Maconha: Usos e Abusos da Cannabis Sativa e da Sua Proibição no Brasil. *Koinonia*, 9 maio 2008. Disponível em: <http://www.koinonia.org.br/bdv/detalhes.asp? cod_artigo=304>. Acesso em: out. 2022.

Sites

BASAGLIA, Franco. O Homem no Pelourinho. Educação e Sociedade, 1986. *Disciplinas da USP: Ambiente Virtual de Apoio à Graduação e Pós-Graduação.* Disponível em: <https://edisciplinas.usp.br/pluginfile.php/5263599/mod_resource/content/1/ BASAGLIA%20O%20homem%20no%20pelourinho.pdf>. Acesso em: out. 2022.

CARNEIRO, Henrique. A Fabricação do Vício. 2002. Disponível em: <http://www.neip.info/ downloads/t_hen1.pdf>. Acesso em: out. 2022.

CGMAD – COORDENAÇÃO-GERAL DE SAÚDE MENTAL, ÁLCOOL E OUTRAS DROGAS. Webinário Racismo e Saúde Mental. Brasília, 11 nov. 2014 (2h20min). Disponível em: <https://www.youtube.com/watch?v=6rFzPlkX72Q&t=634s>. Acesso em: out. 2022.

DAVIS, Angela. Construindo o Futuro da Luta Contra o Racismo. *Combate: Racismo Ambiental*, Salvador, 28 jul. 2017. Disponível em: <https://racismoambiental.net.br/2017/07/ 28/angela-davis-construindo-o-futuro-da-luta-contra-o-racismo/>. Acesso em: out. 2022.

EVARISTO, Conceição. A Escrevivência Serve Também Para as Pessoas Pensarem. In: SANTANA, Tayrine; ZAPPAROLI, Alecsandra. Entrevista. *Itaú Social*, 9 nov. 2020. Disponível em: <https://www.itausocial.org.br/noticias/conceicao-evaristo-a-escrevi vencia-serve-tambem-para-as-pessoas-pensarem/>. Acesso em: out. 2022.

FAUSTINO, Deivison Mendes. *Às Vezes, a Crítica à Crítica da Crítica é Apenas, Ausência de Autocrítica: Sobre a Realeza Negra, a Psicanálise e a Crítica ao Duplo Narcisismo.* São Paulo, ago. 2020b. Disponível em: <deivisonnkosi.com.br>. Acesso em: out. 2022.

MARGENS CLÍNICAS. Disponível em: <https://www.margensclinicas.org/>. Acesso em: out. 2022.

MUNANGA, Kabengele. *É Preciso Unir as Lutas, Sem Abrir Mão das Especificidades.* MENDONÇA, Tatiana. Entrevista. 18 jun. 2018. Disponível em: <http://www.atarde.uol.com.br/muito/noticias/-kabengele-munanga-e-preciso-unir-as-lutas-sem-abrir-mao-das-especificidades>. Acesso em: jul. 2018.

Legislação/Publicações Oficiais

BRASIL. *Lei n. 10.216, de 6 de Abril de 2001. Dispõe Sobre a Proteção e os Direitos das Pessoas Portadoras de Transtornos Mentais e Redireciona o Modelo Assistencial em Saúde Mental.* Brasília: Presidência da República, 2001. Disponível em: <http://www.planalto.gov.br/ccivil _03/leis/leis_2001/l10216.htm#:~:text=LEI%20No%2010.216%2C%20DE,modelo%20assistencial%20em%20 sa%C3%BAde%20mental>. Acesso em: out. 2022.

BRASIL. *Lei n. 12.288, de 20 de Julho de 2010. Institui o Estatuto da Igualdade Racial; Altera as Leis n. 7.716, de 5 de Janeiro de 1989, 9.029, de 13 de Abril de 1995, 7.347, de 24 de Julho de 1985, e 10.778, de 24 de Novembro de 2003.* Brasília: Presidência da República, 2010. Disponível em: <http://www.planalto.gov.br/ccivil03/ato2007-2010 /2010/lei/l12288.htm>. Acesso em: nov. 2017.

BRASIL. Ministério da Saúde. Anexo D – Portaria n. 344, de 10 de Fevereiro de 2017 (DOU Seção 1 – n. 24, Quinta-feira, 2 de Fevereiro de 2017 – p. 62). In: MINISTÉRIO DE SAÚDE. *Política Nacional de Saúde Integral da População Negra: Uma Política do SUS.* 3. ed. Brasília: Ministério de Saúde, 2017.

BRASIL. *Política Nacional de Saúde da População Negra: Uma Questão de Equidade.* Brasília, 2001.

BRASIL. Ministério da Saúde. *Portaria n. 1.678, de 13 de Agosto de 2004. Cria Comitê Técnico Para Subsidiar o Avanço da Equidade na Atenção à Saúde da População Negra, e dá Outras Providências.* Brasília: Ministério da Saúde, 2004. Disponível em: <http://bvsms.saude. gov.br/bvs/saudelegis/gm/2004/ prt1678_13_08_2004.html>. Acesso em: jan. 2017.

BRASIL. Ministério da Saúde. *Portaria n. 1.996, de 20 de Agosto de 2007. Dispõe Sobre as Diretrizes para a Implementação da Política Nacional de Educação Permanente em Saúde.* Brasília: Ministério da Saúde, 2007a. Disponível em: <https://bvsms.saude.gov.br/bvs/saúde legis/gm/2007/prt1996_20_08_2007. html>. Acesso em: abr. 2021.

BRASIL. Ministério da Saúde. *Portaria n. 245, de 17 de Fevereiro de 2005. Destina Incentivo Financeiro Para Implantação de Centros de Atenção Psicossocial e Dá Outras Providências.* Brasília: Ministério da Saúde, 2005. Disponível em: <http://bvsms.saude.gov.br/bvs/saudelegis/ gm/2005/prt0245_17_02_2005. html>. Acesso em: abr. 2017.

BRASIL. Ministério da Saúde. *Portaria n. 3.088, de 23 de Dezembro de 2011. Institui a Rede de Atenção Psicossocial para Pessoas com Sofrimento ou Transtorno Mental e com Necessidades Decorrentes do Uso de Crack, Álcool e Outras Drogas, no Âmbito do Sistema Único de Saúde (SUS).* Brasília: Ministério da Saúde, 2011. Disponível em: <http://bvsms.saude.gov.br/bvs/ saudelegis/gm/2011/ prt3088_23_12_2011_rep.html>. Acesso em: abr. 2017.

BRASIL. Ministério da Saúde. *Portaria n. 992, de 13 de Maio de 2009. Institui a Política Nacional de Saúde Integral da População Negra.* Brasília: Ministério da Saúde, 2009. <Disponível em: http://bvsms.saude.gov.br/bvs/saudelegis/ gm/2009/prt0992_13_05_2009.html>. Acesso em: jan. 2016.

BRASIL. Ministério da Saúde. Secretaria de Gestão Estratégica e Participativa. Departamento de Articulação Interfederativa. *Painel de Indicadores do SUS,* v. VII, n. 10. Temático Saúde da População Negra/Ministério da Saúde,

Secretaria de Gestão Estratégica e Participativa, Departamento de Articulação Interfederativa. Brasília: Ministério da Saúde, 2016.

BRASIL. Ministério da Saúde. Secretaria de Gestão Estratégica e Participativa. Departamento de Apoio à Gestão Participativa. *Política Nacional de Saúde Integral da População Negra – Uma Política do sus*. Brasília: Ministério da Saúde, 2010. Disponível em: <https://www.gov.br/mdh/pt-br/navegue-por-temas/politicas-para-mulheres/arquivo/sobre/a-secretaria/subsecretaria-de-articulacao-institucional-e-acoes-tematicas/coordenacao-geral-de-programas-e-acoes-de-saude/acoes-de-saude/politica-nacional-saude-integral-populacao-negra1.pdf>. Acesso em: dez. 2023.

BRASIL. Ministério da Saúde. Secretaria de Gestão Estratégica e Participativa. Departamento de Apoio à Gestão Participativa e ao Controle Social. *O sus Está de Braços Abertos Para a Saúde da População Negra*. (Material da campanha.) Brasília: 2017. Disponível em: <https://bvsms.saude.gov.br/bvs/publicacoes/sus_bracos_abertos_saude_populcao_negra.pdf>. Acesso em: dez. 2023.

BRASIL. Ministério da Saúde. Secretaria de Gestão Estratégica e Participativa. Departamento de Apoio à Gestão Participativa. *I Seminário Nacional de Saúde da População Negra: Síntese do Relatório: 18 a 20 de Agosto de 2004*. 2. ed. Brasília: Ministério da Saúde, 2007. Disponível em: <https://bvsms.saude.gov.br/bvs/publicacoes/07_0005_M.pdf>. Acesso em: dez. 2023.

BRASIL. Ministério da Saúde. Secretaria de Gestão Estratégica e Participativa. Departamento de Apoio à Gestão Participativa e ao Controle Social. *Óbitos Por Suicídio Entre Adolescentes e Jovens Negros 2012 a 2016*. Universidade de Brasília, Observatório de Saúde de Populações em Vulnerabilidade. Brasília: Ministério da Saúde, 2018. Disponível em: <https://bvsms.saude.gov.br/bvs/publicacoes/obitos_suicidio_adolescentes_negros_2012_2016.pdf>. Acesso em: dez. 2023.

BRASIL. Ministério da Saúde. Secretaria de Políticas de Saúde. *Manual de Doenças Mais Importantes, por Razões Étnicas, na População Brasileira Afro-descendente*. Brasília: Ministério da Saúde, 2001. Disponível em: <https://bvsms.saude.gov.br/bvs/publicacoes/doencas_etnicas.pdf>. Acesso em: dez. 2023.

BRASIL. Ministério do Planejamento, Orçamento e Gestão. Secretaria Executiva. *O Sistema Classificatório de "Cor ou Raça" do IBGE*. Brasília, 2003.

BRASIL. Secretaria de Políticas de Promoção da Igualdade Racial – Seppir. *Racismo Como Determinante Social de Saúde*. Brasília, 2011. Disponível em: <https://www.mpma.mp.br/arquivos/CAOPDH/RACISMO_COMO_DETERMINANTE_SOCIAL_DE_SA%C3%9ADE.pdf>. Acesso em: out. 2021.

SÃO PAULO (cidade). *Portaria n. 545, de 27 de agosto de 2004. Regulamenta a Coleta do Quesito Cor e Preenchimento do Campo Denominado Raça/Cor nos Sistemas de Informação em Saúde no Município de São Paulo*. São Paulo: Secretaria Municipal de Saúde, 2004. Disponível em: <http://www.prefeitura.sp.gov.br/cidade/secretarias/upload/saude/arquivos/popnegra/Porta ria545-04_SMS.pdf>. Acesso em: out. 2022.

SÃO PAULO (cidade). *Portaria n. 696, de 30 de março de 1990.* Disponível em: <http://www.prefeitura.sp.gov.br/cidade/secretarias/upload/arquivos/secretarias/saude/legislacao/0101/PortariasMSG_1990_0696.pdf>. Acesso em: out. 2022.

Eventos Acadêmicos, Dissertações e Teses

DAVID, Emiliano de Camargo. *Saúde Mental e Racismo: A Atuação de um Centro de Atenção Psicossocial II Infantojuvenil.* Dissertação (Mestrado em Psicologia Social), Pontifícia Universidade Católica de São Paulo, São Paulo, 2018.

DECLARAÇÃO e Programa de Ação. Conferência Mundial de Combate ao Racismo, Discriminação Racial, Xenofobia e Intolerância Correlata, 3., Durban, 2001. *Anais...* Durban, África do Sul, 2001.

FAUSTINO, Deivison Mendes. Políticas de Saúde/Saúde Mental no Brasil e os Movimentos Negros. In: NUPLIC-PUC-SP – NÚCLEO DE PESQUISA EM LÓGICAS INSTITUCIONAIS E COLETIVAS; NUPRA – NÚCLEO DE PESQUISA EM PRÁTICAS SOCIAIS, ESTÉTICAS E POLÍTICA; PSOPOL-IPUSP – LABORATÓRIO PSICANÁLISE, SOCIEDADE E POLÍTICA. *Seminário e Prática de Intervenções Clínico-Políticas.* Seminário com Deivison Mendes Faustino Nkosi e Emiliano de Camargo David. Coord. Enzo Cléto Pizzimenti. 2021. Disponível em: <https://www.youtube.com/watch?v=1bDh831U5ro>. Acesso em: out. 2022.

GOMES, Bárbara dos Santos. *Encontros Antimanicoloniais nas Trilhas Desformativas.* (Trabalho de Conclusão de Especialização em Saúde Mental Coletiva), Universidade Federal do Rio Grande do Sul, Porto Alegre, 2019. Disponível em: <https://www.lume.ufrgs.br /bitstream/handle/10183/196363/001096313.pdf?sequence=1>. Acesso em: dez. 2022.

GONÇALVES, Mônica Mendes. *Raça e Saúde: Concepções, Antíteses e Antinomia na Atenção Básica.* Dissertação (Mestrado em Saúde Pública), Faculdade de Saúde Pública, Universidade de São Paulo, São Paulo, 2017. Disponível em: <https://www.teses.usp.br/teses/ disponiveis/6/6143/tde-07022018-122142/pt-br.php>. Acesso em: out. 2022.

IGNÁCIO, Marcos Vinicius Marques. *A Trajetória (Descontinuada) do Grupo de Trabalho Racismo e Saúde Mental: Caminhos para o Enfrentamento do Racismo no Campo da Reforma Psiquiátrica Brasileira?* Dissertação (Mestrado), Universidade do Estado do Rio de Janeiro, Instituto de Medicina Social, Rio de Janeiro, 2019.

MIRANDA, Damiana Pereira de. Transtornos Depressivos no Contexto Afro-Brasileiro. 1º Congresso Brasileiro de Pesquisadores Negros (Copene). O Negro e a Produção do Conhecimento: Dos 500 Anos ao Século XXI, 2000. *Anais...* Disponível em: <https://998dd9a3-334b-44a6-a181-f9a4f97d5cf9.filesusr.com/ugd/45f7dd_6e0e73dd2fbd40ec8712dc46df6255bb. pdf>. Acesso em: out. 2022.

NUPLIC-PUC-SP – NÚCLEO DE PESQUISA EM LÓGICAS INSTITUCIONAIS E COLETIVAS; NUPRA – NÚCLEO DE PESQUISA EM PRÁTICAS SOCIAIS, ESTÉTICAS E POLÍTICA; PSOPOL-IPUSP – LABORATÓRIO PSICANÁLISE, SOCIEDADE E POLÍTICA. Políticas de Saúde/Saúde Mental no Brasil e os Movimentos Negros.

Seminário e Prática de Intervenções Clínico-Políticas. Seminário com Deivison Mendes Faustino Nkosi e Emiliano de Camargo David. Coord. Enzo Cléto Pizzimenti. 2021. Disponível em: <https://www.youtube.com/watch?v=1bD h831U5ro>. Acesso em: out. 2022.

REIS FILHO, José Tiago. A Formação da Identidade em Sujeitos Negros. In: 1º Congresso Brasileiro de Pesquisadores Negros (Copene). O Negro e a Produção do Conhecimento: Dos 500 Anos ao Século XXI, 2000. *Anais...* Disponível em: <https://998dd9a3-334b-44 a6-a181-f9a4f97d5cf9.filesusr.com/ugd/45f-7dd_6e0e73dd2fbd40ec8712dc46df6255bb.pdf>. Acesso em: out. 2022.

SANTOS, Katia Regina da Costa. *Dona Ivone Lara: Voz e Corpo da Síncopa do Samba.* Tese (Doutorado), University of Geórgia, Geórgia, 2005. Disponível em: <https://getd.libs.uga.edu /pdfs/santos_katia_c_200505_phd.pdf>. Acesso em: out. 2022.

SÃO PAULO. *I Encontro Nacional de Psicólogos(as) Negros(as) e Pesquisadores(as) Sobre Relações Interraciais e Subjetividade no Brasil.* São Paulo: Universidade de São Paulo, 2011.

SILVA, Flávia Fernando Lima. *O Que Não Cabe nas Ruas de uma Cidade? Entre Narrativas Maiores e Resistências Brincantes.* Dissertação (Mestrado em Psicologia), Instituto de Ciências Humanas e Filosofia, Universidade Federal Fluminense, Niterói, 2014.

SUS – SISTEMA ÚNICO DE SAÚDE. Conselho Nacional de Saúde. Comissão Organizadora da III CNSM. *Relatório Final da III Conferência Nacional de Saúde Mental.* Brasília, 11 a 15 de dezembro de 2001. Brasília: Conselho Nacional de Saúde/Ministério da Saúde, 2002.

TORCATO, Carlos Eduardo Martins. A Repressão aos "Entorpecentes" em Porto Alegre no Governo de Getúlio Vargas: Discurso Médico e Prática Forense. II Simpósio Nacional História do Crime, Polícia e Justiça Criminal, Uberlândia, 2012. *Anais...* Uberlândia, 2012.

VARGAS, Everson Rach. *Por uma Incorporação Ativa da Vulnerabilidade e do Desatino: A GAM e a Clínica da Formação Antirracista em Saúde Mental na Atenção Básica.* Tese (Doutorado em Psicologia), Universidade Federal Fluminense, Niterói, 2021.

YASUI, Silvio. *Rupturas e Encontros: Desafios da Reforma Psiquiátrica Brasileira.* Tese (Doutorado), Escola Nacional de Saúde Pública Sérgio Arouca – Ministério da Saúde, Fundação Oswaldo Cruz, Rio de Janeiro, 2006. Disponível em: <https://www.arca.fiocruz.br/ bitstream/icict/4426/2/.pdf>. Acesso em: jul. 2018.

Audiovisual

CEZAR, Pedro. *Só Dez Por Cento É Mentira*: Documentário sobre Manoel de Barros, 2008.

COSTA, Yvonne Lara da; CARVALHO, Delcio. *Sonho Meu.* Gal Costa, *Álibi*, 1978. LP.

VELOSO, Caetano. Milagres do Povo. *Certeza da Beleza.* Universal, 2008. LP.

YUKA, Marcelo. Todo Camburão Tem um Pouco de Navio Negreiro. *O Rappa.* Warner, 1994.

ANEXO:

Termo de Consentimento

Caro representante do coletivo participante:

Gostaríamos de convidá-lo para participar voluntariamente da pesquisa intitulada "Saúde Mental e Racismo: Uma Epistemologia Desnorteada na/para a Reforma Psiquiátrica brasileira" (título provisório), que se refere a uma pesquisa de doutorado de Emiliano de Camargo David, sob a orientação da dra. Maria Cristina Gonçalves Vicentin, professora no Programa de Estudos Pós-Graduados em Psicologia Social na puc-sp e, sob co-orientação da dra. Lia Vainer Schucman, professora da Universidade Federal de Santa Catarina.

Este estudo tem como objetivo identificar e analisar saberes e fazeres antirracistas em saúde mental, que contribuam para novas compreensões psicossociais e para um agir em saúde mental compromissado com a análise crítica da dimensão étnico-racial na produção da saúde. A metodologia desta pesquisa consiste em acompanhar alguns profissionais e coletivos de trabalhadores, se necessário realizar encontros grupais (grupo focal) e entrevistas com os mesmos profissionais e coletivos. Estas entrevistas e grupos têm como objetivo identificar e analisar, desde as trajetórias de formação e nas experiências de profissionais de saúde mental, pistas epistemológicas e dimensões conceituais-metodológicas para o agir em saúde nas relações racismo/sofrimento mental.

Sua contribuição na pesquisa será por meio desse acompanhamento e de sua participação em entrevista individual e grupo focal, e observo que, por ocasião da COVID-19, se necessário, reorientaremos os procedimentos de entrevistas e grupos focais, para modalidade *on-line*. Quando fizer parte desses encontros, os relatos produzidos por você no grupo serão anotados por mim em um caderno e/ou gravados em aparelho de gravação de áudio. Esse material será transcrito com a finalidade de ser usado como elemento de análise da pesquisa. Todo o conteúdo desse material ficará a sua disposição, caso o(a) senhor(a) queira ver; e seus dados serão mantidos em sigilo, ou seja, não serão apresentados ou expostos para ninguém, além de mim. Após o estudo todo o conteúdo será destruído e apagado dos arquivos do computador permanentemente.

Ao aceitar fazer parte, você permitirá que nós utilizemos na pesquisa as informações registradas no diário de campo sem que haja identificação de seu nome. Você terá acesso à versão final do trabalho. O pesquisador compromete-se e assegura que:

A aceitação não implica que você esteja obrigado(a) a participar, podendo interromper sua adesão a qualquer momento bastando, para tanto, comunicar sua decisão ao pesquisador.

Seu nome não será utilizado em qualquer fase da pesquisa, o que garante seu anonimato, e a divulgação dos resultados será feita de forma a não identificar os voluntários.

Não será cobrado nada do(a) senhor(a), não haverá gastos e não estão previstos ressarcimentos ou indenizações, pois o estudo envolve somente descrição dos acontecimentos e nenhum procedimento de intervenção.

Considerando que toda pesquisa oferece algum tipo de risco, nesta pesquisa o risco pode ser avaliado como mínimo, pois os procedimentos utilizados não sujeitam os participantes a riscos maiores do que os encontrados nas suas atividades cotidianas, mas caso ocorra qualquer constrangimento ou desconforto, como angústias e ansiedades, *estaremos disponíveis* para prestar o auxílio necessário.

Gostaríamos de esclarecer que a participação de vocês é voluntária e que vocês poderão se recusar a participar, a não responder alguma questão das perguntas realizadas, retirar o seu consentimento, ou ainda descontinuar sua participação se assim o preferir, sem penalização alguma.

Caso aceite participar voluntariamente do estudo, o(a) senhor(a) ficará com uma cópia deste Termo de Consentimento.

Em qualquer etapa do estudo, o(a) senhor(a) terá acesso a profissional responsável pela pesquisa para esclarecimento de dúvidas. O principal investigador é Emiliano de Camargo David, que pode ser encontrado na Pontifícia Universidade Católica de São Paulo – PUC/SP na rua Monte Alegre, 984 – Perdizes/São Paulo – CEP: 05014-901. Telefone: (11) 3670-8520 (setor Pós-Graduação em Psicologia Social) ou no celular (11) 9.9869-6555. E-mail: emilianocamargodavid@yahoo.com.br

Se você tiver alguma consideração, dúvida sobre a ética da pesquisa ou mesmo alguma denúncia em relação à pesquisa, entre em contato com o Comitê de Ética em Pesquisa (CEP) da Secretaria Municipal de Saúde (SMS-SP) localizado na rua General Jardim, 36 – 8º andar Bairro: Vila Buarque CEP: 01223-010. E-mail: smscep@gmail.com e telefone: (11) 3670-8466 e/ou Comitê de Ética em Pesquisa da Pontifícia Universidade Católica de São Paulo: rua Ministro Godói, 969 – Sala 63-C (andar térreo do Edifício Reitor Bandeira Melo) – Perdizes – São Paulo/SP – CEP 05015-001 Fone (Fax): (11) 3670-8466. E-mail: cometica@pucsp.br

Comitê de Ética em Pesquisa da Secretaria Municipal de Saúde: rua General Jardim, 36 – mezanino. Fone: 3397-2464. E-mail: smscep@gmail.com

Desde já, agradecemos sua atenção e participação e colocamo-nos à disposição para maiores informações.

Acredito ter sido suficientemente informado a respeito das informações que li ou que foram lidas para mim, descrevendo o estudo "Saúde Mental e Racismo: Uma Epistemologia Desnorteada na/para a Reforma Psiquiátrica brasileira". Eu discuti com Emiliano de Camargo David sobre a minha decisão em participar nesse estudo e concordo com as condições.

_____

Assinatura do voluntário.
Data____/____/____

_____

Assinatura da testemunha.
Data____/____/____

Para casos de voluntários analfabetos, semianalfabetos ou portadores de deficiência auditiva ou visual.

Declaro que obtive de forma apropriada e voluntária o Consentimento Livre e Esclarecido deste profissional participante para/na participação deste estudo.

_____

Assinatura do responsável pelo estudo
Data____/____/____

Agradecimentos

> *Quero ignorado, e calmo*
> *Por ignorado, e próprio*
> *Por calmo, encher meus dias*
> *De não querer mais deles.*
>
> *Aos que a riqueza toca*
> *O ouro irrita a pele.*
> *Aos que a fama bafeja*
> *Embacia-se a vida.*
>
> *Aos que a felicidade*
> *É sol, virá a noite.*
> *Mas ao que nada espera*
> *Tudo que vem é grato*
>
> FERNANDO PESSOA

Aos meus pais, Celinha e Evaldo, vocês sempre estão e estarão comigo.

À Rô, meu amor, obrigado por tanto. Sua parceria e seu companheirismo são incontornáveis.

À minha irmã, Fê, e à família que ela me deu, Igor, Luisa e Pedro. Vocês me fazem tão bem. Obrigado.

Às minhas afilhadas e ao meu afilhado, Laura, Dandara e Igor, o padrinho adora vocês.

Aos amigos e às amigas! Todos(as/es).

À minha família ampliada, avós (*in memoriam*), tias(os), sobrinhos(as), primos(as), sogro e sogra (*in memoriam*), cunhados.

Ao Núcleo de Pesquisa em Lógicas Institucionais e Coletivas (NUPLIC) da Pontifícia Universidade Católica de São Paulo (PUC-SP), espaço de grande aprendizado.

Às minhas amigas e orientadoras, Cris Vicentin e Lia Vainer, muitíssimo obrigado por acompanharem todo esse processo que ultrapassa o que estas páginas podem registrar.

Às(Aos) professoras(es) Rachel Gouveia Passos, Suely Rolnik, Sônia Barros, Beatriz Borges Brambilla, Tadeu de Paula Souza e Peter Pál Pelbart, pelas leituras e pelos apontamentos que qualificaram esta pesquisa.

Ao AMMA Psique e Negritude – Centro de Pesquisa, Formação e Referência em Relações Raciais e a todas(os) aquelas(es) que compõem esse importante espaço de militância e afeto. Em especial ao Márcio Farias (Marcinho), pela ajuda final na leitura do texto.

Aos coletivos Kilombrasa, Café Preto e Aquilombamento das Margens.